《佛山市公共图书馆管理办法》解读

张 靖　黄百川　等 主编

FOSHANSHI GONGGONG TUSHUGUAN GUANLI BANFA JIEDU

中山大学出版社

·广州·

版权所有　翻印必究

图书在版编目（CIP）数据

《佛山市公共图书馆管理办法》解读/张靖，黄百川等主编．—广州：中山大学出版社，2022.4
ISBN 978-7-306-07416-4

Ⅰ．①佛⋯　Ⅱ．①张⋯②黄⋯　Ⅲ．①公共图书馆—图书馆管理—研究—佛山　Ⅳ．①G258.2

中国版本图书馆 CIP 数据核字（2022）第 026055 号

出版人：	王天琪
策划编辑：	曹丽云
责任编辑：	周　玢
封面设计：	曾　斌
责任校对：	叶　枫
责任技编：	靳晓虹
出版发行：	中山大学出版社
电　　话：	编辑部 020 - 84110283，84113349，84111997，84110779，84110776
	发行部 020 - 84111998，84111981，84111160
地　　址：	广州市新港西路 135 号
邮　　编：	510275　　　　传　真：020 - 84036565
网　　址：	http://www.zsup.com.cn　　E-mail：zdcbs@mail.sysu.edu.cn
印刷者：	广州一龙印刷有限公司
规　　格：	787mm×1092mm　1/16　18.5 印张　340 千字
版次印次：	2022 年 4 月第 1 版　2022 年 4 月第 1 次印刷
定　　价：	52.00 元

如发现本书因印装质量影响阅读，请与出版社发行部联系调换

《〈佛山市公共图书馆管理办法〉解读》编辑委员会

主　任　陈新文（佛山市文化广电旅游体育局党组书记、局长）
　　　　赖洪健（佛山市司法局党组书记、局长）
副主任　桂　红（佛山市文化广电旅游体育局党组成员、副局长）
　　　　陈泳槟（佛山市司法局副局长）
　　　　张　靖（中山大学信息管理学院常务副院长、教授、博士研究生导师）
成　员　邹　红（佛山市文化广电旅游体育局政策法规科科长）
　　　　彭　岚（佛山市文化广电旅游体育局办公室主任）
　　　　赵培艺（佛山市司法局立法科科长）
　　　　严　慧（佛山市文化广电旅游体育局公共服务科科长）
　　　　黄百川（佛山市图书馆馆长）
　　　　郑铿志（佛山市文化广电旅游体育局公共服务科副科长）
　　　　马强强（佛山市司法局立法科副科长）
　　　　谭嘉荣（佛山市文化广电旅游体育局政策法规科科员）
　　　　张梦飘（佛山市司法局立法科科员）
　　　　张　萌（佛山市图书馆副馆长）

《〈佛山市公共图书馆管理办法〉解读》编辑部

主　编　张　靖　黄百川　刘　菡　张　萌
编　辑　肖　鹏　陈　艳　朱忠琼　黄佩芳　李　欢　杨乃一
　　　　任佳艺　汪超敏　汤子珺　苏钰雯　陈哲彦

把握新发展阶段、贯彻新发展理念、构建新发展格局，全面推进公共图书馆事业高质量发展[①]
（自序）

《佛山市公共图书馆管理办法》（简称《办法》，该《办法》的草案简称《办法（草案）》）经2021年2月10日十五届佛山市人民政府第83次常务会议审议通过，自2021年5月1日起施行。

国家文化立法的重大进展，为新时期地方文化立法提供了重要保障；图书馆地方立法的丰富实践，为佛山市公共图书馆立法提供了宝贵经验；佛山市公共图书馆事业的深厚积累，为立法提供了充分条件；"十三五"收官和"十四五"开局，为佛山市公共图书馆立法提供了有利时机。作为"十四五"开局后出台的我国第一部文化领域地方立法，同时也是《中华人民共和国公共图书馆法》（简称《公共图书馆法》）实施后出台的我国第一部市级层面的公共图书馆地方立法，《办法》受到了广泛关注。

2019年12月，佛山市图书馆与我联系，就佛山市公共图书馆立法目标和整体思路进行沟通。2020年1月，佛山市文化广电旅游体育局、佛山市图书馆、中山大学信息管理学院、中山大学国家文化遗产与文化发展研究院骨干共同组建了立法调研和文本起草课题组。课题组克服疫情防控所造成的客观困难，完成了国内地方立法现状调研、佛山市公共图书馆事业发展现状调研、政府相关部门意见征求、市区图书馆意见征求、公众意见征求和专家论证，先后形成了《办法（草案征求意见稿）》1至3稿、《办法（草案立法论证会稿）》、《办法（草案送审稿）》、《办法（审议稿）》。定稿最终于2021年2月由佛山市人民政府审议通过。

[①] 本序改写自张靖《把握新发展阶段、贯彻新发展理念、构建新发展格局，全面推进公共图书馆事业高质量发展——〈佛山市公共图书馆管理办法〉笔谈》（刊于《图书馆论坛》2021年第7期）。

在整个立法过程中，地方政府、行业机构和高校团队三方通力合作、高效配合，有理念与利益的博弈，有理想与现实的碰撞，更有理论与实践的对话。中山大学信息管理学院图书馆学团队作为参与者，在这次立法实践中收获了许多有益于图书馆学学科建设和人才培养的经验和素材。该《办法》更是我们团队继2015年发布的《广州市公共图书馆条例》和2016年发布的《东莞市公共图书馆管理办法》之后，以决策咨询服务的方式参与完成的第三部公共图书馆地方立法。图书馆学发展与图书馆事业发展是命运共同体。扎根中国大地，紧密联系中国公共文化服务和图书馆实践、广东公共文化服务和图书馆实践，是中山大学信息管理学院图书馆学学科建设和人才培养一直以来的发展战略。

"十三五"规划目标任务的完成，使全面建成小康社会胜利在望，也使中华民族伟大复兴的进程向前推进了新的一大步，标志着我国进入了一个新的发展阶段。2021年1月，习近平总书记在省部级主要领导干部学习贯彻党的十九届五中全会精神专题研讨班开班式上，对我国经济社会发展的一系列重大问题进行了深入阐述，提出要准确把握新发展阶段、深入贯彻新发展理念、加快构建新发展格局。①

公共图书馆事业的发展也必须遵循这些要求。《办法》首条首句对于"全面推进佛山市公共图书馆事业高质量发展"立法目的的明确，《办法》对于联合图书馆体系、全民阅读、社会化、跨域融合、宣传推广营销、政府保障、专业保障等议题的制度设计，充分体现了包括佛山市在内的广东图书馆界推动公共图书馆事业和公共文化服务高质量发展、推进公共文化治理体系和治理能力现代化、推进社会主义文化强国建设的政治自觉、使命担当和实践智慧。

为了更好地总结和宣传，为我国公共图书馆地方立法、为我国公共图书馆事业发展积累经验、贡献智慧，我们特编写了《〈佛山市公共图书馆管理办法〉解读》一书。本书通过条文释读、立法侧记和特色亮点分析对《办法》进行了说明。在整个立法过程中，倪晓建教授、李国新教授、柯平教授、范并思教授、申晓娟院长、程焕文教授、刘洪辉首席研究馆员、王惠君馆长、方家忠馆长、张岩馆长、李东来馆长、屈义华研究馆员等广东省内外学界和业界的著名专家学者均对《办法》给予了特别的关心和深入的指导，

---

① 参见《习近平在省部级主要领导干部学习贯彻党的十九届五中全会精神专题研讨班开班式上发表重要讲话》，见人民网：http://cpc.people.com.cn/n1/2021/0111/c64094-31996276.html，最后访问时间：2021年8月25日。

是公共图书馆精神、公共图书馆理念、公共图书馆专业性在《办法》中得以最大限度体现的有力保障。《图书馆论坛》于2021年第7期刊登了倪晓建教授、李国新教授、柯平教授、申晓娟院长、程焕文教授和王惠君馆长的专家笔谈。经6位专家和《图书馆论坛》授权，6篇笔谈稿全文收录于本书。此外，课题组成员还围绕《办法》、公共图书馆地方立法、总分馆制建设等相关主题进行了专题研究，并将研究成果以专栏形式刊载于《图书馆建设》2021年第6期，经这些文章的所有作者和《图书馆建设》授权，这些文章也收录于本书。

佛山市相关主管部门高度重视本书的撰写和出版，由佛山市文化广电旅游体育局党组书记、局长陈新文和司法局党组书记、局长赖洪健牵头，组成了本书编辑委员会，指导和协调相关工作。

在编辑委员会的指导下，本书编辑部在张靖、黄百川、刘菡和张萌的统筹下负责全书的策划、组稿和统稿。佛山市图书馆的陈艳、朱忠琼、黄佩芳和李欢，中山大学的肖鹏、杨乃一、任佳艺、汪超敏、汤子珺和苏钰雯，以及南京大学的陈哲彦参与了本课题的研究和书稿撰写。

中山大学出版社为本书的出版提供了大力支持和帮助。

我们由衷地期望通过这种全方位的解读，能够将《办法》作为在《公共图书馆法》框架下结合地情完善图书馆法治建设、进一步落实《公共图书馆法》的一次探索和实践的些许经验进行分享，并求教于学界和业界。

由于时间仓促，书中难免有错漏，恳请读者和同行批评指正。

张靖

中山大学信息管理学院、中山大学国家文化遗产与文化发展研究院

教授、博士研究生导师

《佛山市公共图书馆管理办法》立法调研与起草课题组负责人

2021年9月，广州

目　录

第一部分　规章全文 …………………………………………… 1
 佛山市公共图书馆管理办法 …………………………………… 3

第二部分　解读说明 …………………………………………… 13
 《佛山市公共图书馆管理办法》条文释读 …………………… 15
  第一节　《佛山市公共图书馆管理办法》第一章释读 …… 15
  第二节　《佛山市公共图书馆管理办法》第二章释读 …… 35
  第三节　《佛山市公共图书馆管理办法》第三章释读 …… 66
  第四节　《佛山市公共图书馆管理办法》第四章释读 …… 105
  第五节　《佛山市公共图书馆管理办法》第五章释读 …… 140
  第六节　《佛山市公共图书馆管理办法》第六章释读 …… 148
 《佛山市公共图书馆管理办法》立法侧记 ………………张　萌　149
 《佛山市公共图书馆管理办法》的特色与亮点
  ——兼论地方图书馆法的重要性与必要性
  ……………………………………………… 肖　鹏　张　靖　163

第三部分　专家笔谈 …………………………………………… 173
 公共图书馆事业健康可持续发展的保障
  ——祝贺《佛山市公共图书馆管理办法》实施 …… 倪晓建　175
 健全人民文化权益保障制度　促进公共图书馆高质量发展
  ——《佛山市公共图书馆管理办法》的特色与亮点
  ……………………………………………………… 李国新　177
 地方公共图书馆事业高质量发展的引擎
  ——《佛山市公共图书馆管理办法》的作用 ……… 柯　平　180

《佛山市公共图书馆管理办法》解读

一部兼具创新性、科学性和适应性的地方行政规章
　　——《佛山市公共图书馆管理办法》评析 ………… 申晓娟　183
开放合作、融合发展，建设多元共治的图书馆服务体系
　　——《佛山市公共图书馆管理办法》简评 ………… 王惠君　187
《佛山市公共图书馆管理办法》的时代价值 …………… 程焕文　190

第四部分　专题研究……………………………………………… 197

地方立法促进公共图书馆事业高质量发展的佛山智慧
　　………………………………… 张　靖　陈　艳　杨乃一　199
我国公共图书馆地方立法比较研究…… 苏钰雯　汤子珺　刘　菡　209
地方立法视角下的图书馆总分馆制建设制度设计………… 陈哲彦　231
从联合图书馆体系发展视角论地方立法保障的意义
　　……………………………………………… 黄百川　李　欢　247
佛山市联合图书馆体系事业发展报告
　　——"十三五"总结与"十四五"展望
　　……………………………………………… 张　萌　朱忠琼　258

参考文献 ……………………………………………………………… 271

图表目录

表2-1	2020年年初中心馆、各区总分馆的建筑面积测算及现状表	47
表2-2	公共图书馆总建筑面积以及相应的总藏书量、总阅览座位数量控制指标	52
表2-3	2020年年初中心馆、区总馆工作人员数量配备测算及现状表	58
表2-4	《第三批国家公共文化服务体系示范区验收标准》工作人员指标	61
表2-5	2011—2018年佛山市联合图书馆人均馆藏	79
表2-6	2011—2018年佛山市联合图书馆年人均新增藏量	80
表2-7	中心馆、各区总馆2018年数字文献信息占文献信息采购总经费的比例	80
表2-8	《第三批国家公共文化服务体系示范区验收标准》人员培训指标	95
表2-9	《第三批国家公共文化服务体系示范区验收标准》文化志愿服务指标	98
表2-10	《第三批国家公共文化服务体系示范区验收标准》免费开放指标	131
表2-11	《广东省县级图书馆总分馆制建设验收指导标准》免费开放指标	132
表2-12	《广东省县级图书馆总分馆制建设验收指导标准》读者满意度指标	138

我国公共图书馆地方立法比较研究

图1	国家传统文化事业体系下的地方图书馆立法实践及相关政策	215
图2	现代公共文化服务体系建设进程中的地方图书馆立法及相关政策	215
表1	1949年以来中国内地公共图书馆地方立法及规范性文件概览	211
表2	15部中国内地公共图书馆地方立法实践分布情况	214
表3	省域层面地方法规定量指标对比	219
表4	直辖市、地市层面地方法规定量指标对比	220

表5 "图书馆之城"建设及其在相应地方立法中的规定比较 …………… 223
表6 6部地方立法中与工作人员相关的主要内容分析 ……………… 226
表7 部分少数民族聚居省区立法实践中有关民族文化遗产保护和
　　　传承的规定 …………………………………………………… 228

地方立法视角下的图书馆总分馆制建设制度设计
表1 我国公共图书馆地方立法与总分馆制建设情况 ……………… 232
表2 公共图书馆地方立法的总分馆制条款 ………………………… 236

佛山市联合图书馆体系事业发展报告
　　　——"十三五"总结与"十四五"展望
表1 佛山市联合图书馆体系主要业务数据（2020年） …………… 259

第一部分

规章全文

佛山市公共图书馆管理办法[1]

佛山市人民政府令

（第 14 号）

《佛山市公共图书馆管理办法》已经 2021 年 2 月 10 日十五届佛山市人民政府第 83 次常务会议审议通过，现予公布，自 2021 年 5 月 1 日起施行。

市　长

2021 年 2 月 18 日

佛山市公共图书馆管理办法

第一章　总　　则

第一条　为了全面推进佛山市公共图书馆事业高质量发展，加强和规范佛山市公共图书馆管理，完善公共图书馆服务网络，保障公民基本文化权益，根据《中华人民共和国公共文化服务保障法》《中华人民共和国公共图书馆法》，结合本市定位和发展实际，制定本办法。

第二条　本办法适用于本市行政区域内公共图书馆的设立、运行和服务等活动。

本办法所称公共图书馆，是指向社会公众免费开放，收集、整理、保存文献信息并提供查询、借阅及相关服务，开展阅读推广、社会教育、文化传播的公共文化设施。

公共图书馆的设立、变更、终止应当按照有关法律、法规的规定办理登记手续。

第三条　市、区人民政府应当将公共图书馆事业纳入本级国民经济和社会发展规划，将公共图书馆设施建设纳入国土空间规划，按照公益性、基本性、均等性、便利性的要求，加强公共图书馆设施建设。

---

[1]《佛山市公共图书馆管理办法》，见佛山市人民政府网站：http://www.foshan.gov.cn/gkmlpt/content/5/5085/post_5085298.html#36，最后访问时间：2021 年 7 月 10 日。

市文化主管部门应当根据国民经济和社会发展规划、国土空间规划，编制公共图书馆事业发展规划。

第四条 市、区、镇人民政府（街道办事处）应当按照公共图书馆领域的事权和支出责任，加大对政府设立的公共图书馆的投入，将设施设备、文献信息、人员、服务、运行与维护等方面的费用列入本级财政预算，并及时、足额拨付。

市、区、镇人民政府（街道办事处）应当统筹使用相关资金，重点加大对基础条件相对薄弱和发展不平衡的政府设立的公共图书馆在馆舍改造、文献信息购置、用户活动开展等方面的支持。

市、区、镇人民政府（街道办事处）应当在社区公共文化设施建设经费中保留一定比例用于社区的公共图书馆建设。

公共图书馆经费应当专款专用，不得挪作他用。

第五条 市文化主管部门负责全市公共图书馆的管理工作，并组织实施本办法。

区文化主管部门负责本行政区域内公共图书馆的管理工作。

发展改革、教育、科技、民政、财政、人力资源社会保障、自然资源、住房城乡建设、交通运输、政务服务数据管理等有关部门根据各自职责，协同实施本办法。

第六条 鼓励公民、法人和其他组织自筹资金设立公共图书馆。

鼓励公民、法人和其他组织以捐赠资金、设施设备、文献信息以及其他形式支持公共图书馆事业的发展，并依法给予税收优惠。

对在公共图书馆事业发展中作出突出贡献的组织和个人，按照国家有关规定给予奖励。

第七条 鼓励公民、法人和其他组织依法设立公共图书馆发展社会基金，或者向公共图书馆发展社会基金进行捐赠。

公共图书馆发展社会基金的设立、运作和管理依照有关法律、法规的规定执行。

第八条 每年8月为佛山全民阅读月。

市、区文化主管部门、公共图书馆等行政管理部门和单位应当通过各种形式组织开展全民阅读推广活动。

第九条 市文化主管部门成立公共图书馆专家委员会。市文化主管部门对下列事项应当征询专家委员会的意见：

（一）公共图书馆事业发展规划；

（二）公共图书馆服务网络建设方案；

（三）公共图书馆领域重要政策及重要业务标准规范；

（四）其他涉及公共图书馆事业发展的重大事项。

第二章 设 立

第十条 市人民政府负责在全市行政区域内统筹建立覆盖城乡、便捷实用的公共图书馆服务网络。公共图书馆服务网络建设遵循政府主导、社会参与、各方联动的原则，统一规划、统一标准、统筹管理、分级保障、分类建设、分众服务。

区人民政府负责本行政区域内公共图书馆服务网络建设，接受市人民政府的监督与工作指导。

第十一条 市、区人民政府应当根据本行政区域内人口数量、人口分布、环境和交通条件等因素，因地制宜确定公共图书馆的数量、规模、结构和分布，加强固定馆舍和流动服务设施、自助服务设施建设。

市、区人民政府应当设立本级公共图书馆。

镇人民政府（街道办事处）应当至少设立1家公共图书馆，常住人口超过20万的镇（街道）应当根据实际情况增设公共图书馆。村、社区可以根据实际情况设立村图书馆、社区图书馆以及其他类型的基层图书馆或者图书室，服务村（居）民。

第十二条 市人民政府应当建立完善以市图书馆为中心馆，区图书馆为区总馆，镇（街道）图书馆为分馆，村图书馆、社区图书馆以及其他类型的基层图书馆或者图书室为基层服务点的联合图书馆体系。

中心馆、区总馆可以设立直属分馆。

中心馆、区总馆、分馆及基层服务点作为联合图书馆体系成员应当联合开展服务，完善数字化、网络化服务体系和配送体系，实现通借通还，促进公共图书馆服务向基层延伸。

第十三条 市、区文化主管部门应当支持和引导社会力量设立或者参与举办的公共图书馆纳入联合图书馆体系，实行统一管理。

鼓励学校图书馆、科研机构图书馆以及其他类型图书馆，作为分馆或者基层服务点承担公共图书馆职能。

第十四条 中心馆和区总馆应当具有独立馆舍。分馆和基层服务点可以与其他文化设施合建，但应当满足公共图书馆的使用功能和环境要求。

任何单位和个人不得擅自拆除、侵占公共图书馆，不得擅自改变公共图书馆的功能、用途或者妨碍其正常运行。

因城乡建设确需拆除政府设立的公共图书馆，或者改变其功能、用途的，应当依照有关法律、法规的规定重建、改建，并坚持先建设后拆除或者建设拆除同时进行的原则。重建、改建的公共图书馆的设施配置标准、建筑面积等不得降低。

第十五条 政府设立的公共图书馆建设应当遵循国家公共图书馆建设标准和建筑设计规范。建筑面积应当依据服务范围内的常住人口数量并适当考虑人口增长因素确定。

中心馆每千人建筑面积不得低于6平方米。区总馆、分馆及基层服务点每千人建筑面积合计不得低于23平方米。

基层综合性文化服务中心的图书室建筑面积不得低于30平方米。

中心馆、区总馆、镇街分馆的少年儿童服务区域面积不得低于全馆服务区域面积的20%。

社会力量设立或者参与举办的公共图书馆，建筑面积高于640平方米的，可以作为分馆；建筑面积不高于640平方米的，可以作为基层服务点。

第十六条 公共图书馆选址应当位于人口相对集中、交通便利、配套设施良好的区域，符合安全、卫生、环保标准和服务半径合理的要求，原则上优先选择首层、临街、具有独立出入口的位置。

政府设立的公共图书馆选址应当通过当地政府网站、主要报刊或者其他形式征求公众意见。公众意见作为规划部门核发建设项目用地预审及选址意见书的重要依据。

政府新建的公共图书馆应当在项目选址阶段同步开展交通影响评价，并按照相关办法配套建设公交站场设施；本办法实施前政府已经建成或者已经开工建设的公共图书馆选址不符合本条第一款规定的，属地人民政府应当逐步完善其配套公共交通站场、市政设施，并按照有关标准改善公共图书馆周边的安全、卫生和环境状况。

第十七条 市文化主管部门应当会同同级人力资源社会保障、财政等有关部门，建立本市公共图书馆人力资源采购机制，建设结构合理、具备相关专业知识的图书馆管理队伍。

中心馆、区总馆应当按照国家相关标准，结合服务功能、服务时间、馆舍规模、馆藏资源数量、用户服务量等因素合理配备相应数量的工作人员。

政府设立的公共图书馆新进管理人员和专业技术人员应当具备相应的文化水平和与工作岗位相适应的专业知识与技能。

第十八条 政府设立的公共图书馆馆长应当具备相应的文化水平、专业知识和组织管理能力。

中心馆馆长应当具有相关专业正高级专业技术职称，或者具有相关专业副高级专业技术职称且具有5年以上图书馆工作经验。

区总馆馆长应当具有相关专业副高级及以上专业技术职称，或者具有相关专业中级专业技术职称且具有3年以上文化行业工作经验。

第十九条　全市公共图书馆实行统一标识，并纳入路标、路牌、公共交通等城市标识系统。

第三章　运　行

第二十条　市、区、镇人民政府（街道办事处）应当推动公共图书馆建立健全法人治理结构，吸收有关方面代表、专业人士和公众参与管理，通过完善理事会等制度，提升公共图书馆现代治理能力。

第二十一条　中心馆应当履行下列职责：

（一）统筹、指导和协调全市联合图书馆业务；

（二）完善联合图书馆体系建设，建立和维护联合图书馆体系技术平台、自动化管理系统等；

（三）统筹建设数字图书馆；

（四）负责联合各类主体推进本市全民阅读推广活动；

（五）建立和完善全市公共图书馆工作人员业务培训和继续教育制度；

（六）组织对各区图书馆联合服务情况进行评估；

（七）建立并实施图书馆联合服务的数据统计规范，编制并发布联合图书馆年报；

（八）开展图书馆领域的境内外交流与合作。

第二十二条　区总馆应当统筹本区的联合图书馆体系管理工作，在中心馆的指导下履行下列职责：

（一）协助中心馆推进全市联合图书馆体系建设；

（二）扩大本区的联合图书馆体系服务范围；

（三）建立本区联合图书馆体系运行档案，定期对分馆和基层服务点进行业务检查、数据统计和情况通报，定期开展对分馆、基层服务点的用户满意度测评；

（四）负责对本区联合图书馆体系进行评估；

（五）配合中心馆开展其他与联合图书馆业务相关的工作。

第二十三条　分馆应当面向基层提供与区总馆水平相当的基本服务，并协助区总馆完成本区的联合图书馆体系建设目标，为基层服务点配送资源，并对其进行指导。

分馆及基层服务点应当履行下列职责：

（一）负责场所、文献信息及设施设备的管理维护；

（二）工作人员的配备和考核；

（三）阅读推广等活动和服务的开展；

（四）群众需求反馈和评价；

（五）完成其他需要分馆及基层服务点进行管理及服务的工作。

第二十四条 中心馆、区总馆应当联合分馆和基层服务点采取多种方式，主动、积极开展对联合图书馆体系与公共图书馆服务的宣传活动。

第二十五条 市文化主管部门应当制定联合图书馆业务标准，并根据国家和省的规定制定联合图书馆服务规范。

联合图书馆体系成员应当按照联合图书馆业务标准与服务规范提供服务。

第二十六条 公共图书馆应当根据办馆宗旨和服务对象的需求，广泛收集文献信息。文献信息收集应当兼顾纸质信息、数字信息和其他信息，满足服务人口的需求。

政府设立的公共图书馆应当系统收集地方文献信息，保存和传承地方文化。

中心馆、区总馆应当结合地方特色，建立专题馆藏。

中心馆、区总馆应当联合建立标准统一、互联互通的文献信息共享平台，实现文献信息的共建共享。

第二十七条 公共图书馆应当制定馆藏发展目标和年度采购计划。

中心馆、区总馆及分馆应当保持一定的年人均馆藏纸质文献信息增量，以公共图书馆服务范围内常住人口为基数计算，中心馆年人均新增纸质文献信息不得少于0.05册（件），各区总馆及其分馆年人均新增纸质文献信息合计不少于0.1册（件）。基层服务点藏书量不得少于1000种、1500册，年新增藏书不得少于50种、100册。

中心馆、区总馆数字文献信息采购经费比例应当分别达到文献信息采购总经费的20%和15%。

公共图书馆应当建立文献信息采购咨询制度，征求用户、专家对文献信息采购类别、数量等方面的意见。

第二十八条 本市实行地方文献出版物交存制度。

市图书馆是本市地方文献出版物版本收藏单位。

鼓励在本市依法登记注册的出版单位向公共图书馆交存其出版的正式出版物。

受交、受赠公共图书馆应当向交存单位、团体或者个人出具交存、捐赠凭证，定期编制目录并向社会公开。

第二十九条 全市各级人民政府应当在公共图书馆设置政府信息查阅

场所。

各级行政机关应当及时向公共图书馆提供主动公开的政府信息，为社会公众获取政府信息提供便利。

第三十条 公共图书馆应当提高空间场地及文献信息的利用率，定期对文献信息进行清点，根据文献信息的利用率对其进行调配使用或者收藏，对破损严重或者陈旧等原因而无法使用的文献信息根据国家有关规定进行处置。

第三十一条 公共图书馆应当建立健全安全保障制度，制定、更新并落实文献保护灾难预案及其他应急预案，配备防火、防盗等设施设备，做好文献信息的保存和保护工作。

第三十二条 市、区文化主管部门、镇人民政府（街道办事处）和公共图书馆可以向社会组织采购服务，吸纳社会组织参与公共图书馆的运行、管理与服务。

第三十三条 市文化主管部门应当建立有公众参与的考核评价制度，引入第三方评估机制，定期对全市公共图书馆的服务质量和水平进行考核评价。

考核评价结果应当向社会公布，并作为对公共图书馆给予补贴或者奖励等的依据。

第三十四条 公共图书馆应当加强多层次专业人才教育和培训。中心馆负责为本市公共图书馆工作人员提供专业继续教育课程。区总馆负责分馆、基层服务点工作人员的业务培训。

中心馆与区总馆、分馆可以通过双向人才交流机制，选派工作人员进行挂职锻炼及跟班学习。

第三十五条 中心馆、区总馆应当建立年报制度，对上一年度公共文化服务开展情况进行总结。

编制的年度报告应当及时对外发布，接受社会监督。

第三十六条 鼓励公共图书馆加强与志愿服务组织的合作，建立常态化志愿服务机制，根据相关规定组织志愿者参与公共图书馆的日常运行和服务工作。

市、区文化主管部门应当对公共图书馆志愿服务给予必要的指导和支持，并会同同级其他有关部门建立管理评价、教育培训和激励保障机制。

第三十七条 鼓励公共图书馆与博物馆、文化馆（站）、美术馆、科技馆、工人文化宫、青少年宫等各类型公共文化机构建立交流与合作机制，联合开展阅读推广与社会教育活动，合作推进文献信息的研究利用，并探索服务场地共用、数字信息共享等创新举措。

第三十八条 市、区人民政府应当推动建设广佛公共图书馆通借通还机制，推动广佛文献信息共享，促进广佛公共图书馆服务标准统一。

市人民政府应当推动中心馆与粤港澳大湾区其他城市图书馆建立文献交流与文化合作机制，加强人文湾区建设。

第三十九条 公共图书馆行业组织应当依法制定行业规范，发挥行业自律、行业代表、行业服务、行业指导和行业协调作用。

第四章 服 务

第四十条 公共图书馆应当坚持普遍、平等、开放、共享和便利的服务原则。

公共图书馆应当免费向社会公众提供下列基本服务：

（一）文献信息查询、借阅；

（二）开放公众学习、交流、创作及公共文化活动所需的空间设施场地；

（三）公益性讲座、阅读推广、培训、展览；

（四）国家规定的其他免费服务项目。

第四十一条 公共图书馆可以根据自身的业务能力提供下列服务：

（一）为公众提供专题信息服务；

（二）为企业提供信息增值服务；

（三）为政府和有关机构制定法律、法规、政策和开展专题研究，提供文献信息和相关咨询服务；

（四）为开展地方文献与地方历史文化研究提供服务。

第四十二条 全市公共图书馆应当联合各界力量，打造阅读品牌，推动、引导、服务全民阅读。

鼓励公共图书馆与个人、家庭、民间读书会等社会力量合作，共同提供阅读服务。

第四十三条 政府设立的公共图书馆应当根据未成年人的特点配备相应的专业人员，开展面向未成年人的阅读指导和社会教育活动，并为学校开展有关课外活动提供支持。

政府设立的公共图书馆应当考虑老年人、残疾人、流动人口等群体的特点，积极创造条件，提供适合其需要的文献信息、设施设备和服务等。

第四十四条 政府设立的公共图书馆应当加强馆内古籍的保护。

市图书馆应当设立市级古籍保护中心，建立本市古籍保护工作的协调机制和责任制度，加强古籍的整理、出版和研究，积极运用现代信息技术和传播技术进行古籍宣传和利用，传承发展中华优秀传统文化。

第四十五条 政府设立的公共图书馆应当通过智能阅读空间、汽车图书馆等形式，向远离图书馆的社区、企业、学校等机构以及人员密集场所提供服务。

鼓励公共图书馆与旅游景区、酒店和民宿等单位开展合作，探索科学、合理的文化旅游协同发展模式。

第四十六条 市、区人民政府应当加强公共图书馆信息化、智能化建设，支持公共图书馆在服务中运用大数据、互联网、人工智能等相关信息技术，提高公共图书馆的服务效能。

第四十七条 公共图书馆应当通过其网站或者其他方式向社会公告本馆的服务内容、开放时间、借阅规则等。因故闭馆或者更改开放时间的，除遇不可抗力外，应当提前公告。

第四十八条 公共图书馆的设施设备、场地不得用于与其服务无关的商业经营活动。

公共图书馆可以依法开展文献信息复制、文本打印等与其功能、特点相配套的服务项目，所得收益应当用于公共图书馆的建设、维护维修和管理。

第四十九条 公共图书馆向社会公众提供文献信息及其他相关服务，应当遵守有关法律、法规的规定，不得向未成年人提供内容不适宜的文献信息。

公共图书馆不得从事或者允许其他组织、个人在馆内或者利用公共图书馆的其他资源从事危害国家安全、损害社会公共利益和其他违反法律法规的活动。

第五十条 中心馆、区总馆开放时间应当一致，每周开放时长不得少于60小时。分馆每周的开放时间不得少于40小时。

中心馆、区总馆及分馆应当在周末或者工作日夜间实行错时开放，错时开放时间不得少于总开放时间的1/3。

公共图书馆在公休日应当开放，在国家法定节假日应当有开放时间。

第五十一条 公共图书馆应当妥善保护用户的个人信息、借阅信息以及其他可能涉及个人隐私或者商业秘密的信息，不得出售或者以其他方式非法向他人提供。

第五十二条 公共图书馆应当建立用户反馈和满意度评价机制，开设投诉渠道，听取用户意见，接受社会监督。

第五十三条 用户在享受公共图书馆服务时，应当履行下列义务：

（一）遵守公共图书馆的相关规定；

（二）自觉维护公共图书馆秩序；

（三）爱护公共图书馆的文献信息、设施设备；

（四）尊重公共图书馆的工作人员及其他用户；

（五）合法利用文献信息及空间设施场地；

（六）按时归还借阅的文献信息。

对破坏公共图书馆文献信息、设施设备，或者扰乱公共图书馆秩序的，公共图书馆工作人员有权予以劝阻、制止；经劝阻、制止无效的，公共图书馆可以停止为其提供服务。

第五章 法律责任

第五十四条 文化主管部门或者其他有关部门及其工作人员在公共图书馆管理工作中滥用职权、玩忽职守、徇私舞弊的，对直接负责的主管人员和其他直接责任人员依法给予处分。

第五十五条 公共图书馆及其工作人员有下列行为之一的，由文化主管部门责令改正，没收违法所得：

（一）违规处置文献信息；

（二）出售或者以其他方式非法向他人提供读者的个人信息、借阅信息以及其他可能涉及读者隐私的信息；

（三）向社会公众提供文献信息违反有关法律、法规的规定，或者向未成年人提供内容不适宜的文献信息；

（四）将设施设备场地用于与公共图书馆服务无关的商业经营活动；

（五）其他不履行《中华人民共和国公共图书馆法》规定的公共图书馆服务要求的行为。

公共图书馆及其工作人员对应当免费提供的服务收费或者变相收费的，由价格主管部门依照前款规定给予处罚。

公共图书馆及其工作人员有前两款规定行为的，对直接负责的主管人员和其他直接责任人员依法追究法律责任。

第五十六条 毁损、丢失或者逾期未归还公共图书馆文献信息、损坏公共图书馆设施设备，造成财产损失或者其他损害的，应当依法承担相应的民事责任。

第五十七条 违反本办法规定，构成违反治安管理行为的，由公安机关依法给予治安管理处罚；构成犯罪的，依法追究刑事责任。

第六章 附则

第五十八条 本办法自 2021 年 5 月 1 日起施行。

第二部分

解读说明

《佛山市公共图书馆管理办法》条文释读[①]

《佛山市公共图书馆管理办法》条文释读针对该地方政府规章的具体条文，通过条文说明、条文依据、参考条文、延伸内容进行解读。其中，条文说明是对条文要点内容的阐述或补充说明，条文依据是对相应上位法的罗列，参考条文是与其他地方性图书馆法规中相关内容的横向对照，延伸内容是进一步补充的参考资料。

第一节 《佛山市公共图书馆管理办法》第一章释读

一、规章第一条释读

（一）第一条原文

第一章 总 则

第一条 为了全面推进佛山市公共图书馆事业高质量发展，加强和规范佛山市公共图书馆管理，完善公共图书馆服务网络，保障公民基本文化权益，根据《中华人民共和国公共文化服务保障法》《中华人民共和国公共图书馆法》，结合本市定位和发展实际，制定本办法。

[①] 《佛山市公共图书馆管理办法》条文释读由任佳艺、汪超敏、汤子珺、苏钰雯、陈哲彦主笔，刘菡、张靖统稿。

（二）条文说明

本条阐述了立法目的和依据。条文在《公共图书馆法》相关条款的框架下，增加了"全面推进佛山市公共图书馆事业高质量发展，加强和规范佛山市公共图书馆管理，完善公共图书馆服务网络"的表述。

《办法》的制定符合原文化部《"十三五"时期全国公共图书馆事业发展规划》中关于地方公共图书馆立法的相关规定："项目14：落实公共图书馆法相关制度研究 推进公共图书馆立法工作，就法律出台后的贯彻实施开展制度设计和调查研究，针对公共图书馆资源建设、运行管理、服务内容、经费保障、捐赠制度、总分馆制建设、法人治理结构建设、社会力量参与图书馆建设、基层公共文化资源整合等重点问题，形成具体的制度设计成果，促进地方公共图书馆立法工作。"

佛山市公共图书馆体系建设、管理和服务以《佛山市文化广电新闻出版局关于全面推进全市公共图书馆服务体系一体化建设的通知》（佛文社〔2018〕57号）为基本遵循。

（三）条文依据

1.《中华人民共和国立法法》（2015年修正）

第八十二条 省、自治区、直辖市和设区的市、自治州的人民政府，可以根据法律、行政法规和本省、自治区、直辖市的地方性法规，制定规章。

地方政府规章可以就下列事项作出规定：

（一）为执行法律、行政法规、地方性法规的规定需要制定规章的事项

（二）属于本行政区域的具体行政管理事项。

设区的市、自治州的人民政府根据本条第一款、第二款制定地方政府规章，限于城乡建设与管理、环境保护、历史文化保护等方面的事项。已经制定的地方政府规章，涉及上述事项范围以外的，继续有效。

除省、自治区的人民政府所在地的市，经济特区所在地的市和国务院已经批准的较大的市以外，其他设区的市、自治州的人民政府开始制定规章的时间，与本省、自治区人民代表大会常务委员会确定的本市、自治州开始制定地方性法规的时间同步。

应当制定地方性法规但条件尚不成熟的，因行政管理迫切需要，可以先制定地方政府规章。规章实施满两年需要继续实施规章所规定的行政措施的，应当提请本级人民代表大会或者其常务委员会制定地方性法规。

没有法律、行政法规、地方性法规的依据，地方政府规章不得设定减损公民、法人和其他组织权利或者增加其义务的规范。

2.《中华人民共和国公共文化服务保障法》（2016年发布）

第一条 为了加强公共文化服务体系建设，丰富人民群众精神文化生活，传承中华

优秀传统文化，弘扬社会主义核心价值观，增强文化自信，促进中国特色社会主义文化繁荣发展，提高全民族文明素质，制定本法。

3.《中华人民共和国公共图书馆法》（2018年修正）

第一条 为了促进公共图书馆事业发展，发挥公共图书馆功能，保障公民基本文化权益，提高公民科学文化素质和社会文明程度，传承人类文明，坚定文化自信，制定本法。

（四）参考条文

1.《广州市公共图书馆条例》（2020年修正）

第一条 为促进公共图书馆事业发展，满足公众对知识、信息及相关文化活动的需求，实现与保障公众的基本文化权益，根据相关法律、法规，结合本市实际，制定本条例。

2.《东莞市公共图书馆管理办法》（2016年发布）

第一条 为了促进公共图书馆事业的发展，满足公众对知识、信息及相关文化活动的需求，实现与保障公众的基本文化权益，根据有关法律、法规的规定，结合本市实际，制定本办法。

3.《深圳经济特区公共图书馆条例》（2019年修正）

第一条 为了发展深圳经济特区（以下简称特区）公共图书馆事业，满足人民群众对科学文化知识的需求，促进社会主义精神文明和物质文明建设，根据有关法律、行政法规的基本原则，结合特区实际，制定本条例。

二、规章第二条释读

（一）第二条原文

第二条 本办法适用于本市行政区域内公共图书馆的设立、运行和服务等活动。

本办法所称公共图书馆，是指向社会公众免费开放，收集、整理、保存文献信息并提供查询、借阅及相关服务，开展阅读推广、社会教育、文化传播的公共文化设施。

公共图书馆的设立、变更、终止应当按照有关法律、法规的规定办理登记手续。

（二）条文说明

本条阐述了《办法》的适用范围、公共图书馆的概念及公共图书馆设立、变更、终止需登记的相关规定。区域适用范围限定为"本市行政区域内"，对象适用范围限定为"公共图书馆的设立、运行和服务等"，对应《办法》的第二章"设立"、第三章"运行"和第四章"服务"。

有关公共图书馆的概念界定，在《公共图书馆法》"开展社会教育的公共文化设施"的基础上，进一步明确为"开展阅读推广、社会教育、文化传播的公共文化设施"，强调图书馆在"阅读推广"和"文化传播"中的重要社会职责和功能。

本条明确了"公共图书馆的设立、变更、终止"应当符合法定程序。

（三）条文依据

1.《中华人民共和国立法法》（2015年修正）

第八十二条 省、自治区、直辖市和设区的市、自治州的人民政府，可以根据法律、行政法规和本省、自治区、直辖市的地方性法规，制定规章。

地方政府规章可以就下列事项作出规定：

（一）为执行法律、行政法规、地方性法规的规定需要制定规章的事项；

（二）属于本行政区域的具体行政管理事项。

设区的市、自治州的人民政府根据本条第一款、第二款制定地方政府规章，限于城乡建设与管理、环境保护、历史文化保护等方面的事项。已经制定的地方政府规章，涉及上述事项范围以外的，继续有效。

除省、自治区的人民政府所在地的市，经济特区所在地的市和国务院已经批准的较大的市以外，其他设区的市、自治州的人民政府开始制定规章的时间，与本省、自治区人民代表大会常务委员会确定的本市、自治州开始制定地方性法规的时间同步。

应当制定地方性法规但条件尚不成熟的，因行政管理迫切需要，可以先制定地方政府规章。规章实施满两年需要继续实施规章所规定的行政措施的，应当提请本级人民代表大会或者其常务委员会制定地方性法规。

没有法律、行政法规、地方性法规的依据，地方政府规章不得设定减损公民、法人和其他组织权利或者增加其义务的规范。

2.《中华人民共和国公共图书馆法》（2018年修正）

第二条 本法所称公共图书馆，是指向社会公众免费开放，收集、整理、保存文献信息并提供查询、借阅及相关服务，开展社会教育的公共文化设施。

前款规定的文献信息包括图书报刊、音像制品、缩微制品、数字资源等。

第十七条 公共图书馆的设立、变更、终止应当按照国家有关规定办理登记手续。

（四）参考条文

1.《广州市公共图书馆条例》（2020 年修正）

第二条　本条例适用于本市行政区域内公共图书馆的设立、管理与服务等活动。

第三条　本条例所称公共图书馆是指由各级人民政府设立，面向社会公众开放的，收集、整理、保存、研究和利用文献信息资源的公益性服务机构。

前款所称文献信息资源包括图书、报纸、期刊、缩微制品、音像制品、电子出版物、数字资源等。

2.《东莞市公共图书馆管理办法》（2016 年发布）

第二条　本办法适用于本市行政区域内的公共图书馆的设立、管理与服务等活动。

本办法所称公共图书馆，是指市、镇人民政府（街道办事处、园区管委会）兴办，面向社会公众开放的，收集、整理、保存、研究和利用文献信息资源的公益性服务机构和社会教育设施。

前款所称文献信息资源包括图书、报纸、期刊、缩微制品、音像制品、电子出版物、数字信息资源等。

3.《深圳经济特区公共图书馆条例》（2019 年修正）

第三条　市、区、街道公共图书馆的建设、使用及其监督管理适用本条例。

第三十六条　社会团体、企业、事业单位和个人举办的图书馆的管理参照本条例执行。

三、规章第三条释读

（一）第三条原文

第三条　市、区人民政府应当将公共图书馆事业纳入本级国民经济和社会发展规划，将公共图书馆设施建设纳入国土空间规划，按照公益性、基本性、均等性、便利性的要求，加强公共图书馆设施建设。

市文化主管部门应当根据国民经济和社会发展规划、国土空间规划，编制公共图书馆事业发展规划。

（二）条文说明

本条阐述了市、区政府应当将公共图书馆事业纳入本级国民经济和社会发展规划，将公共图书馆设施建设纳入国土空间规划。

本条在《中华人民共和国公共文化服务保障法》（简称《公共文化服务保障法》）框架下，明确了政府保障公共图书馆设施建设的基本要求为"公益性、基本性、均等性、便利性"。

本条规定了市文化主管部门编制佛山市公共图书馆事业发展规划的职责和要求。

（三）条文依据

1.《中华人民共和国公共文化服务保障法》（2016年发布）

第四条 县级以上人民政府应当将公共文化服务纳入本级国民经济和社会发展规划，按照公益性、基本性、均等性、便利性的要求，加强公共文化设施建设，完善公共文化服务体系，提高公共文化服务效能。

2.《中华人民共和国公共图书馆法》（2018年修正）

第四条 县级以上人民政府应当将公共图书馆事业纳入本级国民经济和社会发展规划，将公共图书馆建设纳入城乡规划和土地利用总体规划，加大对政府设立的公共图书馆的投入，将所需经费列入本级政府预算，并及时、足额拨付。

国家鼓励公民、法人和其他组织自筹资金设立公共图书馆。县级以上人民政府应当积极调动社会力量参与公共图书馆建设，并按照国家有关规定给予政策扶持。

3.《广东省公共文化服务促进条例》（2011年发布）

第六条 县级以上人民政府应当制定公共文化服务发展规划，并将其纳入本级国民经济和社会发展规划。

4.《广东省文化设施条例》（2019年修正）

第七条 各级人民政府应当将公共文化设施建设纳入国民经济和社会发展计划，将公共文化设施的建设、维护、管理资金，列入本级人民政府基本建设投资计划和财政预算。

对边远贫困地区、山区公共文化设施的建设予以扶持。

第十条 各级人民政府应当完善公共文化设施的区域布局，集中力量建设一批现代化、功能完备的重点公共文化设施。各级文化行政主管部门应当会同自然资源行政主管部门编制公共文化设施专项规划，并将其纳入城市总体规划组织实施。

（四）参考条文

1.《广州市公共图书馆条例》（2020年修正）

第五条 市、区人民政府应当将公共图书馆事业纳入国民经济和社会发展规划和年度计划，所需经费列入本级财政预算，使财政投入与经济社会发展和公共图书馆的服务人口、服务范围、服务需求、服务功能等相适应。

公共图书馆经费包括设施、设备、人员、文献信息资源、图书馆运行与维护等方面的费用。

第十条 市、区人民政府应当根据本地区社会、经济、文化发展和人口分布状况，统筹规划、合理布局，建立覆盖城乡的公共图书馆体系。

市文化行政主管部门应当根据国民经济和社会发展规划、城市总体规划以及土地利用总体规划编制公共图书馆事业建设规划，经市发展改革、规划、国土行政管理部门审查后，报市人民政府审批。

2.《东莞市公共图书馆管理办法》（2016 年发布）

第四条 市、镇人民政府（街道办事处、园区管委会）应当将公共图书馆事业纳入国民经济和社会发展规划和年度计划，将所需经费列入本级财政预算，使财政投入与经济社会发展和公共图书馆的服务人口、服务范围、服务需求、服务功能等相适应。公共图书馆的经费应当根据国民经济和公共图书馆事业的发展，逐年有所增加。

公共图书馆经费包括设施、设备、人员、文献信息资源、图书馆运行与维护等方面的费用。

公共图书馆经费应当专款专用，不得挪作他用。

第十条 市、镇人民政府（街道办事处、园区管委会）应当根据本地区服务人口分布情况和经济、社会、文化发展的需要，按照普遍均等的原则，统筹规划、合理布局，建立覆盖城乡的公共图书馆服务体系。

市文化行政主管部门应当根据国民经济和社会发展规划、城乡总体规划以及土地利用总体规划编制公共图书馆事业发展规划，经市发展和改革、城乡规划、国土资源等行政管理部门审查后，报市人民政府审批。

3.《深圳经济特区公共图书馆条例》（2019 年修正）

第四条 深圳市人民政府应当按照行政区域分级设置图书馆的原则，制定深圳市公共图书馆发展规划和网络建设方案，逐步建成现代化公共图书馆网络，实现公共图书馆文献资源共享。

各级人民政府鼓励社会团体、企业、事业单位和个人兴办向公众开放的图书馆并参加市公共图书馆网络。

（五）延伸内容

1.《中华人民共和国土地管理法实施条例》（2021 年修订）

第二条 国家建立国土空间规划体系。

土地开发、保护、建设活动应当坚持规划先行。经依法批准的国土空间规划是各类开发、保护、建设活动的基本依据。

已经编制国土空间规划的，不再编制土地利用总体规划和城乡规划。在编制国土空间规划前，经依法批准的土地利用总体规划和城乡规划继续执行。

2.《中华人民共和国城乡规划法》（2019 年修正）

第三条 城市和镇应当依照本法制定城市规划和镇规划。城市、镇规划区内的建设活动应当符合规划要求。

县级以上地方人民政府根据本地农村经济社会发展水平，按照因地制宜、切实可行的原则，确定应当制定乡规划、村庄规划的区域。在确定区域内的乡、村庄，应当依照本法制定规划，规划区内的乡、村庄建设应当符合规划要求。

县级以上地方人民政府鼓励、指导前款规定以外的区域的乡、村庄制定和实施乡规划、村庄规划。

四、规章第四条释读

（一）第四条原文

第四条　市、区、镇人民政府（街道办事处）应当按照公共图书馆领域的事权和支出责任，加大对政府设立的公共图书馆的投入，将设施设备、文献信息、人员、服务、运行与维护等方面的费用列入本级财政预算，并及时、足额拨付。

市、区、镇人民政府（街道办事处）应当统筹使用相关资金，重点加大对基础条件相对薄弱和发展不平衡的政府设立的公共图书馆在馆舍改造、文献信息购置、用户活动开展等方面的支持。

市、区、镇人民政府（街道办事处）应当在社区公共文化设施建设经费中保留一定比例用于社区的公共图书馆建设。

公共图书馆经费应当专款专用，不得挪作他用。

（二）条文说明

本条阐述了政府财政投入与公共图书馆经费。

本条责任主体包括市、区、镇人民政府（街道办事处），强调政府设立的公共图书馆的经费投入依据（按照公共图书馆领域的事权和支出责任）、公共图书馆经费的组成（包括设施设备、文献信息、人员、服务、图书馆运行与维护等方面的费用）、拨付要求（及时、足额拨付），以及公共图书馆经费的使用原则（专款专用）。

本条结合发展实际，突出了重点支持对象（基础条件相对薄弱和发展不平衡的政府设立的公共图书馆）及相应支持内容（馆舍改造、文献信息购置、用户活动开展等）。

本条第三款阐述了社区的公共图书馆建设资金的政策落实。依据《中共佛山市委办公室　佛山市人民政府办公室关于印发〈佛山市构建现代公共文化服务体系实施意见〉的通知》（佛办发〔2015〕12号）中的"九、加大保障力度……（十八）落实经费投入　以政府投入为主，鼓励社会各方力量积极参与，建立健全公共文化服务体系建设的多元投入机制。各级政府要落实现代公共文化服务体系建设责任，按照市制定的标准提供基本公共文化服务项目所需资金，保障公共文化服务体系建设和运行。拓展资金来源渠道，加大政府性基金与一般公共预算的统筹力度。落实鼓励社会组织、机构和个人捐赠公益性文化事业所得税税前扣除，以及从城市住房开发投资中提取不低于1%的经费用于社区公共文化设施建设等政策"，进一步规定了社会公共文化设施建设中用于图书馆的建设经费。

（三）条文依据

1.《中华人民共和国公共文化服务保障法》（2016年发布）

第四十五条　国务院和地方各级人民政府应当根据公共文化服务的事权和支出责任，将公共文化服务经费纳入本级预算，安排公共文化服务所需资金。

2.《中华人民共和国公共图书馆法》（2018年修正）

第四条　县级以上人民政府应当将公共图书馆事业纳入本级国民经济和社会发展规划，将公共图书馆建设纳入城乡规划和土地利用总体规划，加大对政府设立的公共图书馆的投入，将所需经费列入本级政府预算，并及时、足额拨付。

国家鼓励公民、法人和其他组织自筹资金设立公共图书馆。县级以上人民政府应当积极调动社会力量参与公共图书馆建设，并按照国家有关规定给予政策扶持。

3.《广东省公共文化服务促进条例》（2011年发布）

第七条　各级人民政府应当将公共文化服务经费纳入财政预算，确保足额投入并随着财政收入的增长而增加。

第二十六条　县级以上人民政府应当加大对基层公共文化设施建设的扶持力度，将社区文化中心建设纳入城市规划；应当从城市住房开发投资中提取一定比例的经费，用于社区公共文化设施建设。具体实施办法由省人民政府另行制定。

鼓励发达地区支持贫困地区和少数民族地区的基层公共文化设施建设。

4.《广东省文化设施条例》（2019年修正）

第七条　各级人民政府应当将公共文化设施建设纳入国民经济和社会发展计划，将公共文化设施的建设、维护、管理资金，列入本级人民政府基本建设投资计划和财政预算。

对边远贫困地区、山区公共文化设施的建设予以扶持。

第九条　公共文化设施建设应当与经济社会发展和文化发展需要相适应，科学规划，合理布局，城乡协调。

第十六条　各级人民政府应当加强对公共文化设施项目资金的监督管理，专款专用，严禁截留或者挪作他用。

（四）参考条文

1.《广州市公共图书馆条例》（2020 年修正）

第五条　市、区人民政府应当将公共图书馆事业纳入国民经济和社会发展规划和年度计划、所需经费列入本级财政预算，使财政投入与经济社会发展和公共图书馆的服务人口、服务范围、服务需求、服务功能等相适应。

公共图书馆经费包括设施、设备、人员、文献信息资源、图书馆运行与维护等方面的费用。

2.《东莞市公共图书馆管理办法》（2016 年发布）

第四条　市、镇人民政府（街道办事处、园区管委会）应当将公共图书馆事业纳入国民经济和社会发展规划和年度计划，将所需经费列入本级财政预算，使财政投入与经济社会发展和公共图书馆的服务人口、服务范围、服务需求、服务功能等相适应。公共图书馆的经费应当根据国民经济和公共图书馆事业的发展，逐年有所增加。

公共图书馆经费包括设施、设备、人员、文献信息资源、图书馆运行与维护等方面的费用。

公共图书馆经费应当专款专用，不得挪作他用。

3.《深圳经济特区公共图书馆条例》（2019 年修正）

第十一条　公共图书馆业务经费由各级人民政府从行政事业经费中列支，公共图书馆经费的增长幅度应当和正常性财政收入的增长幅度相适应。

公共图书馆的业务经费应当用于图书馆建设和开支，不得挪用。

五、规章第五条释读

（一）第五条原文

第五条　市文化主管部门负责全市公共图书馆的管理工作，并组织实施本办法。

区文化主管部门负责本行政区域内公共图书馆的管理工作。

发展改革、教育、科技、民政、财政、人力资源社会保障、自然资源、住房城乡建设、交通运输、政务服务数据管理等有关部门根据各自职责，协同实施本办法。

（二）条文说明

本条明确了本办法的主管部门与主要相关管理部门的职责。

本条将《公共图书馆法》第五条中的"县级以上地方人民政府文化主管部门"具体表述为"市文化主管部门"和"区文化主管部门",将"县级以上地方人民政府其他有关部门"具体表述为"发展改革、教育、科技、民政、财政、人力资源社会保障、自然资源、住房城乡建设、交通运输、政务服务数据管理等有关部门"。

佛山市人民政府的机构设置情况:市政府办公室、市发展和改革局、市教育局、市科学技术局、市公安局、市工业和信息化局、市司法局、市民政局、市财政局、市人力资源和社会保障局、市自然资源局、市生态环境局、市交通运输局、市水利局、市住房和城乡建设局、市商务局、市农业农村局、市文化广电旅游体育局、市卫生健康局、市应急管理局、市退役军人事务局、市审计局、市市场监督管理局、市统计局、市国有资产监督管理委员会、市医疗保障局、市金融工作局、市信访局、市城市管理和综合执法局、市轨道交通局、市政务服务数据管理局、市城市更新局、市重点项目工作局。(截至2022年1月6日的情况)

佛山市行政区域内市、区人民政府的设置情况为:佛山市人民政府、禅城区人民政府、南海区人民政府、顺德区人民政府、高明区人民政府、三水区人民政府。

(三)条文依据

1.《中华人民共和国公共文化服务保障法》(2016年发布)

第七条 国务院文化主管部门、新闻出版广电主管部门依照本法和国务院规定的职责负责全国的公共文化服务工作;国务院其他有关部门在各自职责范围内负责相关公共文化服务工作。

县级以上地方人民政府文化、新闻出版广电主管部门根据其职责负责本行政区域内的公共文化服务工作;县级以上地方人民政府其他有关部门在各自职责范围内负责相关公共文化服务工作。

2.《中华人民共和国公共图书馆法》(2018年修正)

第五条 国务院文化主管部门负责全国公共图书馆的管理工作。国务院其他有关部门在各自职责范围内负责与公共图书馆管理有关的工作。

县级以上地方人民政府文化主管部门负责本行政区域内公共图书馆的管理工作。县级以上地方人民政府其他有关部门在各自职责范围内负责本行政区域内与公共图书馆管理有关的工作。

3.《广东省公共文化服务促进条例》(2011年发布)

第五条 各级人民政府统一负责、领导本行政区域内的公共文化服务工作。

县级以上人民政府文化主管部门具体负责本行政区域内的公共文化服务工作。

县级以上人民政府发展改革、教育、民族宗教、财政、税务、国土资源、规划、住房城乡建设、体育、旅游等有关主管部门，在各自职责范围内做好有关的公共文化服务工作。

（四）参考条文

1.《广州市公共图书馆条例》（2020年修正）

第四条　市文化行政主管部门负责全市公共图书馆事业的管理工作，并组织实施本条例。

区文化行政主管部门负责本行政区域内公共图书馆事业的管理工作。

发展改革、财政、教育、规划、国土、人力资源、建设、交通等行政管理部门应当根据各自职责，协同实施本条例。

2.《东莞市公共图书馆管理办法》（2016年发布）

第三条　市文化行政主管部门负责全市公共图书馆事业的管理工作，并组织实施本办法。

各镇人民政府（街道办事处、园区管委会）负责本行政区域内公共图书馆事业的管理工作。

市发展和改革、财政、教育、城乡规划、国土资源、人力资源、住房和城乡建设、交通运输等行政管理部门根据各自职责，协同实施本办法。

3.《深圳经济特区公共图书馆条例》（2019年修正）

第五条　市文化主管部门负责全市公共图书馆事业的管理工作，履行以下职责：

（一）编制公共图书馆发展规划；

（二）编制公共图书馆网络建设方案；

（三）制定有关公共图书馆管理的规定；

（四）组织公共图书馆发展规划和网络建设方案的实施；

（五）对公共图书馆的工作进行监督；

（六）负责本条例的实施与监督。

区文化主管部门按照管理权限，负责本行政区域内公共图书馆的建设、监督和管理。

各级教育、财政、人力资源保障、规划和自然资源、住房建设等有关部门应当根据各自职责，协同文化主管部门实施本条例。

六、规章第六条释读

（一）第六条原文

第六条　鼓励公民、法人和其他组织自筹资金设立公共图书馆。

鼓励公民、法人和其他组织以捐赠资金、设施设备、文献信息以及其他形式支持公共图书馆事业的发展，并依法给予税收优惠。

对在公共图书馆事业发展中作出突出贡献的组织和个人，按照国家有关规定给予奖励。

（二）条文说明

本条阐述了对社会力量参与公共图书馆建设的鼓励，说明了社会力量支持公共图书馆事业发展的方式包括捐赠资金、设施设备、文献信息以及其他形式，并明确依法对上述行为给予税收优惠，按照国家有关规定给予相应奖励。

（三）条文依据

1.《中华人民共和国公共文化服务保障法》（2016年发布）

第四十二条　国家鼓励和支持公民、法人和其他组织通过兴办实体、资助项目、赞助活动、提供设施、捐赠产品等方式，参与提供公共文化服务。

第五十条　公民、法人和其他组织通过公益性社会团体或者县级以上人民政府及其部门，捐赠财产用于公共文化服务的，依法享受税收优惠。

国家鼓励通过捐赠等方式设立公共文化服务基金，专门用于公共文化服务。

2.《中华人民共和国公共图书馆法》（2018年修正）

第四条　县级以上人民政府应当将公共图书馆事业纳入本级国民经济和社会发展规划，将公共图书馆建设纳入城乡规划和土地利用总体规划，加大对政府设立的公共图书馆的投入，将所需经费列入本级政府预算，并及时、足额拨付。

国家鼓励公民、法人和其他组织自筹资金设立公共图书馆。县级以上人民政府应当积极调动社会力量参与公共图书馆建设，并按照国家有关规定给予政策扶持。

第六条　国家鼓励公民、法人和其他组织依法向公共图书馆捐赠，并依法给予税收优惠。

境外自然人、法人和其他组织可以依照有关法律、行政法规的规定，通过捐赠方式参与境内公共图书馆建设。

第十二条　对在公共图书馆事业发展中作出突出贡献的组织和个人，按照国家有关规定给予表彰和奖励。

3.《广东省公共文化服务促进条例》（2011年发布）

第三十三条　鼓励社会力量以捐赠方式建设公共文化设施或者开展文化活动。

捐赠人通过公益性社会团体、县级以上人民政府或者其相关部门捐建公共文化设施的，可以依法享受税收方面的优惠。

捐赠人对于捐赠的公共文化设施可以留名纪念；捐赠人单独捐赠或者主要由捐赠人出资建设的，可以由捐赠人提出公共文化设施的名称，报县级以上人民政府批准。

4.《广东省文化设施条例》（2019年修正）

第八条　鼓励企业事业单位、社会团体、个人和境外社会力量捐资兴建兴办公共文化设施。捐赠公共文化设施的，捐赠人可以按照有关规定享受优惠。

（四）参考条文

1.《广州市公共图书馆条例》（2020年修正）

第六条　鼓励国内外自然人、法人或者其他组织以捐赠资金、文献、设施、设备或者其他形式支持公共图书馆的发展。

鼓励和支持国内外自然人、法人或者其他组织兴办公益性图书馆，与公共图书馆合作提供或者单独提供公益性阅读服务，各级人民政府应当依照有关法律、法规的规定给予支持。

国内外自然人、法人或者其他组织按照本条第一款、第二款规定的方式参与图书馆建设或者提供公益性阅读服务的，依照有关法律、法规的规定享受税收等优惠待遇。公共图书馆可以以捐赠人的名字命名或者以其他适当方式给予捐赠人相应荣誉。

2.《东莞市公共图书馆管理办法》（2016年发布）

第五条　鼓励和支持自然人、法人或者其他组织以捐赠资金、文献、设施、设备或者其他形式支持公共图书馆的发展。

鼓励和支持自然人、法人或者其他组织兴办公益性图书馆，与公共图书馆合作提供或者单独提供公益性阅读服务。

自然人、法人或者其他组织按照本条第一款、第二款规定的方式参与图书馆建设或者提供公益性阅读服务的，依照有关法律、法规的规定，享受税收等方面的优惠。公共图书馆可以以捐赠人的名字命名或者以其他适当方式给予捐赠人相应荣誉。

3.《深圳经济特区公共图书馆条例》（2019年修正）

第十二条　各级人民政府鼓励国内外的组织和个人向公共图书馆捐赠资金、文献、设备。

（五）延伸内容

1.《中华人民共和国公益事业捐赠法》（1999年发布）

第九条　自然人、法人或者其他组织可以选择符合其捐赠意愿的公益性社会团体和公益性非营利的事业单位进行捐赠。捐赠的财产应当是其有权处分的合法财产。

第二十四条 公司和其他企业依照本法的规定捐赠财产用于公益事业，依照法律、行政法规的规定享受企业所得税方面的优惠。

第二十五条 自然人和个体工商户依照本法的规定捐赠财产用于公益事业，依照法律、行政法规的规定享受个人所得税方面的优惠。

第二十六条 境外向公益性社会团体和公益性非营利的事业单位捐赠的用于公益事业的物资，依照法律、行政法规的规定减征或者免征进口关税和进口环节的增值税。

第二十七条 对于捐赠的工程项目，当地人民政府应当给予支持和优惠。

2．《中华人民共和国企业所得税法实施条例》（2019年修订）

第五十三条 企业当年发生以及以前年度结转的公益性捐赠支出，不超过年度利润总额12%的部分，准予扣除。

年度利润总额，是指企业依照国家统一会计制度的规定计算的年度会计利润。

3．《中华人民共和国个人所得税法》（2018年修正）

第六条 ……

…………

个人将其所得对教育、扶贫、济困等公益慈善事业进行捐赠，捐赠额未超过纳税人申报的应纳税所得额百分之三十的部分，可以从其应纳税所得额中扣除；国务院规定对公益慈善事业捐赠实行全额税前扣除的，从其规定。

…………

4．《中华人民共和国个人所得税法实施条例》（2018年修订）

第十九条 个人所得税法第六条第三款所称个人将其所得对教育、扶贫、济困等公益慈善事业进行捐赠，是指个人将其所得通过中国境内的公益性社会组织、国家机关向教育、扶贫、济困等公益慈善事业的捐赠；所称应纳税所得额，是指计算扣除捐赠额之前的应纳税所得额。

5．《中华人民共和国进出口关税条例》（2017年修订）

第四十五条 下列进出口货物，免征关税：

（一）关税税额在人民币50元以下的一票货物；

（二）无商业价值的广告品和货样；

（三）外国政府、国际组织无偿赠送的物资；

（四）在海关放行前损失的货物；

（五）进出境运输工具装载的途中必需的燃料、物料和饮食用品。

在海关放行前遭受损坏的货物，可以根据海关认定的受损程度减征关税。

法律规定的其他免征或者减征关税的货物，海关根据规定予以免征或者减征。

6．《广东省全民阅读促进条例》（2019年发布）

第十五条 鼓励和支持国家机关、企业事业组织、社会团体、村民委员会、居民委员会根据自身条件，设立图书馆、阅览室、图书报刊架或者其他阅读设施，并对社会开放。

鼓励和支持车站、机场、码头、公园、景区、宾馆、银行、商场、医院、青少年活动中心等公共场所，以及飞机、列车、客轮等公共交通工具，设立向公众开放的阅读设施或者提供阅读服务，并明确管理和维护责任人员，方便群众就近阅读。

7.《广东省公共文化服务促进条例》（2011年发布）

第九条 村民委员会、居民委员会应当因地制宜开展公共文化服务活动。

鼓励社会力量向公众提供公共文化设施和公益性文化产品、文化活动及相关文化服务。

县级以上人民政府文化主管部门应当加强对村民委员会、居民委员会和社会力量开展公共文化服务活动的指导和支持。

第十三条 各级人民政府及其文化等有关主管部门可以采取政府购买、项目补贴或者奖励等方式鼓励和支持社会力量提供公共文化服务，推动经营性文化设施提供低票价或者免费的公益性文化服务。

第三十四条 鼓励社会力量将其所有的文化产品、文化设施委托公益性文化机构管理，用于公共文化服务活动。

第三十五条 鼓励社会力量赞助公益性文化活动，赞助方可以获得符合有关法律法规规定的合理回报。

8.《广东省华侨捐赠兴办公益事业管理条例》（2014年修正）

第十四条 获准捐赠兴办的公益项目，所需用地优先给予征用或者划拨；供水、供电、通讯等配套设施，有关部门应当优先安排；有关税费按规定给予减免。

七、规章第七条释读

（一）第七条原文

第七条 鼓励公民、法人和其他组织依法设立公共图书馆发展社会基金，或者向公共图书馆发展社会基金进行捐赠。

公共图书馆发展社会基金的设立、运作和管理依照有关法律、法规的规定执行。

（二）条文说明

本条所阐述的公共图书馆社会发展基金，依据《公共文化服务保障法》"国家鼓励通过捐赠等方式设立公共文化服务基金，专门用于公共文化服务"提出，属于本办法第六条主要内容——"鼓励社会力量参与"的延伸。

相关法律法规包括：《中华人民共和国公益事业捐赠法》《基金会管理条例》《基金会名称管理规定》。

（三）条文依据

1.《中华人民共和国公共文化服务保障法》（2016年发布）

第五十条　公民、法人和其他组织通过公益性社会团体或者县级以上人民政府及其部门，捐赠财产用于公共文化服务的，依法享受税收优惠。

国家鼓励通过捐赠等方式设立公共文化服务基金，专门用于公共文化服务。

2.《中华人民共和国公益事业捐赠法》（1999年发布）

第十条　公益性社会团体和公益性非营利的事业单位可以依照本法接受捐赠。

本法所称公益性社会团体是指依法成立的，以发展公益事业为宗旨的基金会、慈善组织等社会团体。

本法所称公益性非营利的事业单位是指依法成立的，从事公益事业的不以营利为目的的教育机构、科学研究机构、医疗卫生机构、社会公共文化机构、社会公共体育机构和社会福利机构等。

3.《基金会管理条例》（2004年发布）

第一条　为了规范基金会的组织和活动，维护基金会、捐赠人和受益人的合法权益，促进社会力量参与公益事业，制定本条例。

第二条　本条例所称基金会，是指利用自然人、法人或者其他组织捐赠的财产，以从事公益事业为目的，按照本条例的规定成立的非营利性法人。

4.《广东省全民阅读促进条例》（2019年发布）

第三十五条　各级人民政府应当建立完善阅读服务的捐助机制，鼓励和支持有条件的公民、法人和其他组织通过捐赠、资助、志愿服务和提供场所设施等方式对全民阅读活动给予支持和推广。

县级以上人民政府鼓励公民、法人和其他组织依法设立全民阅读公益基金，用于扶持公益性阅读组织、培育阅读推广人队伍、强化阅读服务等活动。

（四）参考条文

1.《广州市公共图书馆条例》（2020年修正）

第七条　市、区人民政府可以发起设立公共图书馆发展社会基金。

鼓励国内外自然人、法人或者其他组织依法设立公共图书馆发展社会基金，或者向公共图书馆发展社会基金进行捐赠。

公共图书馆发展社会基金的设立、运作和管理依照有关法律、法规的规定执行。

2.《东莞市公共图书馆管理办法》（2016年发布）

第六条　市、镇人民政府（街道办事处、园区管委会）可以依法发起设立公共图书馆发展社会基金。

鼓励自然人、法人或者其他组织依法设立公共图书馆发展社会基金，或者向公共图书馆发展社会基金进行捐赠。

公共图书馆发展社会基金的设立、运作和管理依照有关法律、法规的规定执行。

八、规章第八条释读

（一）第八条原文

第八条　每年8月为佛山全民阅读月。

市、区文化主管部门、公共图书馆等行政管理部门和单位应当通过各种形式组织开展全民阅读推广活动。

（二）条文说明

本条明确了每年8月为佛山全民阅读月，与《广东省全民阅读促进条例》中"每年8月为广东全民阅读月"一致。

《佛山市文化广电旅游体育局关于印发〈佛山市公共文化服务体系高质量发展行动计划（2019—2022年）〉的通知》（佛文〔2020〕1号）提出持续推进"全民阅读之城"建设、常态开展"崇文佛山·全民阅读"等全民性文化活动。

本条明确了全民阅读推广活动组织开展的责任主体，明确了公共图书馆推动、引导和服务全民阅读的重要任务。

（三）条文依据

1.《中华人民共和国公共文化服务保障法》（2016年发布）

第二十七条　各级人民政府应当充分利用公共文化设施，促进优秀公共文化产品的提供和传播，支持开展全民阅读、全民普法、全民健身、全民科普和艺术普及、优秀传统文化传承活动。

2.《中华人民共和国公共图书馆法》（2018年修正）

第三条　公共图书馆是社会主义公共文化服务体系的重要组成部分，应当将推动、引导、服务全民阅读作为重要任务。

公共图书馆应当坚持社会主义先进文化前进方向，坚持以人民为中心，坚持以社会主义核心价值观为引领，传承发展中华优秀传统文化，继承革命文化，发展社会主义先进文化。

3.《广东省全民阅读促进条例》（2019 年发布）

第十六条 全省开展"书香岭南"全民阅读活动，每年 4 月 23 日为广东全民阅读日，每年 8 月为广东全民阅读月。每年定期举办"南国书香节"，鼓励和支持有条件的地级以上市人民政府举办"南国书香节"分会场活动。

县级以上人民政府应当根据本地实际定期举办读书节等活动。

鼓励和支持国家机关、企业事业组织、社会团体根据自身特点和条件创办各种品牌阅读活动。

（四）参考条文

1.《广州市公共图书馆条例》（2020 年修正）

第九条 每年四月为广州读书月。

文化行政主管部门、公共图书馆等行政管理部门和单位应当通过各种形式组织开展全民阅读推广活动。

2.《东莞市公共图书馆管理办法》（2016 年发布）

第九条 文化行政主管部门、公共图书馆等单位应当通过各种形式组织开展全民阅读推广活动，每年举办东莞读书节。

九、规章第九条释读

（一）第九条原文

第九条 市文化主管部门成立公共图书馆专家委员会。市文化主管部门对下列事项应当征询专家委员会的意见：

（一）公共图书馆事业发展规划；

（二）公共图书馆服务网络建设方案；

（三）公共图书馆领域重要政策及重要业务标准规范；

（四）其他涉及公共图书馆事业发展的重大事项。

（二）条文说明

本条阐述了公共图书馆专家委员会的设立。

公共图书馆事业具有专业性，该领域专家的专业意见可以为与公共图书馆事业相关的行政管理重大事项决策提供有益参考。公共图书馆专家委员会的设立是吸收专业人士参与公共图书馆事业建设与管理的重要举措。文化和旅游部设有国家文化和旅游公共服务专家委员会（此前为国家公共文化服务体系建设专家委员会）。

本条明确了市文化主管部门应当征询专家委员会意见的事项。

（三）条文依据

1.《中华人民共和国公共文化服务保障法》（2016 年发布）

第二十四条　国家推动公共图书馆、博物馆、文化馆等公共文化设施管理单位根据其功能定位建立健全法人治理结构，吸收有关方面代表、专业人士和公众参与管理。

2.《中华人民共和国公共图书馆法》（2018 年修正）

第二十三条　国家推动公共图书馆建立健全法人治理结构，吸收有关方面代表、专业人士和社会公众参与管理。

（四）参考条文

1.《东莞市公共图书馆管理办法》（2016 年发布）

第十一条　市文化行政主管部门组织成立公共图书馆专家委员会。对公共图书馆的发展规划、业务规范和涉及公共图书馆事业发展的其他重大事项，市文化行政主管部门应征询公共图书馆专家委员会的意见。

2.《深圳经济特区公共图书馆条例》（2019 年修正）

第六条　市文化主管部门成立图书馆专家委员会（以下简称专家委员会）。市文化主管部门对下列事项应当征询专家委员会的意见：

（一）公共图书馆发展规划；

（二）公共图书馆网络建设方案；

（三）公共图书馆的馆舍建筑设计方案；

（四）公共图书馆业务规程；

（五）公共图书馆业务工作；

（六）公共图书馆管理等重大问题。

第二节 《佛山市公共图书馆管理办法》第二章释读

一、规章第十条释读

（一）第十条原文

第二章 设 立

第十条 市人民政府负责在全市行政区域内统筹建立覆盖城乡、便捷实用的公共图书馆服务网络。公共图书馆服务网络建设遵循政府主导、社会参与、各方联动的原则，统一规划、统一标准、统筹管理、分级保障、分类建设、分众服务。

区人民政府负责本行政区域内公共图书馆服务网络建设，接受市人民政府的监督与工作指导。

（二）条文说明

本条在上位法"公共图书馆服务网络建设坚持政府主导，鼓励社会参与"的基础上，明确了佛山市公共图书馆服务网络的建设原则为"政府主导、社会参与、各方联动"，进一步细化了市、区人民政府建设公共图书馆服务网络的职责。

本条参考《佛山市文化广电新闻出版局关于全面推进全市公共图书馆服务体系一体化建设的通知》（佛文社〔2018〕57号）中提出的"统一标识、统一平台、统一资源、分级建设、分级管理、分散服务"（简称"三统三分"），更新公共图书馆服务网络建设所遵循的原则为：统一规划、统一标准、统筹管理、分级保障、分类建设、分众服务。

（三）条文依据

1.《中华人民共和国公共文化服务保障法》（2016年发布）

第十五条 县级以上地方人民政府应当将公共文化设施建设纳入本级城乡规划，根据国家基本公共文化服务指导标准、省级基本公共文化服务实施标准，结合当地经济社会发展水平、人口状况、环境条件、文化特色，合理确定公共文化设施的种类、数量、规模以及布局，形成场馆服务、流动服务和数字服务相结合的公共文化设施网络。

公共文化设施的选址，应当征求公众意见，符合公共文化设施的功能和特点，有利于发挥其作用。

2.《中华人民共和国公共图书馆法》（2018年修正）

第十三条　国家建立覆盖城乡、便捷实用的公共图书馆服务网络。公共图书馆服务网络建设坚持政府主导，鼓励社会参与。

县级以上地方人民政府应当根据本行政区域内人口数量、人口分布、环境和交通条件等因素，因地制宜确定公共图书馆的数量、规模、结构和分布，加强固定馆舍和流动服务设施、自助服务设施建设。

（四）参考条文

1.《广州市公共图书馆条例》（2020年修正）

第十条　市、区人民政府应当根据本地区社会、经济、文化发展和人口分布状况，统筹规划、合理布局，建立覆盖城乡的公共图书馆体系。

市文化行政主管部门应当根据国民经济和社会发展规划、城市总体规划以及土地利用总体规划编制公共图书馆事业建设规划，经市发展改革、规划、国土行政管理部门审查后，报市人民政府审批。

2.《东莞市公共图书馆管理办法》（2016年发布）

第十条　市、镇人民政府（街道办事处、园区管委会）应当根据本地区服务人口分布情况和经济、社会、文化发展的需要，按照普遍均等的原则，统筹规划、合理布局，建立覆盖城乡的公共图书馆服务体系。

市文化行政主管部门应当根据国民经济和社会发展规划、城乡总体规划以及土地利用总体规划编制公共图书馆事业发展规划，经市发展和改革、城乡规划、国土资源等行政管理部门审查后，报市人民政府审批。

3.《深圳经济特区公共图书馆条例》（2019年修正）

第四条　深圳市人民政府应当按照行政区域分级设置图书馆的原则，制定深圳市公共图书馆发展规划和网络建设方案，逐步建成现代化公共图书馆网络，实现公共图书馆文献资源共享。

各级人民政府鼓励社会团体、企业、事业单位和个人兴办向公众开放的图书馆并参加市公共图书馆网络。

第十条　市、区人民政府和街道办事处应当根据本行政辖区的人口分布情况、经济和文化事业的发展需要，设立公共图书馆。

公共图书馆的布局要求、馆舍面积、阅览座位和藏书量按照有关规定执行。

二、规章第十一条释读

(一) 第十一条原文

第十一条 市、区人民政府应当根据本行政区域内人口数量、人口分布、环境和交通条件等因素，因地制宜确定公共图书馆的数量、规模、结构和分布，加强固定馆舍和流动服务设施、自助服务设施建设。

市、区人民政府应当设立本级公共图书馆。

镇人民政府（街道办事处）应当至少设立1家公共图书馆，常住人口超过20万的镇（街道）应当根据实际情况增设公共图书馆。村、社区可以根据实际情况设立村图书馆、社区图书馆以及其他类型的基层图书馆或者图书室，服务村（居）民。

(二) 条文说明

本条细化了各级地方人民政府建立公共图书馆服务网络的职责。

本条在《公共图书馆法》的框架下，依据"地方人民政府应当充分利用乡镇（街道）和村（社区）的综合服务设施设立图书室，服务城乡居民"的相关精神，结合本地实际，进一步明确镇人民政府（街道办事处）在公共图书馆的设立中应当承担的职责，并结合《公共图书馆建设用地指标》（建标〔2008〕74号）中的数值规定，提出"常住人口超过20万的镇（街道）应当根据实际情况增设公共图书馆"的建设要求。条文鼓励有条件的村、社区设立村图书馆、社区图书馆等基层图书馆或图书室。

(三) 条文依据

《中华人民共和国公共图书馆法》（2018年修正）

第十三条 国家建立覆盖城乡、便捷实用的公共图书馆服务网络。公共图书馆服务网络建设坚持政府主导，鼓励社会参与。

县级以上地方人民政府应当根据本行政区域内人口数量、人口分布、环境和交通条件等因素，因地制宜确定公共图书馆的数量、规模、结构和分布，加强固定馆舍和流动服务设施、自助服务设施建设。

第十四条 县级以上人民政府应当设立公共图书馆。

地方人民政府应当充分利用乡镇（街道）和村（社区）的综合服务设施设立图书室，服务城乡居民。

第三十一条 县级人民政府应当因地制宜建立符合当地特点的以县级公共图书馆为总馆，乡镇（街道）综合文化站、村（社区）图书室等为分馆或者基层服务点的总分馆制，完善数字化、网络化服务体系和配送体系，实现通借通还，促进公共图书馆服务向城乡基层延伸。总馆应当加强对分馆和基层服务点的业务指导。

（四）参考条文

1.《广州市公共图书馆条例》（2020年修正）

第十二条 市、区人民政府应当设立本级公共图书馆。

市人民政府设立的广州图书馆为全市公共图书馆的中心馆，中心馆可以根据公共图书馆发展规划和实际需要，设立直属综合性分馆或者专业性分馆。

区人民政府负责建设区和镇、街道公共图书馆，建立公共图书馆总分馆体系，区公共图书馆为区域总馆，镇、街道公共图书馆为分馆。省、市、区公共图书馆所在地的镇、街道可以不设立分馆。

第十三条 区人民政府应当因地制宜推进村、社区的图书室或者服务网点建设，可以在学校、企业、地铁站、火车站、汽车站、航空港等人口密集区域设立图书室或者服务网点。

有关单位应当根据实际情况为图书室或者服务网点建设在场地、配套设施设备等方面提供必要支持。

2.《东莞市公共图书馆管理办法》（2016年发布）

第十三条 市、镇人民政府（街道办事处、园区管委会）应当设立本级公共图书馆，建立市、镇（街）、村（社区）三级架构的公共图书馆总分馆体系。

市人民政府设立的东莞图书馆为全市公共图书馆总分馆体系的总馆，市总馆可以根据公共图书馆发展规划和实际需要，按规定设立直属综合性分馆或者专业性分馆。

镇人民政府（街道办事处、园区管委会）设立的公共图书馆为全市公共图书馆总分馆体系的镇（街）分馆。

镇人民政府（街道办事处、园区管委会）应当统筹本行政区域内村（社区）图书馆（室）或者服务网点的建设，可以在学校、企业、地铁站、火车站、汽车站等人口密集区域设立图书馆（室）或者服务网点。市、镇（街）公共图书馆所在地的村（社区）可以不设立图书馆（室）。

有关单位应当根据实际情况为图书馆（室）或者服务网点建设在场地、配套设施设备等方面提供必要支持。

3.《深圳经济特区公共图书馆条例》（2019年修正）

第十条 市、区人民政府和街道办事处应当根据本行政辖区的人口分布情况、经济和文化事业的发展需要，设立公共图书馆。

公共图书馆的布局要求、馆舍面积、阅览座位和藏书量按照有关规定执行。

第十四条　各级人民政府投资兴建的公共图书馆应当参加以深圳图书馆为中心的市公共图书馆网络。

社会团体、企业、事业单位和个人兴办的图书馆可以成为市公共图书馆网络的成员。

参加公共图书馆网络的成员应当遵守公共图书馆网络的业务规则。

（五）延伸内容

《公共图书馆建设用地指标》（建标〔2008〕74号）附件的条文说明第四章"建设用地指标"

第十八条　……一、聚居人口在5万～20万的城市或地区，应该设置相应规模的小型馆，包括小城市、远离中心城区的边缘独立组团、大型居住区、县城关镇等；服务人口超过20万时，应设置相应规模的中型馆；在人口达到50万的城市中，除设置中型馆外，还应满足每20万服务人口设置1处小型馆的要求；服务人口达到150万时，除应设置相应规模的大型馆外，还应满足每50万人口设置1处中型馆，每20万人口设置1处小型馆的布局要求；大型馆服务人口超过400万、建筑规模超过50000 m² 时，宜分2处设置。

三、规章第十二条释读

（一）第十二条原文

第十二条　市人民政府应当建立完善以市图书馆为中心馆，区图书馆为区总馆，镇（街道）图书馆为分馆，村图书馆、社区图书馆以及其他类型的基层图书馆或者图书室为基层服务点的联合图书馆体系。

中心馆、区总馆可以设立直属分馆。

中心馆、区总馆、分馆及基层服务点作为联合图书馆体系成员应当联合开展服务，完善数字化、网络化服务体系和配送体系，实现通借通还，促进公共图书馆服务向基层延伸。

（二）条文说明

本条衔接上位法"县级人民政府应当因地制宜建立符合当地特点的以县级公共图书馆为总馆，乡镇（街道）综合文化站、村（社区）图书室等为分馆或者基层服务点的总分馆制"的规定，创新性地设立了适合本市实际情况的联合图书馆体系。本条明确了联合图书馆体系中各图书馆的角色，阐明了中心馆、区总馆、分馆和基层服务点应当联合提供服务的义务。

联合图书馆体系是佛山市首创的公共图书馆服务网络运作模式，自2004年6月试行并运行至今。截至2020年年底，联合图书馆体系已拥有327家成员，覆盖佛山市五区，延伸到街道、村居、学校、部队，实现了统一形象、统一联合书目检索平台、一证通借通还、数字资源共建共享等服务。

（三）条文依据

1.《中华人民共和国公共图书馆法》（2018年修正）

第三十一条 县级人民政府应当因地制宜建立符合当地特点的以县级公共图书馆为总馆，乡镇（街道）综合文化站、村（社区）图书室等为分馆或者基层服务点的总分馆制，完善数字化、网络化服务体系和配送体系，实现通借通还，促进公共图书馆服务向城乡基层延伸。总馆应当加强对分馆和基层服务点的业务指导。

2.《广东省全民阅读促进条例》（2019年发布）

第十三条 政府设立的公共图书馆应当为公众提供便捷高效的借阅服务，逐步实现与本行政区域内其他图书馆、全民阅读服务设施之间图书的通借通还，数字资源与本行政区域内其他阅读设备终端的互联互通、共享共用。

鼓励国家机关、企业事业组织、社会团体等为图书捐赠、交换提供便利，推动建立图书循环利用的体系和网络，促进阅读资源共享。

（四）参考条文

1.《广州市公共图书馆条例》（2020年修正）

第十二条 市、区人民政府应当设立本级公共图书馆。

市人民政府设立的广州图书馆为全市公共图书馆的中心馆，中心馆可以根据公共图书馆发展规划和实际需要，设立直属综合性分馆或者专业性分馆。

区人民政府负责建设区和镇、街道公共图书馆，建立公共图书馆总分馆体系，区公共图书馆为区域总馆，镇、街道公共图书馆为分馆。省、市、区公共图书馆所在地的镇、街道可以不设立分馆。

第十三条 区人民政府应当因地制宜推进村、社区的图书室或者服务网点建设，可以在学校、企业、地铁站、火车站、汽车站、航空港等人口密集区域设立图书室或者服务网点。

有关单位应当根据实际情况为图书室或者服务网点建设在场地、配套设施设备等方面提供必要支持。

2.《东莞市公共图书馆管理办法》（2016年发布）

第十三条 市、镇人民政府（街道办事处、园区管委会）应当设立本级公共图书馆，建立市、镇（街）、村（社区）三级架构的公共图书馆总分馆体系。

市人民政府设立的东莞图书馆为全市公共图书馆总分馆体系的总馆，市总馆可以根据公共图书馆发展规划和实际需要，按规定设立直属综合性分馆或者专业性分馆。

镇人民政府（街道办事处、园区管委会）设立的公共图书馆为全市公共图书馆总分馆体系的镇（街）分馆。

镇人民政府（街道办事处、园区管委会）应当统筹本行政区域内村（社区）图书馆（室）或者服务网点的建设，可以在学校、企业、地铁站、火车站、汽车站等人口密集区域设立图书馆（室）或者服务网点。市、镇（街）公共图书馆所在地的村（社区）可以不设立图书馆（室）。

有关单位应当根据实际情况为图书馆（室）或者服务网点建设在场地、配套设施设备等方面提供必要支持。

3.《深圳经济特区公共图书馆条例》（2019年修正）

第十四条　各级人民政府投资兴建的公共图书馆应当参加以深圳图书馆为中心的市公共图书馆网络。

社会团体、企业、事业单位和个人兴办的图书馆可以成为市公共图书馆网络的成员。

参加公共图书馆网络的成员应当遵守公共图书馆网络的业务规则。

四、规章第十三条释读

（一）第十三条原文

第十三条　市、区文化主管部门应当支持和引导社会力量设立或者参与举办的公共图书馆纳入联合图书馆体系，实行统一管理。

鼓励学校图书馆、科研机构图书馆以及其他类型图书馆，作为分馆或者基层服务点承担公共图书馆职能。

（二）条文说明

本条明确了将"学校图书馆、科研机构图书馆以及其他类型图书馆"和"社会力量设立或者参与举办的公共图书馆"纳入联合图书馆体系的路径，同时明确了市、区文化主管部门在相关方面的鼓励、支持和引导责任。

（三）条文依据

1.《中华人民共和国公共文化服务保障法》（2016年发布）

第十条　国家鼓励和支持公共文化服务与学校教育相结合，充分发挥公共文化服务的社会教育功能，提高青少年思想道德和科学文化素质。

第三十二条 国家鼓励和支持机关、学校、企业事业单位的文化体育设施向公众开放。

第三十八条 地方各级人民政府应当加强面向在校学生的公共文化服务，支持学校开展适合在校学生特点的文化体育活动，促进德智体美教育。

2.《中华人民共和国公共图书馆法》（2018 年修正）

第十三条 国家建立覆盖城乡、便捷实用的公共图书馆服务网络。公共图书馆服务网络建设坚持政府主导，鼓励社会参与。

第四十八条 国家支持公共图书馆加强与学校图书馆、科研机构图书馆以及其他类型图书馆的交流与合作，开展联合服务。

国家支持学校图书馆、科研机构图书馆以及其他类型图书馆向社会公众开放。

（四）参考条文

1.《广州市公共图书馆条例》（2020 年修正）

第四十九条 公共图书馆应当通过组建图书馆联盟或者其他方式，加强与学校图书馆、科学与专业图书馆及其他类型图书馆的交流与合作，通过馆际互借、文献传递、联合参考咨询、开放数字资源库等方式实现资源共享与联合服务。

少年儿童图书馆应当推进与中小学校图书馆的合作，通过流动站、流动车等方式向中小学生提供服务。

鼓励学校图书馆、科学与专业图书馆及其他类型图书馆承担公共图书馆职能或者参与设立公共图书馆（室），提供公益性服务。

2.《东莞市公共图书馆管理办法》（2016 年发布）

第四十七条 公共图书馆应当通过组建图书馆联盟或者其他方式，加强与其他类型图书馆的交流与合作，实现资源共享与联合服务。

镇（街）公共图书馆与少年儿童图书馆应当推进与中小学校图书馆的合作，通过服务点、图书流动车等方式向中小学生提供服务。

鼓励学校图书馆、科学与专业图书馆及其他类型图书馆参与设立公共图书馆（室），提供公益性服务。

3.《深圳经济特区公共图书馆条例》（2019 年修正）

第四条 深圳市人民政府应当按照行政区域分级设置图书馆的原则，制定深圳市公共图书馆发展规划和网络建设方案，逐步建成现代化公共图书馆网络，实现公共图书馆文献资源共享。

各级人民政府鼓励社会团体、企业、事业单位和个人兴办向公众开放的图书馆并参加市公共图书馆网络。

五、规章第十四条释读

(一) 第十四条原文

第十四条 中心馆和区总馆应当具有独立馆舍。分馆和基层服务点可以与其他文化设施合建,但应当满足公共图书馆的使用功能和环境要求。

任何单位和个人不得擅自拆除、侵占公共图书馆,不得擅自改变公共图书馆的功能、用途或者妨碍其正常运行。

因城乡建设确需拆除政府设立的公共图书馆,或者改变其功能、用途的,应当依照有关法律、法规的规定重建、改建,并坚持先建设后拆除或者建设拆除同时进行的原则。重建、改建的公共图书馆的设施配置标准、建筑面积等不得降低。

(二) 条文说明

本条在《公共文化服务保障法》的框架下拟定,阐述了各级公共图书馆对于馆舍的要求,明确了公共图书馆馆舍和空间专用的相关规定,对拆除政府设立的公共图书馆的事项设立了前提条件。

与图书馆用地面积、建筑规模、馆舍结构、室内布局及装修相关的国家标准和行业标准包括:《公共图书馆建设用地指标》(建标〔2008〕74号)、《公共图书馆建设标准》(建标108—2008)、《图书馆建筑设计规范》(JGJ 38—2015)和《公共图书馆建筑防火安全技术标准》(WH 0502—1996)。

(三) 条文依据

1.《中华人民共和国公共文化服务保障法》(2016年发布)

第十六条 公共文化设施的建设用地,应当符合土地利用总体规划和城乡规划,并依照法定程序审批。

任何单位和个人不得侵占公共文化设施建设用地或者擅自改变其用途。因特殊情况需要调整公共文化设施建设用地的,应当重新确定建设用地。调整后的公共文化设施建设用地不得少于原有面积。

新建、改建、扩建居民住宅区,应当按照有关规定、标准,规划和建设配套的公共文化设施。

第十九条 任何单位和个人不得擅自拆除公共文化设施，不得擅自改变公共文化设施的功能、用途或者妨碍其正常运行，不得侵占、挪用公共文化设施，不得将公共文化设施用于与公共文化服务无关的商业经营活动。

因城乡建设确需拆除公共文化设施，或者改变其功能、用途的，应当依照有关法律、行政法规的规定重建、改建，并坚持先建设后拆除或者建设拆除同时进行的原则。重建、改建的公共文化设施的设施配置标准、建筑面积等不得降低。

2.《中华人民共和国公共图书馆法》（2018年修正）

第十四条 县级以上人民政府应当设立公共图书馆。

地方人民政府应当充分利用乡镇（街道）和村（社区）的综合服务设施设立图书室，服务城乡居民。

第十五条 设立公共图书馆应当具备下列条件：

（一）章程；

（二）固定的馆址；

（三）与其功能相适应的馆舍面积、阅览座席、文献信息和设施设备；

（四）与其功能、馆藏规模等相适应的工作人员；

（五）必要的办馆资金和稳定的运行经费来源；

（六）安全保障设施、制度及应急预案。

3.《公共文化体育设施条例》（2003年发布）

第二十七条 因城乡建设确需拆除公共文化体育设施或者改变其功能、用途的，有关地方人民政府在作出决定前，应当组织专家论证，并征得上一级人民政府文化行政主管部门、体育行政主管部门同意，报上一级人民政府批准。

涉及大型公共文化体育设施的，上一级人民政府在批准前，应当举行听证会，听取公众意见。

经批准拆除公共文化体育设施或者改变其功能、用途的，应当依照国家有关法律、行政法规的规定择地重建。重新建设的公共文化体育设施，应当符合规划要求，一般不得小于原有规模。迁建工作应当坚持先建设后拆除或者建设拆除同时进行的原则。迁建所需费用由造成迁建的单位承担。

4.《广东省文化设施条例》（2019年修正）

第十二条 公共文化设施的建设预留用地，由县级以上人民政府自然资源行政主管部门会同文化行政主管部门，按照国家有关用地定额指标、城市控制性详细规划确定，报本级人民政府批准。任何单位和个人不得擅自占用或者改作他用。

因特殊情况需要调整公共文化设施建设预留用地的，自然资源行政主管部门应当征求本级文化行政主管部门意见后，报城市规划委员会审议通过和本级人民政府批准。调整后重新确定的公共文化设施建设预留用地不得少于原有面积。

第十三条 因城市建设确需征用公共文化设施用地，或者需要进行转让、开发、改变用途的，应当经原批准机关同意，同时按照有关法律、法规规定予以易地重建、资产置换。

易地重建应当符合规划的要求，面积不得少于原有面积，迁建所需费用由拆迁单位承担。

第十四条 新建、改建、扩建居民住宅区应当按照城市总体规划的要求建设配套公共文化设施。配套建设的公共文化设施应当与居民住宅区的主体工程同时设计、同时施工、同时验收、同时投入使用。任何单位或者个人不得擅自缩小公共文化设施的建设规模和降低用地指标，不得擅自占用公共文化设施或者改作他用。

（四）参考条文

1.《广州市公共图书馆条例》（2020年修正）

第十五条 中心馆、区域总馆应当独立建设。镇、街道分馆或者村、社区图书室可以与其他文化设施合建，或者利用其他现有建筑建设。

公共图书馆（室）与其他文化设施合建的，应当满足图书馆（室）的使用功能和环境要求，自成一区，设置单独出入口。

第二十一条 任何单位和个人不得擅自拆除公共图书馆（室）或者改变其使用功能、用途。

经依法批准拆除公共图书馆（室）或者改变其功能、用途的，应当依照有关法律、法规和本条例的规定原址重建或者迁建。原址重建或者迁建的公共图书馆（室）应当符合规划要求，并不得小于原有规模。公共图书馆（室）迁建应当在新馆（室）建成后再拆除旧馆（室）。

2.《东莞市公共图书馆管理办法》（2016年发布）

第十五条 市、镇（街）公共图书馆馆舍应当相对独立建设。村（社区）图书馆（室）可以与其他文化设施合建，或者利用其他现有建筑建设。

公共图书馆（室）与其他文化设施合建的，应当满足图书馆（室）的使用功能和环境要求，自成一区，设置单独出入口。

第十七条 任何单位和个人不得擅自拆除公共图书馆（室）或者改变其使用功能、用途。

经批准拆除公共图书馆（室）或者改变其功能、用途的，应当依照有关法律、法规和规章完善相关手续后，根据本办法的规定原址重建或者迁建。原址重建或者迁建的公共图书馆（室）应当符合规划要求，并不得小于原有规模。公共图书馆（室）迁建应当在新馆（室）建成后再拆除旧馆（室）。

3.《深圳经济特区公共图书馆条例》（2019年修正）

第九条 公共图书馆的馆舍、设备、文献资源受法律保护，任何组织和个人均不得损坏或者侵占。

任何组织和个人不得改变公共图书馆馆舍的用途。

六、规章第十五条释读

(一) 第十五条原文

第十五条 政府设立的公共图书馆建设应当遵循国家公共图书馆建设标准和建筑设计规范。建筑面积应当依据服务范围内的常住人口数量并适当考虑人口增长因素确定。

中心馆每千人建筑面积不得低于6平方米。区总馆、分馆及基层服务点每千人建筑面积合计不得低于23平方米。

基层综合性文化服务中心的图书室建筑面积不得低于30平方米。

中心馆、区总馆、镇街分馆的少年儿童服务区域面积不得低于全馆服务区域面积的20%。

社会力量设立或者参与举办的公共图书馆,建筑面积高于640平方米的,可以作为分馆;建筑面积不高于640平方米的,可以作为基层服务点。

(二) 条文说明

本条主要阐述了政府设立的公共图书馆的建筑面积要求,以及明确了社会力量设立或者参与举办的公共图书馆根据具体面积确定作为分馆或基层服务点加入联合图书馆网络。

其中,中心馆、区总馆建筑面积标准基于《公共图书馆建设标准》(建标108—2008)依据服务范围内的常住人口数量测算得出,参见表2-1。另外,依据《公共图书馆建设标准》(建标108—2008)第二十条,公共图书馆总建筑面积以及相应的总藏书量、总阅览座位数量,按表2-2的控制指标执行。

表 2-1 2020 年年初中心馆、各区总分馆的建筑面积测算及现状表①

图书馆	服务人口（千人）	《标》千人面积指标（m²/千人）	《标准》建筑面积控制指标（万m²）	千人面积现状（m²/千人）	区总分馆体系合计千人面积现状（m²/千人）	建筑面积现状（万m²）	区总分馆体系合计建筑面积现状（万m²）
佛山市图书馆	7905.7	6.0～9.5	3.8～6	5.91（不含祖庙分馆）6.40（含祖庙分馆）	6.67	5.27	—
禅城区图书馆	1183.9	13.3～13.5	1.35～2	8.19（3.63）	14.53	0.97②（0.43）	1.72
南海区图书馆	2905.0	9.5～13.3	2～3.8	2.18	8.06	0.63	2.34
顺德区图书馆	2704.7	9.5～13.3	2～3.8	10.47	20.45	2.83	5.53
高明区图书馆	442.9	15.0～22.5	0.45～0.75	18.51（8.31）	22.13	0.82③（0.37）	0.98
三水区图书馆	669.1	13.5～15.0	0.75～1.35	2.94	11.66	0.20	0.78

① 表2-1的数据系根据《佛山市联合图书馆年报》（本表中简称《标准》）中的数据。中的数据以及当时调查的各区馆舍面积之和，区总分馆含面积人口现状计算得出，并对比了《公共图书馆建设标准》

② 禅城区图书馆年报中为0.97万m²，为主馆加上分馆年报面积之和，年报中的0.82万m²为区总分馆面积（2600 m²，2019年关停，准备开放成共享书吧）及西江新城分馆面积（1850 m²）之和；高明区街道人口用的是区统计局的数据。

③ 高明区图书馆总面积为3680 m²，年报中的0.82万m²为主馆加上分馆年报面积与银海分馆面积（2600 m²，2019年关停，准备开放成共享书吧）及西江新城分馆面积（1850 m²）之和；高明区街道人口用的是区统计局的数据。

续表2-1

图书馆	服务人口（千人）	《标准》千人面积指标（m²/千人）	《标准》建筑面积控制指标（万m²）	千人面积现状（m²/千人）	区总分馆体系合计千人面积现状（m²/千人）	建筑面积现状（万m²）	区总分馆体系合计建筑面积现状（万m²）
祖庙街道图书馆	410.1	15.0~22.5	0.45~0.75	2.71	—	0.111	—
石湾镇街道图书馆	336.6	15.0~22.5	0.45~0.75	4.13	—	0.139	—
张槎街道图书馆	244.9	15.0~22.5	0.45~0.75	2.98	—	0.073	—
桂城街道图书馆	699.8	13.5~15.0	0.75~1.35	0.74	—	0.0518	—
狮山镇图书馆	877.1	13.5~15.0	0.75~1.35	0.91	—	0.08	—
九江镇图书馆	277.2	15.0~22.5	0.45~0.75	1.98	—	0.055	—
西樵镇图书馆	327.7	15.0~22.5	0.45~0.75	1.83	—	0.06	—
丹灶镇图书馆	227.7	15.0~22.5	0.45~0.75	1.54	—	0.035	—
里水镇图书馆	459.1	15.0~22.5	0.45~0.75	2.91	—	0.1338	—
大沥镇图书馆	728.1	13.5~15.0	0.75~1.35	0.69	—	0.05	—
梁銶琚图书馆	448.4	15.0~22.5	0.45~0.75	13.48	—	0.6046	—
容桂图书馆	605.0	13.5~15.0	0.75~1.35	2.64	—	0.16	—

（禅城区：祖庙、石湾镇、张槎；南海区：桂城、狮山镇、九江镇、西樵镇、丹灶镇、里水镇、大沥镇；顺德区：梁銶琚、容桂）

续表 2-1

图书馆	服务人口（千人）	《标准》千人面积指标（m²/千人）	《标准》建筑面积控制指标（万 m²）	千人面积现状（m²/千人）	区总分馆体系合计千人面积现状（m²/千人）	建筑面积现状（万 m²）	区总分馆体系合计建筑面积现状（万 m²）
伦教图书馆	200.0	15.0～22.5	0.45～0.75	9.00	—	0.18	—
勒流图书馆	340.5	15.0～22.5	0.45～0.75	2.94	—	0.1	—
陈村图书馆	214.3	15.0～22.5	0.45～0.75	7.47	—	0.16	—
北滘图书馆	330.0	15.0～22.5	0.45～0.75	12.26	—	0.4045	—
杏坛图书馆	230.0	15.0～22.5	0.45～0.75	0.771	—	0.0176	—
龙江图书馆	337.5	15.0～22.5	0.45～0.75	0.71	—	0.024	—
乐从镇文化融合创新中心智能文化家	320.0	15.0～22.5	0.45～0.75	0.78	—	0.025	—
均安图书馆	200.0	15.0～22.5	0.45～0.75	1.00	—	0.02	—
高明区							
荷城街道文化站三洲图书馆	288.0	15.0～22.5	0.45～0.75	1.74	—	0.05	—
荷城街道文化站富湾图书馆	288.0	15.0～22.5	0.45～0.75	1.74	—	0.05	—

续表 2-1

图书馆	服务人口（千人）	《标准》千人面积指标（m²/千人）	《标准》建筑面积控制指标（万 m²）	千人面积现状（m²/千人）	区总分馆体系合计千人面积现状（m²/千人）	建筑面积现状（万 m²）	区总分馆体系合计建筑面积现状（万 m²）
高明区图书馆文化馆明城镇分馆	45.6	23.0~27.0	0.08~0.23	3.71	—	0.0169	—
更合镇文化站图书室	52.4	23.0~27.0	0.08~0.23	3.44	—	0.018	—
高明区西江新城自助图书馆①	35.9	23.0~27.0	0.08~0.23	51.53	—	0.1850	—
三水区							
乐平文化中心图书馆	145.0	22.5~23.0	0.23~0.45	2.41	—	0.035	—
大塘镇图书馆	51.0	23.0~27.0	0.08~0.23	3.92	—	0.02	—
三水区图书馆文化馆白坭分馆	68.0	23.0~27.0	0.08~0.23	11.76	—	0.08	—
南山镇图书馆	25.0	23.0~27.0	0.08~0.23	6	—	0.015	—

① 西江新城自助图书馆角色为高明区图书馆区总馆直属分馆，为区总馆与市馆合作共建，面积1850 m²，属于西江新城管委会（沧江工业园区管委会），区统计局没有独立统计人口数据。所使用的人口数据来源于区总馆上报。数据暂计入街道分馆。

续表 2-1

图书馆	服务人口（千人）	《标准》千人面积指标（m²/千人）	《标准》建筑面积控制指标（万m²）	千人面积现状（m²/千人）	区总分馆体系合计千人面积现状（m²/千人）	建筑面积现状（万m²）	区总分馆体系合计建筑面积现状（万m²）
芦苞镇文化中心图书馆	43.0	23.0~27.0	0.08~0.23	16.98	—	0.073	—
西南街道文化中心图书馆	270.0	15.0~22.5	0.45~0.75	2.22	—	0.06	—
云东海街道文化中心图书馆	68.0	23.0~27.0	0.08~0.23	2.35	—	0.016	—

少年儿童是当前和未来公共图书馆服务的主要群体，按《公共图书馆建设标准》（建标108—2008）中20%的标准值设定少年儿童服务区域面积占比。依据《公共图书馆建设标准》（建标108—2008）第二十二条，少年儿童图书馆的建筑面积指标包括在各级公共图书馆总建筑面积指标之内，可以独立建设，也可以合并建设。独立建设的少年儿童图书馆，其建筑面积应依据服务的少年儿童人口数量按表2－2的规定执行；合并建设的公共图书馆，专门用于少年儿童的藏书与借阅区面积之和应控制在藏书和借阅区总面积的10%～20%。

表2－2 公共图书馆总建筑面积以及相应的总藏书量、总阅览座位数量控制指标

规模	服务人口（万人）	建筑面积		藏书量		阅览座位	
		千人面积指标（m²/千人）	建筑面积控制指标（m²）	人均藏书（册、件/人）	总藏量（万册、件）	千人阅览座位（座/千人）	总阅览座位（座）
大型	400～1000	6～9.5	38000～60000	0.6～0.8	320～600	0.3～0.6	2400～3000
	150～400	9.5～13.3	20000～38000	0.8～0.9	135～320	0.6～0.8	1200～2400
中型	100～150	13.3～13.5	13500～20000	0.9	90～135	0.8～0.9	900～1200
	50～100	13.5～15	7500～13500	0.9	45～90	0.9	450～900
	20～50	15～22.5	4500～7500	0.9～1.2	24～45	0.9～1.2	240～450
小型	10～20	22.5～23	2300～4500	1.2	12～24	1.2～1.3	130～240
	3～10	23～27	800～2300	1.2～1.5	4.5～12	1.3～2.0	60～130

注：

1. 服务人口1000万以上的，参照1000万服务人口的人均藏书量、千人阅览座位数指标执行。服务人口3万以下的，不建设独立的公共图书馆，应与文化馆等文化设施合并建设，其用于图书馆部分的面积，参照3万服务人口的人均藏书量、千人阅览座位数指标执行。

2. 表中服务人口处于两个数值区间的，采用直线内插法确定其建筑面积、藏书量和阅览座位数指标。

3. 本表来源：中华人民共和国住房和城乡建设部、中华人民共和国国家发展和改革委员会，《公共图书馆建设标准》（建标108—2008），中国计划出版社2008年版，第5页。

依据《关于印发〈佛山市村（社区）基层综合性文化服务中心检查表（试行）〉的通知》（佛文创办〔2017〕24号）的附件《佛山市村（社区）基层综合性文化服务中心检查表（试行）》，有关农家书屋或社区书屋建筑面积的指标为30平方米以上。

本条对社会力量参与建设的分馆的建筑面积提出了要求。依据《公共图书馆建设标准》（建标 108—2008）第二十条所规定的小型公共图书馆最小建筑面积范围为 800～2300 m² 的标准，以及第二十一条"四、总建筑面积调整幅度应控制在 ±20% 以内"，取小型公共图书馆的最低面积值 640 m²。

（三）条文依据

暂无。

（四）参考条文

1.《广州市公共图书馆条例》（2020 年修正）

第十六条 公共图书馆的建筑面积依据服务范围内的常住人口数量并适当考虑人口增长因素确定。公共图书馆每千人建筑面积应当符合下列要求：

（一）市级公共图书馆达到十平方米以上；

（二）区域总馆和镇、街道分馆合计达到 37.5 平方米以上，但省、市公共图书馆所在地的区可以适当低于上述标准。

市、区公共图书馆和镇、街道分馆的建筑面积不得低于国家最低标准。

公共图书馆的少年儿童阅览区域面积应当不低于全馆借阅服务区域面积的百分之二十。

2.《东莞市公共图书馆管理办法》（2016 年发布）

第十六条 公共图书馆建设应当遵循公共图书馆建设标准和图书馆建筑设计规范。公共图书馆的建筑面积依据服务范围内的常住人口数量并适当考虑人口增长因素确定。公共图书馆每千人建筑面积应当符合下列要求：

（一）市级公共图书馆达到十平方米以上；

（二）镇（街）公共图书馆与村（社区）图书馆（室）合计达到三十平方米以上，市级公共图书馆所在地的镇（街）可以适当低于上述标准。

市、镇（街）公共图书馆的建筑面积不得低于国家最低标准。

公共图书馆的少年儿童阅览区域面积应当不低于全馆借阅服务区域面积的百分之二十。

3.《深圳经济特区公共图书馆条例》（2019 年修正）

第十条 市、区人民政府和街道办事处应当根据本行政辖区的人口分布情况、经济和文化事业的发展需要，设立公共图书馆。

公共图书馆的布局要求、馆舍面积、阅览座位和藏书量按照有关规定执行。

（五）延伸内容

1.《广州市"图书馆之城"建设规划（2015—2020）》

5. 实施镇（街道）图书馆专业化改造项目。根据《广州市公共图书馆条例》以及有关标准的规定保障馆舍建设面积和馆藏纸质信息资源，应当在常住人口达到十万以上的镇设立面积不少于1000平方米（阅览室面积不得少于600平方米）的公共图书馆分馆，其中馆藏纸质信息资源不少于3万册/件（藏书空间不少于6万册/件）、报刊不少于200种；在常住人口少于十万的镇（街道）设立面积不少于500平方米（阅览室面积不得少于300平方米）的公共图书馆分馆，其中馆藏纸质信息资源不少于1.5万册/件（藏书空间不少于3万册/件）、报刊不少于100种。镇（街道）分馆年均新增入藏纸质信息资源不得少于2000册/件。省、市、区公共图书馆所在的镇（街道）可以不设立分馆。镇（街道）图书馆每周开放时间不少于40小时，且周末必须开放。

2. 浙江省《公共图书馆中心馆－总分馆建设服务规范》（DB33/T 2180—2019）

6.4 分馆

6.4.1 乡镇（街道）分馆建筑面积不低于300 m²。宜配备自助借还设备、监控设备、数字资源一体机、数字阅读终端等数字化管理、服务设备。省级中心镇和5万人口以上的乡镇宜适当增加分馆建筑面积。

6.4.2 村（社区）分馆建筑面积不低于100 m²。宜因地制宜地配置数字化管理、服务设备。

6.4.3 设施设备配置应符合DB33/T 2011的要求，应建有标准配置的公共电子阅览室或文化共享工程基层服务点。

6.4.4 乡镇（街道）分馆应设有少儿活动空间。村（社区）分馆应配置适合少儿活动的设备和图书。

6.4.5 社会力量举办的分馆，在具有一定特色或主题的前提下，建筑面积可适当降低，但不宜少于50 m²。

6.5 基层流通点

6.5.1 基层流通点建筑面积宜不低于35 m²。

6.5.2 基层流通点文献资源由总分馆统一配置，统一标识。宜利用手机流通系统实现一卡通行、通借通还。

6.6 场馆型自助图书馆与流动图书馆

6.6.1 根据当地实际情况，在人员流动量较大的公共场所、务工人员较为集中的区域以及留守妇女儿童较为集中的农村地区，配备必要的设施，采取多种形式，提供便利可及的公共阅读服务。

6.6.2 馆外公共领域的场馆型自助图书馆面积宜在100 m²以上，应配备自助借还设备、监控设备、数字资源一体机、数字阅读终端等数字化管理、服务设备。

6.6.3 应根据实际制定流动图书馆服务的线路和布点规划，并报主管部门备案。

七、规章第十六条释读

(一) 第十六条原文

第十六条 公共图书馆选址应当位于人口相对集中、交通便利、配套设施良好的区域,符合安全、卫生、环保标准和服务半径合理的要求,原则上优先选择首层、临街、具有独立出入口的位置。

政府设立的公共图书馆选址应当通过当地政府网站、主要报刊或者其他形式征求公众意见。公众意见作为规划部门核发建设项目用地预审及选址意见书的重要依据。

政府新建的公共图书馆应当在项目选址阶段同步开展交通影响评价,并按照相关办法配套建设公交站场设施;本办法实施前政府已经建成或者已经开工建设的公共图书馆选址不符合本条第一款规定的,属地人民政府应当逐步完善其配套公共交通站场、市政设施,并按照有关标准改善公共图书馆周边的安全、卫生和环境状况。

(二) 条文说明

本条阐述了公共图书馆的选址及配套完善,明确了选址应当征求公众意见。

第一款明确了选址的基本要求和原则上优先选择的位置。

第二款对《公共文化服务保障法》的"公共文化设施的选址,应当征求公众意见"进行了明确和落实。此处根据《自然资源部关于以"多规合一"为基础推进规划用地"多审合一、多证合一"改革的通知》(自然资规〔2019〕2号)中"将建设项目选址意见书、建设项目用地预审意见合并,自然资源主管部门统一核发建设项目用地预审与选址意见书(见附件1),不再单独核发建设项目选址意见书、建设项目用地预审意见"的规定,确立了关于"建设项目用地预审及选址意见书"的表述。

第三款规定了政府在公共图书馆配套设施完善中的责任。

与公共图书馆选址及配套完善相关的国家标准及规范包括:《公共图书馆建设用地指标》(建标〔2008〕74号)、《公共图书馆建设标准》(建标108—2008)和《图书馆建筑设计规范》(JGJ 38—2015)。

（三）条文依据

1.《中华人民共和国公共文化服务保障法》（2016年发布）

第十五条　县级以上地方人民政府应当将公共文化设施建设纳入本级城乡规划，根据国家基本公共文化服务指导标准、省级基本公共文化服务实施标准，结合当地经济社会发展水平、人口状况、环境条件、文化特色，合理确定公共文化设施的种类、数量、规模以及布局，形成场馆服务、流动服务和数字服务相结合的公共文化设施网络。

公共文化设施的选址，应当征求公众意见，符合公共文化设施的功能和特点，有利于发挥其作用。

2.《中华人民共和国公共图书馆法》（2018年修正）

第十三条　国家建立覆盖城乡、便捷实用的公共图书馆服务网络。公共图书馆服务网络建设坚持政府主导，鼓励社会参与。

县级以上地方人民政府应当根据本行政区域内人口数量、人口分布、环境和交通条件等因素，因地制宜确定公共图书馆的数量、规模、结构和分布，加强固定馆舍和流动服务设施、自助服务设施建设。

3.《广东省文化设施条例》（2019年修正）

第十一条　公共文化设施建设选址，应当方便群众、交通便利、保护环境。

在公共文化设施范围及其规划用地内，不得建设影响文化活动的其他设施。

公共文化设施的设计，应当符合实用美观、安全卫生等要求，并有无障碍措施，方便残疾人、老人、儿童使用。

（四）参考条文

1.《广州市公共图书馆条例》（2020年修正）

第十一条　公共图书馆选址应当位于人口相对集中、交通便利、市政设施配套良好的区域，符合安全、卫生、环保标准和服务半径合理的要求。

本条例实施前已经建成或者已经开工建设的公共图书馆选址不符合前款规定的，市、区人民政府应当逐步完善公共图书馆的配套公共交通、市政设施，并按照有关标准改善公共图书馆周边的安全、卫生和环境状况。

2.《东莞市公共图书馆管理办法》（2016年发布）

第十二条　公共图书馆选址应当位于人口相对集中、交通便利、配套设施良好的区域，符合安全、卫生、环保标准和服务半径合理的要求。

本办法实施前已经建成或者已经开工建设的公共图书馆选址不符合前款规定的，属地镇人民政府（街道办事处、园区管委会）应当逐步完善公共图书馆的配套公共交通、市政设施，并按照有关标准改善公共图书馆周边的安全、卫生和环境状况。

八、规章第十七条释读

(一) 第十七条原文

第十七条　市文化主管部门应当会同同级人力资源社会保障、财政等有关部门,建立本市公共图书馆人力资源采购机制,建设结构合理、具备相关专业知识的图书馆管理队伍。

中心馆、区总馆应当按照国家相关标准,结合服务功能、服务时间、馆舍规模、馆藏资源数量、用户服务量等因素合理配备相应数量的工作人员。

政府设立的公共图书馆新进管理人员和专业技术人员应当具备相应的文化水平和与工作岗位相适应的专业知识与技能。

(二) 条文说明

本条阐述了专业化人员队伍建设,包括队伍建设、工作人员数量及资质要求等。

第一款阐明了市文化主管部门在建立本市公共图书馆人力资源采购机制中的职责和要求。

第二款明确了应按照国家标准,配备相应数量的工作人员。国家相关标准如《公共图书馆服务规范》(GB/T 28220—2011)、《公共图书馆服务规范(征求意见稿)》(GB/T 28220—202×)(2020年6月24日版),此外,还可参考《第三批国家公共文化服务体系示范区验收标准》和《公共图书馆评估指标　第2部分:省、市、县级公共图书馆》(WH/T 70.2—2020),并可横向对比《广州市"图书馆之城"建设规划(2015—2020)》、广州市《关于全面推进我市公共图书馆总分馆制建设的实施意见》和浙江省《公共图书馆中心馆-总分馆建设服务规范》(DB33/T 2180—2019)中工作人员数量的相关规定。有关基层文化人才的配备,《佛山市基层综合性文化服务中心建设标准(2016—2020年)》规定,"中心设有由政府购买的公益文化岗位。每个村(社区)聘用农村文体协管员不少于1名,负责管理和维护农村(社区)公共文化设施、设备,开展文体活动"。佛山市公共图书馆工作人员的数量参见表2-3。

表 2-3 2020 年年初中心馆、区总馆工作人员数量配备测算及现状表[1]

图书馆	服务人口（万人）[2]	按每 2 万人配备 1 名工作人员测算（名）	按每 1.5 万人配备 1 名工作人员测算（名）	按每万人配备 1 名工作人员测算（名）	每 1.5 万人拥有工作人员数量现状（名）	每万人拥有工作人员数量现状（名）	每万人拥有专业技术人员数量现状（名）	专业技术人员占总工作人员人数比例（%）
佛山市属图书馆[3]	790.6	395.3	527.07	790.6	0.461	0.307	0.134	43.62
禅城区属图书馆[4]	118.4	59	79	118	1.58	1.06	0.22	20.8
南海区属图书馆[5]	290.5	145.25	193.67	290.5	0.52	0.35	0.13	36.63
顺德区属图书馆[6]	270.47	135.5	181	271	1.14	0.76	0.38	50.24
高明区属图书馆[7]	44.29	22.145	29.53	44.29	1.07	0.73	0.41	56.25
三水区属图书馆[8]	66.91	33.5	45	67	1.03	0.69	0.3	43.48

[1] 表 2-3 的数据系根据《佛山市联合图书馆补充调研》中的佛山市和各区图书馆的工作人员现状及佛山市统计局年鉴中的服务人口数据计算得出，并对比了《公共图书馆服务规范》（GB/T 28220—2011）中的数据。
[2] 服务人口数据来源于佛山图书馆统计局 2018 年年鉴。
[3] 据《佛山市联合图书馆补充调研》统计，佛山市属联合图书馆工作人员 243 人（不含市馆共建市属人员），专业技术人员 106 人。
[4] 据《佛山市联合图书馆补充调研》统计，禅城区图书馆工作人员 125 人（不含市馆共建市属人员），专业技术人员 26 人。
[5] 据《佛山市联合图书馆补充调研》统计，南海区图书馆工作人员 101 人（不含市馆共建市属人员），专业技术人员 37 人。
[6] 据《佛山市联合图书馆补充调研》统计，顺德区图书馆工作人员 205 人（不含市馆共建市属人员），专业技术人员 103 人。
[7] 据《佛山市联合图书馆补充调研》统计，高明区图书馆工作人员 32 人（不含市馆共建市属人员），专业技术人员 18 人。
[8] 据《佛山市联合图书馆补充调研》统计，三水区图书馆工作人员 46 人（不含市馆共建市属人员），专业技术人员 20 人。

第三款明确了政府设立的公共图书馆的新进管理人员和专业技术人员应当具备的资质。

（三）条文依据

1.《中华人民共和国公共文化服务保障法》（2016年发布）

第五十一条 地方各级人民政府应当按照公共文化设施的功能、任务和服务人口规模，合理设置公共文化服务岗位，配备相应专业人员。

第五十二条 国家鼓励和支持文化专业人员、高校毕业生和志愿者到基层从事公共文化服务工作。

2.《中华人民共和国公共图书馆法》（2018年修正）

第十九条 政府设立的公共图书馆馆长应当具备相应的文化水平、专业知识和组织管理能力。

公共图书馆应当根据其功能、馆藏规模、馆舍面积、服务范围及服务人口等因素配备相应的工作人员。公共图书馆工作人员应当具备相应的专业知识与技能，其中专业技术人员可以按照国家有关规定评定专业技术职称。

（四）参考条文

1.《广州市公共图书馆条例》（2020年修正）

第二十三条 市、区人民政府应当按照服务的常住人口每一万人至一万五千人配备一名工作人员的标准，结合服务时间、馆舍规模、馆藏资源数量、用户服务量等因素合理配备相应数量的公共图书馆工作人员。工作人员可以多形式、多类型配备。

公共图书馆新进管理人员和专业技术人员应当具备大学本科以上学历和与工作岗位相适应的专业知识与技能，并按照相关规定实行公开招聘，具体要求由市文化行政主管部门另行规定并向社会公布。

公共图书馆应当根据图书馆事业发展和业务要求，建立和健全工作人员业务培训和继续教育制度。

2.《东莞市公共图书馆管理办法》（2016年发布）

第三十条 市、镇人民政府（街道办事处、园区管委会）应当根据服务时间、馆舍规模、馆藏资源数量、用户服务量等因素，结合实际工作情况并参考国家、省、市相关规范合理配备公共图书馆工作人员。工作人员可以多形式、多类型配备。

公共图书馆新进管理人员和专业技术人员应当具备相应学历和与工作岗位相适应的专业知识与技能，市级图书馆要求具备大学本科以上学历，镇（街）公共图书馆要求具备大专以上学历，并按照相关规定实行公开招聘，具体要求由市文化行政主管部门另行规定并向社会公布。

公共图书馆应当根据图书馆事业发展和业务要求，建立和健全工作人员业务培训和继续教育制度。

3.《深圳经济特区公共图书馆条例》（2019年修正）

第三十条 公共图书馆应当加强图书馆专业队伍的建设，根据工作需要，配备图书馆学及其他相关学科的专业工作人员。

第三十一条 公共图书馆的工作人员应当具备高中以上文化程度，能为读者解答读者有关利用文献资源方面的询问，辅导读者查找文献资源。

（五）延伸内容

1.《公共图书馆服务规范》（GB/T 28220—2011）

5.2.2 人员配备

公共图书馆应配备数量适宜的工作人员。具有相关学科背景的专业技术人员应占工作人员的75%以上，少数民族自治地区公共图书馆要配备熟悉少数民族语言文字的专业技术人员。

公共图书馆专业技术人员是指符合下列条件之一并从事相关业务工作的人员：

——具有助理馆员等各类初级及以上专业技术职务任职资格；

——具有图书馆学专业（或图书情报专业）专科或以上学历；

——非图书馆学专业（或图书情报专业）专科或以上学历，须经过省级及以上学会（协会）、图书馆、大学院系举办的图书馆学专业（或图书情报专业）课程培训，培训课时不少于320学时并成绩合格。

5.2.3 人员数量

公共图书馆工作人员数量的确定，应以所在区域服务人口数为依据。每服务人口10000人～25000人应配备1名工作人员。各级公共图书馆所需的人员数量的配备，还应兼顾服务时间、馆舍规模、馆藏资源数量、年度读者服务量等因素。

2.《公共图书馆服务规范（征求意见稿）》（GB/T 28220—202×）（2020年6月24日版）

5.2.3 人员数量

公共图书馆工作人员数量的确定，应以图书馆功能、馆藏规模、馆舍面积、服务范围及服务人口等因素为依据。每服务人口10000人～20000人应配备1名工作人员。

3.《第三批国家公共文化服务体系示范区验收标准》

相关延伸内容见表2-4。

表2-4 《第三批国家公共文化服务体系示范区验收标准》工作人员指标①

序号	指标	指标评定		指标说明	验收细则
27	乡镇（街道）综合文化站工作人员3名以上	优秀	10	人员编制达标，文化站做到专干专用	指标说明：专干专用是指文化站人员年度直接从事文化工作的时间不低于240天。编制，按中宣部、中组部、中央编办、国家发改委、财政部、人社部《关于加强地方县级和城乡基层宣传文化队伍建设的若干意见》（中宣发〔2010〕14号）文件执行；数量，可以通过编制或购买岗位等方式实现。提供材料：落实文化站编制的有关政策文件和落实情况证明材料
		达标	7	人员数量达标，文化站做到专干专用	
		未达标	4	人员数量未达标或专干不专用	
28	行政村和社区有至少1名财政补贴的文化管理员（文化指导员），城市社区设有公共文化服务岗位	优秀	10	配备率100%	提供材料： 1.有关政策文件和落实的证明材料。 2.文化管理员名册
		达标	7	配备率80%以上	
		未达标	4	配备率不足80%	

---

① 表2-4节选自《第三批国家公共文化服务体系示范区验收标准》。

续表2-4

序号	指标	指标评定		指标说明	验收细则
29	市、县公共文化机构业务人员占比	达标	5	市级公共文化机构业务人员占职工总数比例高于70%，县级公共文化机构业务人员占职工总数高于80%	提供材料：机构人员名册（包括职称、分工等）
		未达标	2	有一项指标未能实现	

4.《公共图书馆评估指标 第2部分：省、市、县级公共图书馆》（WH/T 70.2—2020）

A.2.2 人员

A.2.2.1 工作人员数量

定义：公共图书馆拥有的专职工作人员数量。

方法：

——专职工作人员指公共图书馆在编人员，社会购买服务的物业、保洁、保卫人员及聘期在一年以内的短期聘用人员和临时工不含在内；进行评估时，也可根据评估目的将其他用工方式纳入统计，如人事代理、劳务派遣等。但在同一次评估活动中，应保持口径统一；

——单位：人；

——本指标取值不设上限。通常认为指标值越高，说明一个公共图书馆的人员保障水平越高。

适用范围：

适用于省、市、县级公共图书馆。

A.2.2.2 大学本科以上学历人员比例

定义：公共图书馆（室）工作人员中取得大学本科以上学历人员占全馆工作人员总人数的百分比。

方法：

——计算公式：

$$(A/B) \times 100\%$$

式中：

A——公共图书馆（室）大学本科以上学历的员工的数量，单位：人；

B——公共图书馆（室）工作人员总人数，单位：人。

——各级图书馆进行评估时，可将 B 限定为公共图书馆在编人员，社会购买服务的物业、保洁、保卫人员及一年以下的短期聘用人员和临时工不含在内；也可根据评估目的将其他用工方式纳入统计，如人事代理、劳务派遣等。在同一次评估活动中，应保持口径统一；

——本指标取值区间为 0～100%。通常认为指标值越高，说明一个地区公共图书馆事业的人员学历水平越高，通常也能说明公共图书馆工作人员专业素质也相应高。

适用范围：

适用于省、市、县级公共图书馆。

相关指标：

——工作人员数量（A.2.2.1）。

5.《广州市"图书馆之城"建设规划（2015—2020）》

25. 各级人民政府根据《广州市公共图书馆条例》及《公共图书馆建设标准》（建标108—2008）、《公共图书馆服务规范》（GB/T 28220—2011）规定的标准，按照服务的常住人口每一万人至一万五千人配备一名工作人员，配备形式可以多样化。市、区图书馆应当结合服务时间、馆舍规模、馆藏资源数量、用户服务量等因素配备足够的工作人员。镇（街道）图书馆至少配备1名专业技术人员。市、区和镇（街道）图书馆新进管理人员和专业技术人员应具备大学本科以上学历和与工作岗位相适应的专业知识与技能。

6. 广州市政府《关于全面推进我市公共图书馆总分馆制建设的实施意见》

（三）完善机构与人力资源保障机制

……

2. 配备工作人员。以事业编制人员为基础，图书馆临聘人员、政府雇员为辅建设图书馆核心队伍，配套采用购买服务方式，建设一支结构合理的专业化人员队伍。各区在国家现行政策之下保障区域内图书馆人员力量，区域总分馆专业技术人员数量低于工作人员总数30%的按照30%的标准核定；政府雇员、临聘人员数量按照工作人员总数的25%以内核定，其他工作人员可通过购买服务方式解决；各区政府保障区域总馆使用已核定人员编制且不被占用。镇、街道分馆工作人员配备不足部分通过镇、街道本地配套的形式解决。建立常态化志愿者服务机制，鼓励志愿者参与公共图书馆的日常运行和服务工作。（牵头单位：各区政府）

7. 浙江省《公共图书馆中心馆-总分馆建设服务规范》（DB33/T 2180—2019）

9.1 工作人员

中心馆、总馆工作人员数量的确定，应符合 GB/T 28220 的要求。乡镇（街道）分馆应配备专职管理人员，村（社区）分馆应配备人员进行管理。中心馆-总分馆从业人员与区域服务人口比例宜达到1:15000。

九、规章第十八条释读

（一）第十八条原文

第十八条　政府设立的公共图书馆馆长应当具备相应的文化水平、专业知识和组织管理能力。

中心馆馆长应当具有相关专业正高级专业技术职称，或者具有相关专业副高级专业技术职称且具有 5 年以上图书馆工作经验。

区总馆馆长应当具有相关专业副高级及以上专业技术职称，或者具有相关专业中级专业技术职称且具有 3 年以上文化行业工作经验。

（二）条文说明

本条细化了上位法的相关规定，对中心馆及区总馆馆长的资质提出了具体要求。本条主要从公共图书馆服务和管理的专业性出发，对中心馆和区总馆馆长的专业技术职称和工作经验进行要求。

（三）条文依据

《中华人民共和国公共图书馆法》（2018 年修正）

第十九条　政府设立的公共图书馆馆长应当具备相应的文化水平、专业知识和组织管理能力。

公共图书馆应当根据其功能、馆藏规模、馆舍面积、服务范围及服务人口等因素配备相应的工作人员。公共图书馆工作人员应当具备相应的专业知识与技能，其中专业技术人员可以按照国家有关规定评定专业技术职称。

（四）参考条文

1.《广州市公共图书馆条例》（2020 年修正）

第二十四条　公共图书馆实行馆长负责制。

市级公共图书馆的馆长应当具有相应专业的正高级专业技术职称或者具有五年以上图书馆工作经验的相应专业副高级专业技术职称。

区域总馆的馆长应当具有相应专业副高级以上专业技术职称或者具有三年以上图书馆工作经验的相应专业中级专业技术职称。

2.《东莞市公共图书馆管理办法》（2016 年发布）

第三十一条 公共图书馆实行馆长负责制。

市级公共图书馆的馆长应当具有相应专业的正高级专业技术职称或者具有五年以上图书馆工作经验的相应专业副高级专业技术职称。

镇（街）公共图书馆的馆长应当具有相应专业中级以上专业技术职称或者具有三年以上图书馆工作经验。

3.《深圳经济特区公共图书馆条例》（2019 年修正）

第二十九条 公共图书馆实行馆长负责制。

公共图书馆馆长应当具备下列资格：

（一）市、区公共图书馆馆长应当具备研究馆员、副研究馆员职称，或者具有五年以上图书馆工作经验的相关专业副高级或者高级专业技术职称；

（二）其他公共图书馆馆长应当具备馆员以上职称，或者具有五年以上图书馆工作经验的相关专业中级以上专业技术职称。

十、规章第十九条释读

（一）第十九条原文

第十九条 全市公共图书馆实行统一标识，并纳入路标、路牌、公共交通等城市标识系统。

（二）条文说明

本条阐述了全市公共图书馆实行统一标识的相关规定。

依据为《佛山市文化广电新闻出版局关于全面推进全市公共图书馆服务体系一体化建设的通知》（佛文社〔2018〕57 号）的附件《佛山市公共图书馆服务体系一体化建设要求》："二、'一体化建设'原则 （一）统一标识 各成员馆门头门面等处需含联合图书馆相关统一标识，具体按'标准'实行。详见《Q/FSUL JC 03 006 佛山市联合图书馆标识使用规范》"。

（三）条文依据

暂无。

（四）参考条文

1. 《广州市公共图书馆条例》（2020 年修正）

第二十二条 全市公共图书馆实行统一标志，并纳入路标、路牌、公共交通等城市标志系统。

2. 《东莞市公共图书馆管理办法》（2016 年发布）

第十八条 全市公共图书馆实行统一标志，并纳入路标、路牌、公共交通等城市标志系统。

第三节 《佛山市公共图书馆管理办法》第三章释读

一、规章第二十条释读

（一）第二十条原文

第三章 运　行

第二十条 市、区、镇人民政府（街道办事处）应当推动公共图书馆建立健全法人治理结构，吸收有关方面代表、专业人士和公众参与管理，通过完善理事会等制度，提升公共图书馆现代治理能力。

（二）条文说明

本条阐述了公共图书馆应当建立健全法人治理结构的相关规定，明确了市、区、镇人民政府（街道办事处）三级政府的相关职责。

佛山市图书馆法人治理结构的建立情况如下：

（1）根据《佛山市图书馆章程》，佛山市图书馆设立理事会作为决策机构。佛山市图书馆第一届理事会于 2018 年 6 月 6 日成立。

（2）根据《佛山市禅城区图书馆章程》，禅城区图书馆设立理事会作为决策机构和监督机构。禅城区图书馆第一届理事会于 2014 年 12 月成立。

（3）根据《南海区图书馆理事会章程》，南海区图书馆设立理事会作为决策机构和监督机构。南海区图书馆第一届理事会于 2016 年 10 月成立。

（4）根据《佛山市顺德图书馆章程》，顺德图书馆设立理事会作为决策机构和监督机构。顺德区图书馆第一届理事会于 2014 年 12 月成立。

（5）根据《佛山市高明区图书馆章程》，高明区图书馆设立理事会作为决策机构和监督机构。高明图书馆第一届理事会于 2016 年 12 月成立。

（6）根据《佛山市三水区图书馆章程》，三水区图书馆设立理事会作为决策机构和监督机构。三水区图书馆第一届理事会于 2015 年 10 月成立。

结合《关于深入推进公共文化机构法人治理结构改革的实施方案》和广东省《关于深入推进公共文化机构法人治理结构改革的工作方案》全文，建立健全法人治理结构是提升公共图书馆现代治理能力的重要途径。

（三）条文依据

1.《中华人民共和国公共文化服务保障法》（2016 年发布）

第二十四条 国家推动公共图书馆、博物馆、文化馆等公共文化设施管理单位根据其功能定位建立健全法人治理结构，吸收有关方面代表、专业人士和公众参与管理。

2.《中华人民共和国公共图书馆法》（2018 年修正）

第二十三条 国家推动公共图书馆建立健全法人治理结构，吸收有关方面代表、专业人士和社会公众参与管理。

（四）参考条文

1.《广州市公共图书馆条例》（2020 年修正）

第八条 市、区人民政府应当推动公共图书馆建立和运行法人治理机制，建立和完善理事会等法人治理机构。理事会由文化行政主管部门、有关行政管理部门、公共图书馆、专业人士、市民等有关方面代表组成。

2.《东莞市公共图书馆管理办法》（2016 年发布）

第七条 市、镇人民政府（街道办事处、园区管委会）应当推动公共图书馆建立和运行法人治理机制，建立和完善理事会等法人治理机构。理事会由文化行政主管部门、有关行政管理部门、公共图书馆、专业人士、市民等有关方面代表组成。

二、规章第二十一条释读

(一) 第二十一条原文

第二十一条 中心馆应当履行下列职责：

(一) 统筹、指导和协调全市联合图书馆业务；

(二) 完善联合图书馆体系建设，建立和维护联合图书馆体系技术平台、自动化管理系统等；

(三) 统筹建设数字图书馆；

(四) 负责联合各类主体推进本市全民阅读推广活动；

(五) 建立和完善全市公共图书馆工作人员业务培训和继续教育制度；

(六) 组织对各区图书馆联合服务情况进行评估；

(七) 建立并实施图书馆联合服务的数据统计规范，编制并发布联合图书馆年报；

(八) 开展图书馆领域的境内外交流与合作。

(二) 条文说明

本条阐述了中心馆的职责。条文依据《文化部 新闻出版广电总局 体育总局 发展改革委 财政部关于印发〈关于推进县级文化馆图书馆总分馆制建设的指导意见〉的通知》（文公共发〔2016〕38号）的相关精神，以《佛山市文化广电新闻出版局关于全面推进全市公共图书馆服务体系一体化建设的通知》（佛文社〔2018〕57号）、《关于印发〈佛山市关于推进区级文化馆图书馆总分馆制建设的实施方案〉的通知》（佛文创办〔2017〕26号）的相关规定为基础拟定。其中特别加入了"统筹建设数字图书馆""数据统计规范"和"交流与合作"的相关内容。

(三) 条文依据

暂无。

（四）参考条文

1.《广州市公共图书馆条例》（2020 年修正）

第二十五条　中心馆应当履行下列职责：

（一）负责全市公共图书馆业务的指导和协调；

（二）负责制定和组织实施全市公共图书馆统一的业务标准和服务规范；

（三）负责统筹全市公共图书馆通借通还服务网络、信息化管理系统和数字图书馆建设；

（四）负责组织全市公共图书馆工作人员专业化培训工作；

（五）开展图书馆领域的国内外交流与合作。

2.《东莞市公共图书馆管理办法》（2016 年发布）

第十九条　市总馆应当履行下列职责：

（一）负责全市公共图书馆业务的统筹、指导、管理和协调；

（二）根据市文化行政主管部门编制的公共图书馆事业发展规划，负责制订全市公共图书馆的具体发展目标和年度工作计划；

（三）负责制定和组织实施全市公共图书馆统一的业务标准和服务规范；

（四）负责统筹全市公共图书馆通借通还服务网络、信息化管理系统和数字图书馆建设，实现全市的信息资源共享；

（五）负责组织全市公共图书馆工作人员专业培训工作；

（六）开展公共图书馆领域的国内外业务交流与学术合作。

3.《深圳经济特区公共图书馆条例》（2019 年修正）

第七条　深圳图书馆是市公共图书馆网络的中心，对全市图书馆的业务工作进行指导，履行以下职责：

（一）协助市文化主管部门开展全市的图书馆网络建设；

（二）组织、指导全市文献资源的开发及服务工作；

（三）组织、指导全市图书馆学的研究；

（四）组织、指导全市图书馆工作人员的培训。

（五）延伸内容

1.《佛山市文化广电新闻出版局关于全面推进全市公共图书馆服务体系一体化建设的通知》（佛文社〔2018〕57 号）

一、基本思路

市图书馆：负责指导、协调全市文献资源保障体系建设，建立和维护市联合图书馆统一技术平台，管理和运作"统筹管理中心、技术服务中心、联合编目中心"三大中心，推广"标准"，开展业务辅导、人员培训与成员馆考核评估等工作。同时，负责全市范围推进公共图书馆服务体系一体化建设的执行落实，承担全市联合图书馆自动化管理系统所需经费。

2.《关于印发〈佛山市关于推进区级文化馆图书馆总分馆制建设的实施方案〉的通知》（佛文创办〔2017〕26号）

三、职责分工

……

（二）中心馆的主要职责

市文化馆、图书馆是总分馆服务体系的中心馆，开展总分馆制工作研究和业务指导，协调和帮助当地总分馆制订工作标准、规范服务内容、建立统一平台、优化资源建设、进行人员培训。对全市总分馆建设标准推进情况进行督促、调节和检查，推广经验，发现问题。对总馆、分馆、服务点进行业务考评。市文化馆编制文化馆总分馆事业发展规划，对全市群众艺术资源进行统筹和调度；市图书馆统筹全市联合图书馆建设和发展，指导、协调全市文献资源保障体系建设，推进资源共建共享，联合各界力量推进全市阅读推广活动。

三、规章第二十二条释读

（一）第二十二条原文

第二十二条　区总馆应当统筹本区的联合图书馆体系管理工作，在中心馆的指导下履行下列职责：

（一）协助中心馆推进全市联合图书馆体系建设；

（二）扩大本区的联合图书馆体系服务范围；

（三）建立本区联合图书馆体系运行档案，定期对分馆和基层服务点进行业务检查、数据统计和情况通报，定期开展对分馆、基层服务点的用户满意度测评；

（四）负责对本区联合图书馆体系进行评估；

（五）配合中心馆开展其他与联合图书馆业务相关的工作。

（二）条文说明

本条阐述了区总馆的职责。条文参考了《文化部　新闻出版广电总局　体育总局　发展改革委　财政部关于印发〈关于推进县级文化馆图书馆总分馆制建设的指导意见〉的通知》（文公共发〔2016〕38号）全文，以《佛山市文化广电新闻出版局关于全面推进全市公共图书馆服务体系一体化建设的通知》（佛文社〔2018〕57号）、《关于印发〈佛山市关于推进区级文化馆图书馆总分馆制建设的实施方案〉的通知》（佛文创办〔2017〕26号）和《广东省文化厅关于印发〈广东省县级文化馆图书馆总分馆制建设验收指导标准〉的通知》（粤文公〔2018〕141号）的相关规定为基础拟定。

（三）条文依据

暂无。

（四）参考条文

《广州市公共图书馆条例》（2020年修正）
第二十六条 区域总馆在中心馆的业务指导下，履行下列职责：
（一）负责所属分馆的统一管理；
（二）按照全市统一的业务标准，负责本馆和所属分馆文献信息资源的采购、编目和物流配送；
（三）按照全市统一的服务规范，制定本区公共图书馆（室）和服务网点的服务规范；
（四）负责本馆和所属分馆工作人员的统筹调配；
（五）开展图书馆领域的国内外交流与合作。

（五）延伸内容

1.《文化部 新闻出版广电总局 体育总局 发展改革委 财政部关于印发〈关于推进县级文化馆图书馆总分馆制建设的指导意见〉的通知》（文公共发〔2016〕38号）
四、主要措施
……
（二）明确功能与运行机制。通过县级文化馆总分馆制，整合县域内群众文化艺术资源，加强对县域内文化活动、文艺创作、文艺辅导、送戏下乡、队伍培训以及演出器材设备调配等方面的统筹。通过县级图书馆总分馆制，整合县域内的公共阅读资源，实行总馆主导下的文献资源统一采购、统一编目、统一配送、通借通还和人员的统一培训。总馆对分馆的管理重在业务指导和资源调配。分馆按照总馆的工作安排和服务标准，面向基层群众提供与总馆水平相当的基本服务。有条件的地方可以探索总馆统一管理或参与管理各分馆人财物。

2.《佛山市文化广电新闻出版局关于全面推进全市公共图书馆服务体系一体化建设的通知》（佛文社〔2018〕57号）
一、基本思路
区图书馆：各区图书馆具体负责本区的文献资源保障体系建设，负责本区联合图书馆成员馆的发展和对成员馆的业务指导，推进覆盖本区的总分馆制建设。

3.《关于印发〈佛山市关于推进区级文化馆图书馆总分馆制建设的实施方案〉的通知》（佛文创办〔2017〕26号）

三、职责分工

…………

（三）总馆的主要职责

各区文化馆、图书馆是总分馆服务体系的总馆，是总分馆体系建设的具体业务管理和执行部门。

1. 在中心馆的指导下，根据总分馆建设的任务要求，研究制定总分馆长远发展规划、短期工作计划、业务标准和规范，并组织实施。

2. 统筹全区图书资源、文化资源建设和服务提供，共建数字资源库，实现资源共享。区级图书馆要组织落实好通借通还。

3. 组织人员的岗位培训、业务指导和监督管理，负责辖区内分馆业务的指导与提升、进程的监管。

4. 建立统一的网络信息与业务管理平台，提供计算机集成系统和网络系统的技术支持和维护。

5. 组织建立统一的资源查询系统，强化总分馆之间信息存取和利用等功能。

6. 组织建立文献物流传递系统，加速总分馆之间文献资源周转，最大限度地满足读者需求。

7. 定期选派工作骨干担任分馆副馆长，抽调分馆业务骨干到总馆挂职，提升分馆业务工作水平。

8. 按职责创新开展全民阅读推广、文化艺术辅导、数字文化服务、文化活动实施、文艺节目编创、文艺团队及志愿者队伍培育等工作。

4.《广东省文化厅关于印发〈广东省县级文化馆图书馆总分馆制建设验收指导标准〉的通知》（粤文公〔2018〕141号）

附件2《广东省县级图书馆总分馆制建设验收指导标准》中对图书馆总分馆制建设运行档案提出了相关要求。

四、规章第二十三条释读

（一）第二十三条原文

第二十三条 分馆应当面向基层提供与区总馆水平相当的基本服务，并协助区总馆完成本区的联合图书馆体系建设目标，为基层服务点配送资源，并对其进行指导。

分馆及基层服务点应当履行下列职责：
（一）负责场所、文献信息及设施设备的管理维护；
（二）工作人员的配备和考核；
（三）阅读推广等活动和服务的开展；
（四）群众需求反馈和评价；
（五）完成其他需要分馆及基层服务点进行管理及服务的工作。

（二）条文说明

本条阐述了分馆及基层服务点的职责。条文依据《文化部　新闻出版广电总局　体育总局　发展改革委　财政部关于印发〈关于推进县级文化馆图书馆总分馆制建设的指导意见〉的通知》（文公共发〔2016〕38号）的相关精神，以《关于印发〈佛山市关于推进区级文化馆图书馆总分馆制建设的实施方案〉的通知》（佛文创办〔2017〕26号）的相关规定为基础拟定。

（三）条文依据

暂无。

（四）参考条文

《东莞市公共图书馆管理办法》（2016年发布）
第二十条　镇（街）分馆在市总馆的业务指导下，履行下列职责：
（一）负责本馆和村（社区）图书馆（室）或服务网点的统一管理；
（二）按照全市统一的业务标准，负责本馆和村（社区）图书馆（室）或服务网点文献信息资源的采购、编目和物流配送；
（三）按照全市统一的服务规范，负责组织开展本馆和村（社区）图书馆（室）或服务网点的服务工作；
（四）负责本馆和村（社区）图书馆（室）或服务网点工作人员的统筹调配。

（五）延伸内容

1.《文化部　新闻出版广电总局　体育总局　发展改革委　财政部关于印发〈关于推进县级文化馆图书馆总分馆制建设的指导意见〉的通知》（文公共发〔2016〕38号）
　　四、主要措施
　　…………

（二）明确功能与运行机制。通过县级文化馆总分馆制，整合县域内群众文化艺术资源，加强对县域内文化活动、文艺创作、文艺辅导、送戏下乡、队伍培训以及演出器材设备调配等方面的统筹。通过县级图书馆总分馆制，整合县域内的公共阅读资源，实行总馆主导下的文献资源统一采购、统一编目、统一配送、通借通还和人员的统一培训。总馆对分馆的管理重在业务指导和资源调配。分馆按照总馆的工作安排和服务标准，面向基层群众提供与总馆水平相当的基本服务。有条件的地方可以探索总馆统一管理或参与管理各分馆人财物。

2.《关于印发〈佛山市关于推进区级文化馆图书馆总分馆制建设的实施方案〉的通知》（佛文创办〔2017〕26号）

三、职责分工

....

（四）分馆的主要职责

总分馆服务体系的分馆主要依托镇（街道）综合文化站建立，也可根据实际情况在其他具备条件的文化场所设立。分馆按照总馆的工作安排和服务标准，面向基层群众提供与总馆水平相当的基本服务。负责服务场所的提供和维护、工作人员的配备和考核、文化活动和服务的开展、群众需求反馈和评价，以及对服务点的指导管理和资源配送、对文体协管员开展培训和辅导等。

（五）服务点的主要职责

总分馆服务体系的服务点主要依托村（社区）综合性文化服务中心建立，也可根据实际情况在其他具备条件的文化场所设立。服务点在分馆的指导下开展延伸服务，负责服务场地的提供和维护、工作人员的配备和管理、文化活动和服务的开展、群众需求反馈和评价等。

五、规章第二十四条释读

（一）第二十四条原文

第二十四条　中心馆、区总馆应当联合分馆和基层服务点采取多种方式，主动、积极开展对联合图书馆体系与公共图书馆服务的宣传活动。

（二）条文说明

本条规定了中心馆、区总馆、分馆和基层服务点对联合图书馆体系和公共图书馆服务的宣传责任。

（三）条文依据

暂无。

（四）参考条文

暂无。

六、规章第二十五条释读

（一）第二十五条原文

  第二十五条　市文化主管部门应当制定联合图书馆业务标准，并根据国家和省的规定制定联合图书馆服务规范。
  联合图书馆体系成员应当按照联合图书馆业务标准与服务规范提供服务。

（二）条文说明

本条规定了市文化主管部门对公共图书馆业务标准、服务规范制定的责任，并规定了联合图书馆体系成员应当按照统一的业务标准和服务规范提高服务质量的义务，体现了现代公共图书馆服务体系标准化、规范化的发展方向。

（三）条文依据

1.《中华人民共和国公共文化服务保障法》（2016 年发布）

  第二十一条　公共文化设施管理单位应当建立健全管理制度和服务规范，建立公共文化设施资产统计报告制度和公共文化服务开展情况的年报制度。

2.《中华人民共和国公共图书馆法》（2018 年修正）

  第四十七条　国务院文化主管部门和省、自治区、直辖市人民政府文化主管部门应当制定公共图书馆服务规范，对公共图书馆的服务质量和水平进行考核。考核应当吸收社会公众参与。考核结果应当向社会公布，并作为对公共图书馆给予补贴或者奖励等的依据。

(四)参考条文

《深圳经济特区公共图书馆条例》(2019年修正)

第二十七条 公共图书馆应当采用国家标准作为编写目录等业务工作的技术规程,在没有国家标准的情况下,由市文化主管部门统一确认技术规范,公共图书馆应当严格执行。

七、规章第二十六条释读

(一)第二十六条原文

第二十六条 公共图书馆应当根据办馆宗旨和服务对象的需求,广泛收集文献信息。文献信息收集应当兼顾纸质信息、数字信息和其他信息,满足服务人口的需求。

政府设立的公共图书馆应当系统收集地方文献信息,保存和传承地方文化。

中心馆、区总馆应当结合地方特色,建立专题馆藏。

中心馆、区总馆应当联合建立标准统一、互联互通的文献信息共享平台,实现文献信息的共建共享。

(二)条文说明

本条阐述了对政府设立的公共图书馆在文献收集工作中的要求,体现了文献信息收集的广泛性、多样性以及与用户需求的相适应性。在馆藏结构上,条文明确了应当兼顾纸质、数字和其他载体文献信息。

本条强调了政府设立的公共图书馆在地方文献信息的系统收集以及地方文化的保存和传承中的职责。

本条强调了中心馆、区总馆应结合地方特色建立专题馆藏。佛山市图书馆及各区图书馆地方文献、专题馆藏的建设情况如下:

(1)佛山市图书馆:设有佛山文献馆,收藏了佛山本地图书、期刊、报纸、地方志书、康有为专题文献、家谱族谱专藏等系列特色馆藏和专题馆藏。

(2)禅城区图书馆:结合陶瓷、不锈钢、童装等传统优势行业特色,设有陶瓷专架，开发了"陶瓷数据库""金属数据库"和"童装数据库"。

（3）南海区图书馆：设有南海区图书馆地方资料数据库。

（4）顺德图书馆：设有顺德当代文学馆、谭元亨文学馆和粤剧图书馆等专题馆。

（5）三水区图书馆：设有地方文献室和地方文人专架。

（6）高明区图书馆：设有特藏室，收藏了地方文献和甲骨文书；正在推进地方数字资源数据库的构建。

本条最后一款阐明了中心馆、区总馆建立文献信息共享平台的义务。

（三）条文依据

《中华人民共和国公共图书馆法》（2018 年修正）

第二十四条　公共图书馆应当根据办馆宗旨和服务对象的需求，广泛收集文献信息；政府设立的公共图书馆还应当系统收集地方文献信息，保存和传承地方文化。

文献信息的收集应当遵守有关法律、行政法规的规定。

第三十条　公共图书馆应当加强馆际交流与合作。国家支持公共图书馆开展联合采购、联合编目、联合服务，实现文献信息的共建共享，促进文献信息的有效利用。

第四十条　国家构建标准统一、互联互通的公共图书馆数字服务网络，支持数字阅读产品开发和数字资源保存技术研究，推动公共图书馆利用数字化、网络化技术向社会公众提供便捷服务。

政府设立的公共图书馆应当加强数字资源建设、配备相应的设施设备，建立线上线下相结合的文献信息共享平台，为社会公众提供优质服务。

（四）参考条文

1.《广州市公共图书馆条例》（2020 年修正）

第十九条　公共图书馆应当加强数字信息资源共建共享。中心馆应当建立全市统一的通用数字信息资源库，对数字信息资源与传统载体资源进行整合，为全市公共图书馆用户提供数字化、网络化服务；区域总馆可以建设具有本区域特色内容的数字信息资源库。区域总馆建设的数字信息资源库应当在中心馆网站建立链接。

数字信息资源建设中应当注重信息技术的应用，根据数字信息资源的用途，确定相应的加工级别和保存期，优秀文化遗产应当长期保存。

中心馆与区域总馆应当建立完善的数字信息资源管理平台，实现对数字信息资源的科学管理，加强知识产权保护，保证数字信息资源的合法使用。

第二十条　公共图书馆应当加强对地方文献的搜集、整理和保护，逐步形成资料齐全、体系完整、具有地方特色的馆藏体系或者专题系列。

2.《东莞市公共图书馆管理办法》（2016 年发布）

第二十一条　公共图书馆应当加强数字信息资源共建共享。市总馆应当建立全市统一的数字信息资源管理与服务平台，对数字信息资源与传统载体资源进行整合，为全市公共图书馆用户提供数字化、网络化服务。

在数字信息资源建设中应当注重信息技术的应用，根据数字信息资源的用途，确定相应的加工级别和保存期，优秀文化遗产应当长期保存。

公共图书馆应当加强数字信息资源管理与服务，实现对数字信息资源的科学管理，加强知识产权保护，保证数字信息资源的合法使用。

第二十七条 公共图书馆应当加强对地方文献的搜集、整理和保护，逐步形成资料齐全、体系完整、具有地方特色的馆藏体系或者专题系列。

3.《深圳经济特区公共图书馆条例》（2019年修正）

第四条 深圳市人民政府应当按照行政区域分级设置图书馆的原则，制定深圳市公共图书馆发展规划和网络建设方案，逐步建成现代化公共图书馆网络，实现公共图书馆文献资源共享。

各级人民政府鼓励社会团体、企业、事业单位和个人兴办向公众开放的图书馆并参加市公共图书馆网络。

第十五条 市公共图书馆网络应当发挥资源共享和优势互补的作用，逐步实现公共图书馆之间的采购协调、集中编目和图书通借通还的目标。

第二十五条 各级公共图书馆应当逐步形成自己的馆藏特色，应当重点收藏有关改革开放、高科技、港澳经济的文献和市、区的地方文献；市公共图书馆应当收藏专利文献、标准文献和国内外主要出版物。

第二十六条 公共图书馆除收集和入藏传统载体形式的文献外，还应当收集和入藏录像带、缩微胶片、光盘等新型载体文献，以建立多样化的馆藏体系。

八、规章第二十七条释读

（一）第二十七条原文

第二十七条 公共图书馆应当制定馆藏发展目标和年度采购计划。

中心馆、区总馆及分馆应当保持一定的年人均馆藏纸质文献信息增量，以公共图书馆服务范围内常住人口为基数计算，中心馆年人均新增纸质文献信息不得少于0.05册（件），各区总馆及其分馆年人均新增纸质文献信息合计不少于0.10册（件）。基层服务点藏书量不得少于1000种、1500册，年新增藏书不得少于50种、100册。

中心馆、区总馆数字文献信息采购经费比例应当分别达到文献信息采购总经费的20%和15%。

公共图书馆应当建立文献信息采购咨询制度，征求用户、专家对文献信息采购类别、数量等方面的意见。

(二) 条文说明

本条承接上一条,阐述了公共图书馆应当制定馆藏发展目标和年度采购计划,对纸质文献信息的采购增量、数字文献信息采购经费占总采购经费的比例进行量化规定,并引入文献信息采购咨询制度,在文献信息采购方面听取有关专家及用户的意见。

根据年报,2018 年,佛山市联合图书馆人均藏量全市总计达 1.296 册(件)(见表 2-5),已超过《第三批国家公共文化服务体系示范区验收标准》中"人均占有公共图书馆藏书"的东部优秀标准(≥1.2 册)。因此,本《办法》不再对馆藏总量进行要求,而是从馆藏结构与新增的角度,选择馆藏纸质文献信息的年人均入藏量作为核心指标,保障公共图书馆根据需求不断完善和丰富馆藏文献信息(数值设定依据参考表 2-6),再通过设置数字文献信息采购经费占文献信息采购总经费的比例(数值设定依据参考表 2-7)保障馆藏在结构上不断完善。

表 2-5 2011—2018 年佛山市联合图书馆人均馆藏①

图书馆	人均藏量[册(件)/人]								1年增长率(%)	7年增长率(%)
	2011年	2012年	2013年	2014年	2015年	2016年	2017年	2018年		
佛山市属	0.091	0.129	0.173	0.205	0.245	0.303	0.348	0.377	8.33	314.29
禅城区属	0.319	0.348	0.395	0.490	0.539	0.683	0.807	0.975	20.82	205.64
南海区属	0.527	0.562	0.589	0.618	0.655	0.727	0.841	0.887	5.47	68.31
顺德区属	0.261	0.323	0.407	0.462	0.512	0.625	0.686	0.758	10.50	190.42
高明区属	0.315	0.367	0.409	0.456	0.494	0.530	0.889	1.238	39.26	293.02
三水区属	0.817	0.884	0.923	0.959	1.021	1.068	1.198	1.394	16.36	70.62
各区合计	0.417	0.464	0.516	0.566	0.611	0.703	0.816	0.919	12.62	120.38
全市总计	0.508	0.594	0.689	0.771	0.856	1.007	1.164	1.296	11.34	155.12

① 数据来源:《佛山市联合图书馆 2018 年业务报告》。

表2-6 2011—2018年佛山市联合图书馆年人均新增藏量①

图书馆	年人均新增藏量［册（件）/人］								1年增长率（%）	7年增长率（%）
	2011年	2012年	2013年	2014年	2015年	2016年	2017年	2018年		
佛山市属	0.017	0.039	0.044	0.033	0.042	0.059	0.052	0.041	-23.08	135.29
禅城区属	0.029	0.030	0.048	0.095	0.055	0.150	0.140	0.184	31.43	534.48
南海区属	0.021	0.038	0.030	0.058	0.045	0.073	0.134	0.080	-40.30	280.95
顺德区属	0.059	0.064	0.085	0.050	0.054	0.115	0.078	0.096	21.79	61.02
高明区属	0.040	0.052	0.044	0.443	0.040	0.038	0.037	0.354	-4.32	785.00
三水区属	0.303	0.071	0.044	0.959	1.065	0.051	0.150	0.225	50	-25.74
各区合计	0.061	0.049	0.054	0.564	0.051	0.095	0.131	0.128	-2.29	109.84
全市总计	0.078	0.088	0.098	0.087	0.093	0.154	0.183	0.169	-7.65	119.48

表2-7 中心馆、各区总馆2018年数字文献信息占文献信息采购总经费的比例②

图书馆	数字文献信息采购经费（万元）	文献信息采购总经费（万元）	占比（%）
佛山市图书馆	321	1423.5	22.6
禅城区图书馆	12.9	620.8	2
南海区图书馆	45.75	271.25	16.9
顺德区图书馆	134.9	450	30
高明区图书馆	14.8	75.8	19.5
三水区图书馆	3	115.87	2.6

基层服务点藏书量数值依据《关于印发〈佛山市村（社区）基层综合性文化服务中心检查表（试行）〉的通知》（佛文创办〔2017〕24号）的附件《佛山市村（社区）基层综合性文化服务中心检查表（试行）》设定，该附件中，有关藏书量的评分规定为：藏书量1000种、1500册以上1分，1200种、1800册以上2分，示范点不少于1400种、2000册；年新增藏书

---

① 数据来源：《佛山市联合图书馆2018年业务报告》。
② 数据来源：《佛山市联合图书馆2018年业务报告》。

50 种、100 册以上 1 分，70 种、120 册以上 2 分，示范点不少于 80 种、150 册。

本条第四款明确了公共图书馆应当建立文献信息采购咨询制度。佛山市"你选书，我买单"模式的先行与推广进程：这一模式由禅城区图书馆首创。禅城区图书馆于 2008 年 6 月 18 日起，开设读者自助采购新书阅览室，实践"你选书，我买单"模式。之后，佛山市图书馆、南海区图书馆、顺德图书馆等图书馆也相继实行此模式。

（三）条文依据

暂无。

（四）参考条文

1.《广州市公共图书馆条例》（2020 年修正）

第十七条　公共图书馆的藏书总量应当高于国家标准。以公共图书馆服务范围内常住人口为基数计算，馆藏纸质信息资源人均拥有量到 2020 年应当达到下列要求：

（一）市级公共图书馆合计达到一册（件）以上；

（二）区域总馆和镇、街道分馆合计达到二册（件）以上。

第十八条　公共图书馆应当不断完善、丰富馆藏文献信息资源。文献信息资源建设应当兼顾纸质信息资源、数字信息资源和其他信息资源，满足服务人口的需求。

以公共图书馆服务范围内常住人口为基数计算，公共图书馆年人均入藏纸质信息资源应当达到下列要求：

（一）市级公共图书馆不少于 0.06 册（件）；

（二）区域总馆和镇、街道分馆合计不少于 0.14 册（件）。

第三十一条　公共图书馆应当建立文献信息资源采购咨询制度，广泛征求用户、专家以及相关行业组织对文献信息资源采购类别、数量等方面的意见。

2.《东莞市公共图书馆管理办法》（2016 年发布）

第二十三条　公共图书馆应当不断完善、丰富馆藏信息资源，保证图书馆年入藏文献逐年增长。以公共图书馆服务范围内常住人口为基数计算，全市公共图书馆年人均入藏文献应当不少于 0.06 册，各级公共图书馆应达到下列要求：

（一）市级公共图书馆年人均入藏文献不少于 0.02 册；

（二）镇（街）公共图书馆与村（社区）图书馆（室）年人均入藏文献合计不少于 0.04 册。

公共图书馆应当制定馆藏发展目标和年度采购计划，逐步构建科学合理的馆藏文献信息资源体系。

（五）延伸内容

《公共图书馆评估指标　第 2 部分：省、市、县级公共图书馆》（WH/T 70.2—2020）

A.2.1.3　数字资源购置费比例

定义：公共图书馆用于购置数字资源的费用占图书馆年新增藏量购置费的百分比。

方法：

——计算公式：

$$(A/B) \times 100\%$$

式中：

A——年数字资源购置费，单位为万元；

B——年新增藏量购置费，单位为万元。

——本指标取值区间为 0～100%。本指标值并非越高越好，对于不同级别公共图书馆，对数字资源购置费的比例应不同，如同一行政区域内省级公共图书馆的数字资源购置费比例应偏高，以通过资源共享方式覆盖市级县级公共图书馆。

适用范围：

适用于省、市、县级公共图书馆。

进行公共图书馆不同时期比较时，应考虑图书馆因特定任务或具有一定时效性项目而获得数字资源购置资金的情况，如数字图书馆建设相关项目、公共图书馆数字资源采购联盟等；进行横向比较的行政区域一般应为同等级别，或在人口规模、经济条件等方面具有显著相似性。

相关指标：

——年新增藏量购置费（A.2.1.2）。

九、规章第二十八条释读

（一）第二十八条原文

第二十八条　本市实行地方文献出版物交存制度。

市图书馆是本市地方文献出版物版本收藏单位。

鼓励在本市依法登记注册的出版单位向公共图书馆交存其出版的正式出版物。

受交、受赠公共图书馆应当向交存单位、团体或者个人出具交存、捐赠凭证，定期编制目录并向社会公开。

（二）条文说明

本条阐述了佛山市实行地方文献出版物交存制度，使地方文献交存系统化、制度化，以更好地展现公共图书馆的馆藏实力，突出公共图书馆的馆藏特色，继承地方文化遗产，展现地域特色。本条还明确了由佛山市图书馆接受本地出版物和地方文献资料交存的责任，以及受交、受赠应当出具凭证并向社会公开的义务。

现有相关本地政策文件有《佛山市文化广电新闻出版局关于重申报送呈缴出版物规定的通知》（佛文新出〔2017〕18号）、《关于做好地方文献资料征集工作的通知》（佛办发〔1991〕54号）：

（1）《佛山市文化广电新闻出版局关于重申报送呈缴出版物规定的通知》（佛文新出〔2017〕18号）："市外报刊驻佛山记者站，市内各出版单位：……每期报刊、每种音像制品或电子出版物（一式二份）于出版后一周内报送或邮寄至佛山市图书馆。"

（2）《关于做好地方文献资料征集工作的通知》（佛办发〔1991〕54号）："地方文献资料的征集范围，包括市直机关，各民主党派，各群众团体、学术团体和新闻出版、科研机构、厂矿、学校等企事业单位所编印的史志、简报、通讯、书籍、杂志、报刊、学报、手册、年鉴、地图、图片、照片、画报、资料汇编、统计资料、会议特刊、专刊、科技资料、成果汇编、产品目录等公开流通和内部发行的刊物。上述出版物不论铅印、油印、影印，除按佛办字〔1985〕27号文要求送达的部门外，均应每种一式三份寄送市图书馆（机密性文件、刊物只送市档案馆）。"

（三）条文依据

《中华人民共和国公共图书馆法》（2018年修正）

第二十四条 公共图书馆应当根据办馆宗旨和服务对象的需求，广泛收集文献信息；政府设立的公共图书馆还应当系统收集地方文献信息，保存和传承地方文化。

文献信息的收集应当遵守有关法律、行政法规的规定。

第二十五条 公共图书馆可以通过采购、接受交存或者捐赠等合法方式收集文献信息。

第二十六条 出版单位应当按照国家有关规定向国家图书馆和所在地省级公共图书馆交存正式出版物。

（四）参考条文

1.《广州市公共图书馆条例》（2020 年修正）

第三十条　在本市依法登记注册的出版单位出版的图书、报纸、期刊、音像制品、缩微制品、电子出版物等，应当在出版之日起六十日内，向广州图书馆呈缴两册（件）；少年儿童出版物应当同时向广州少年儿童图书馆呈缴两册（件）。

各级人民政府以及所属职能部门编印的内部资料性出版物，应当在编印之日起六十日内，向本级公共图书馆呈缴四册（件）作为资料保存。

鼓励自然人、法人或者其他组织通过各种方式向公共图书馆捐赠其出版或者编印的各类出版物和资料。

受缴、受赠公共图书馆应当向出版、编印单位出具接受呈缴或者捐赠凭证，定期编制呈缴本、受赠本目录并向社会公布。

2.《东莞市公共图书馆管理办法》（2016 年发布）

第二十八条　公共图书馆是地方文献资料呈缴本的收藏单位和政府信息公开的重要渠道。

市、镇人民政府（街道办事处、园区管委会）以及有关部门编印的主动公开的资料性出版物，应当在编印之日起六十日内，向本级公共图书馆呈缴四册（件）作为资料保存。

鼓励自然人、法人或者其他组织通过各种方式向公共图书馆捐赠其出版或者编印的各类出版物和资料。

受缴、受赠公共图书馆应当向出版、编印单位出具接受呈缴或者捐赠凭证，定期编制呈缴本、受赠本目录并向社会公布，免费向公众提供利用。

3.《深圳经济特区公共图书馆条例》（2019 年修正）

第二十四条　深圳图书馆是本市出版物版本收藏单位。市各出版单位和各企业、事业单位均应当向深圳图书馆缴送两本公开及内部出版物样书（刊）。

十、规章第二十九条释读

（一）第二十九条原文

第二十九条　全市各级人民政府应当在公共图书馆设置政府信息查阅场所。

各级行政机关应当及时向公共图书馆提供主动公开的政府信息，为社会公众获取政府信息提供便利。

（二）条文说明

本条阐述了各级人民政府及行政机关通过公共图书馆公开政府信息的责任。

公共图书馆提供政府公开信息服务的具体规范见文化行业标准——《公共图书馆业务规范》。

（三）条文依据

《中华人民共和国政府信息公开条例》（2019 年修订）

第二十五条 各级人民政府应当在国家档案馆、公共图书馆、政务服务场所设置政府信息查阅场所，并配备相应的设施、设备，为公民、法人和其他组织获取政府信息提供便利。行政机关可以根据需要设立公共查阅室、资料索取点、信息公告栏、电子信息屏等场所、设施，公开政府信息。行政机关应当及时向国家档案馆、公共图书馆提供主动公开的政府信息。

（四）参考条文

1.《东莞市公共图书馆管理办法》（2016 年发布）

第二十八条 公共图书馆是地方文献资料呈缴本的收藏单位和政府信息公开的重要渠道。

2.《四川省公共图书馆条例》（2013 年发布）

第三十一条 县级以上地方人民政府应当在公共图书馆设置政府信息查阅场所。

县级以上地方人民政府及其部门应当及时向公共图书馆提供主动公开的政府信息，为社会公众获取政府信息提供便利。

（五）延伸内容

1.《公共图书馆业务规范 第 2 部分：市级公共图书馆》（WH/T 87.2—2019）

8.10 政府公开信息的服务

政府公开信息的服务的工作内容和质量要求如下：

a）工作内容：

1）搭建政府公开信息的服务平台；

2）征集、整理、保存当地政府出版物；

3）设置政府信息查阅场所并配备相应的设施设备，为公民、法人或者其他组织获取政府信息提供便利；

4）在读者需要时，为其查询政府公开信息提供帮助和指引。

b）质量要求：

1）遵循《中华人民共和国政府信息公开条例》及相关规定；
2）收集、保存的政府公开信息应尽可能完整、便于查询；
3）利用技术手段方便读者，提供利用查询政府公开信息的多种途径。

2.《公共图书馆业务规范 第3部分：县级公共图书馆》（WH/T 87.3—2019）

8.9 政府信息公开的服务

政府信息公开的服务的工作内容和质量要求如下：

a）工作内容：

1）设置政府信息查阅场所并配备相应的设施设备，为公民、法人或者其他组织获取政府信息提供便利；
2）征集、整理保存当地政府出版物；
3）在读者需要时，为其查询政府公开信息提供帮助和指引。

b）质量要求：

1）遵循《中华人民共和国政府信息公开条例》及相关规定；
2）收集、保存的政府公开信息应尽可能完整、便于查询；
3）利用技术手段方便读者，提供利用查询政府公开信息的多种途径。

十一、规章第三十条释读

（一）第三十条原文

第三十条 公共图书馆应当提高空间场地及文献信息的利用率，定期对文献信息进行清点，根据文献信息的利用率对其进行调配使用或者收藏，对破损严重或者陈旧等原因而无法使用的文献信息根据国家有关规定进行处置。

（二）条文说明

本条阐述了应提高公共图书馆文献信息、空间及相关资源的利用率，规范文献信息的处置。

文献信息的清点、文献剔除等在《公共图书馆业务规范》中有相应规定。2017年，广州市发布《广州市公共图书馆文献信息资源剔除规定》，规范了图书馆文献信息资源剔除工作。为了进一步规范公共图书馆馆藏文献信息处置工作，2020年11月，文化和旅游部组织起草并发布了《公共图书馆馆藏文献信息处置管理办法（征求意见稿）》。

（三）条文依据

《中华人民共和国公共图书馆法》（2018 年修正）

第二十八条　公共图书馆应当妥善保存馆藏文献信息，不得随意处置；确需处置的，应当遵守国务院文化主管部门有关处置文献信息的规定。

公共图书馆应当配备防火、防盗等设施，并按照国家有关规定和标准对古籍和其他珍贵、易损文献信息采取专门的保护措施，确保安全。

（四）参考条文

1.《广州市公共图书馆条例》（2020 年修正）

第二十七条　公共图书馆应当提高图书馆空间和馆藏纸质信息资源的利用率，定期对馆藏纸质信息资源进行清点，对于有利用价值但利用率相对较低的纸质信息资源，可以在图书馆之间调配使用，或者建立贮存图书馆进行收藏；对于破损严重或者陈旧等原因而无法使用的馆藏纸质信息资源可以根据有关程序予以剔除。

公共图书馆应当制定与本馆馆藏发展需要相适应的纸质信息资源剔除规定，报文化行政主管部门批准后执行。

2.《东莞市公共图书馆管理办法》（2016 年发布）

第二十四条　公共图书馆应当提高图书馆空间和馆藏文献的利用率，定期对馆藏文献进行清点，对于有利用价值但利用率相对较低的文献，可以在图书馆之间调配使用，或者建立贮存图书馆进行收藏；对于破损严重或者陈旧等原因而无法使用的馆藏文献可以根据有关程序予以剔除。

公共图书馆应当制定与本馆馆藏发展需要相适应的文献剔除规定，报文化行政主管部门批准后执行。

3.《深圳经济特区公共图书馆条例》（2019 年修正）

第二十八条　对新入馆的文献资料，应当及时登记并投入流通；对已破损或者陈旧等原因而不再具有使用价值的文献资源，应当报文化主管部门批准后方可处理。

（五）延伸内容

1.《公共图书馆业务规范　第 2 部分：市级公共图书馆》（WH/T 87.2—2019）

7.3.2.4　文献清点

文献清点的工作内容和质量要求如下：

a）工作内容：

1）催还借出文献，整理馆藏文献及目录；

2）制定清点计划及实施方案；

3）组织清点文献；

4）处理文献清点的遗留问题；

5）撰写文献清点工作总结报告。

b）质量要求：

1）应定期开展文献清点工作；

2）清点计划应目标明确、方法恰当、时间与人员安排合理；

3）清点范围涵盖馆藏各类型文献，清点结果应确保准确无误；

4）及时处理清点中发现的问题；

5）总结报告内容应包括清点范围、方法、步骤、现实藏书数量、遗失、损坏文献数量、原因及清单，改进藏书管理工作的意见与建议。总结报告科学严谨，实事求是。

7.3.2.5 文献剔除

文献剔除的工作内容和质量要求如下：

a）工作内容：

1）制定文献剔除方案；

2）组织开展文献剔除工作；

3）处理剔除文献；

4）文献剔除后，调整馆藏目录。

b）质量要求：

1）将文献剔除作为一项常规性的工作；

2）根据国务院文化主管部门有关处置文献信息的规定，充分考虑文献老化规律、馆藏发展政策、文献利用情况等因素，科学、严谨、规范地组织实施文献剔除工作；

3）剔除手续应齐全，交接清楚，相关材料妥善保存；

4）剔除文献加盖注销章；

5）在剔除工作后及时更新调整馆藏目录。

2.《公共图书馆业务规范 第 3 部分：县级公共图书馆》（WH/T 87.3—2019）

7.3.2.4 文献清点

文献清点的工作内容和质量要求如下：

a）工作内容：

1）制定清点计划及实施方案；

2）组织清点文献；

3）处理文献清点的遗留问题；

4）撰写文献清点工作总结报告。

b）质量要求：

1）应定期开展文献清点工作；

2）清点计划应目标明确、方法恰当、时间与人员安排合理；

3）清点范围涵盖馆藏各类型文献，清点结果应确保准确无误；

4）及时处理清点中发现的问题；

5）总结报告内容应包括清点范围、方法、步骤、现实藏书数量、遗失、损坏文献数量、原因及清单，改进藏书管理工作的意见与建议。总结报告科学严谨，实事求是。

7.3.2.5 文献剔除

文献剔除的工作内容和质量要求如下：

a）工作内容：

1）制定文献剔除方案；

2）组织开展文献剔除工作；

3）处理剔除文献；

4）文献剔除后，调整馆藏目录。

b）质量要求：

1）应将文献剔除作为一项常规性的工作；

2）根据国务院文化主管部门有关处置文献信息的规定，充分考虑文献老化规律、馆藏发展政策、文献利用情况等因素，科学、严谨、规范地组织；

3）剔除手续应齐全，交接清楚，相关材料妥善保存；

4）剔除文献应加盖注销章；

5）在剔除工作后及时更新调整馆藏目录。

十二、规章第三十一条释读

（一）第三十一条原文

第三十一条 公共图书馆应当建立健全安全保障制度，制定、更新并落实文献保护灾难预案及其他应急预案，配备防火、防盗等设施设备，做好文献信息的保存和保护工作。

（二）条文说明

本条阐述了公共图书馆及其文献信息安全保障制度的制定及落实责任，在上位法的框架下，强调"制定、更新并落实文献保护灾难预案及其他应急预案"。

（三）条文依据

1.《中华人民共和国公共文化服务保障法》（2016年发布）

第二十二条 公共文化设施管理单位应当建立健全安全管理制度，开展公共文化设施及公众活动的安全评价，依法配备安全保护设备和人员，保障公共文化设施和公众活动安全。

2.《中华人民共和国公共图书馆法》（2018年修正）

第二十八条 公共图书馆应当妥善保存馆藏文献信息，不得随意处置；确需处置的，应当遵守国务院文化主管部门有关处置文献信息的规定。

公共图书馆应当配备防火、防盗等设施，并按照国家有关规定和标准对古籍和其他珍贵、易损文献信息采取专门的保护措施，确保安全。

（四）参考条文

1.《广州市公共图书馆条例》（2020年修正）

第二十八条 公共图书馆应当做好文献信息资源的保存和保护工作，配备防火、防盗、防潮、防有害生物、消毒、容灾备份等必要设施，建立应急预案，落实有关的安全管理制度。

2.《东莞市公共图书馆管理办法》（2016年发布）

第二十五条 公共图书馆应当做好文献信息资源的保存和保护工作，配备防火、防盗、防潮、防有害生物、消毒等必要设施，建立应急预案，落实有关的安全管理制度。

市总馆应当做好容灾备份工作，保证全市公共图书馆服务的正常运行。

十三、规章第三十二条释读

（一）第三十二条原文

第三十二条 市、区文化主管部门、镇人民政府（街道办事处）和公共图书馆可以向社会组织采购服务，吸纳社会组织参与公共图书馆的运行、管理与服务。

（二）条文说明

本条阐述了市、区文化主管部门，镇人民政府（街道办事处）和公共图书馆可以通过向社会组织采购服务的方式吸纳社会组织参与公共图书馆的运行、管理与服务。现有政策基础如《佛山市人民政府办公室转发市文广新局 财政局 发展改革局 体育局关于做好政府向社会力量购买公共文化服务工作指导意见的通知》（佛府办函〔2017〕580号）全文。

（三）条文依据

1.《中华人民共和国公共文化服务保障法》（2016 年发布）

第二十五条　国家鼓励和支持公民、法人和其他组织兴建、捐建或者与政府部门合作建设公共文化设施，鼓励公民、法人和其他组织依法参与公共文化设施的运营和管理。

2.《中华人民共和国公共图书馆法》（2018 年修正）

第四十五条　国家采取政府购买服务等措施，对公民、法人和其他组织设立的公共图书馆提供服务给予扶持。

（四）参考条文

1.《广州市公共图书馆条例》（2020 年修正）

第五十一条　公共图书馆可以向社会组织购买服务，吸纳社会组织参与公共图书馆的运营与管理。

公共图书馆购买服务应当有助于提升服务效能。

2.《东莞市公共图书馆管理办法》（2016 年发布）

第四十八条　公共图书馆可以向社会购买服务，吸纳社会力量参与公共图书馆的运营与管理。

公共图书馆购买服务应当有助于提升服务效能。

十四、规章第三十三条释读

（一）第三十三条原文

第三十三条　市文化主管部门应当建立有公众参与的考核评价制度，引入第三方评估机制，定期对全市公共图书馆的服务质量和水平进行考核评价。

考核评价结果应当向社会公布，并作为对公共图书馆给予补贴或者奖励等的依据。

（二）条文说明

本条阐述了市文化主管部门应当建立考核评价制度，引入第三方评估机制，并定期对公共图书馆的服务进行考核评价。本条明确了市文化主管部门在考核评价方面的责任，承接上位法，强调考核评价中的公众参与及评价结果的社会公布。引入第三方评估在广州已有先例——2017年广州市文化广电新闻出版局印发的《广州市公共图书馆第三方评估管理办法》。

（三）条文依据

1.《中华人民共和国公共文化服务保障法》（2016年发布）

第二十三条 各级人民政府应当建立有公众参与的公共文化设施使用效能考核评价制度，公共文化设施管理单位应当根据评价结果改进工作，提高服务质量。

第五十六条 各级人民政府应当加强对公共文化服务工作的监督检查，建立反映公众文化需求的征询反馈制度和有公众参与的公共文化服务考核评价制度，并将考核评价结果作为确定补贴或者奖励的依据。

2.《中华人民共和国公共图书馆法》（2018年修正）

第四十七条 国务院文化主管部门和省、自治区、直辖市人民政府文化主管部门应当制定公共图书馆服务规范，对公共图书馆的服务质量和水平进行考核。考核应当吸收社会公众参与。考核结果应当向社会公布，并作为对公共图书馆给予补贴或者奖励等的依据。

（四）参考条文

1.《广州市公共图书馆条例》（2020年修正）

第三十二条 市文化行政主管部门应当制定公共图书馆考核标准，建立第三方评估机制。

市、区文化行政主管部门应当定期对公共图书馆的设立、管理与服务情况进行考核。

2.《东莞市公共图书馆管理办法》（2016年发布）

第三十三条 市文化行政主管部门应当制定公共图书馆考核标准，建立第三方评估机制。

市文化行政主管部门应当定期组织对公共图书馆的设立、管理与服务情况进行考核。

十五、规章第三十四条释读

（一）第三十四条原文

第三十四条 公共图书馆应当加强多层次专业人才教育和培训。中心馆负责为本市公共图书馆工作人员提供专业继续教育课程。区总馆负责分馆、基层服务点工作人员的业务培训。

中心馆与区总馆、分馆可以通过双向人才交流机制，选派工作人员进行挂职锻炼及跟班学习。

（二）条文说明

本条阐述了公共图书馆人才队伍素质提升和人才交流机制。一是明确了中心馆、区总馆在工作人员业务素质提升方面的职责，二是提出了中心馆与区总馆、分馆之间的双向人才交流机制。

佛山市公共图书馆工作人员业务培训和继续教育制度的现状：佛山市图书馆于2019年9月颁布了《佛山市图书馆业务学习、培训管理规定》，由该馆业务部负责全馆业务学习的组织与管理工作；各区图书馆各自有日常工作培训和业务培训安排，暂未形成制度。

本条结合《广东省人才发展条例》第二十一条"省人民政府和珠江三角洲地级以上市人民政府应当加强对粤东粤西粤北地区各类人才培养开发的支持和帮扶，通过短期业务培训、中长期专业培训、定向培养、继续教育、访问进修、跟班学习、实践训练、挂职锻炼等多种形式，提升粤东粤西粤北地区人才专业知识和技术技能水平"，提出了联合图书馆体系中的双向人才交流机制。

有关图书馆专业人才资质及培训时长的规定，可参考《公共图书馆服务规范》（GB/T 28220—2011）和《第三批国家公共文化服务体系示范区验收标准》，可对标《广州市"图书馆之城"建设规划（2015—2020）》和广州市《关于全面推进我市公共图书馆总分馆制建设的实施意见》。

（三）条文依据

《中华人民共和国公共文化服务保障法》（2016年发布）

第五十四条　国家支持公共文化服务理论研究，加强多层次专业人才教育和培训。

（四）参考条文

1.《广州市公共图书馆条例》（2020年修正）

第二十三条　市、区人民政府应当按照服务的常住人口每一万人至一万五千人配备一名工作人员的标准，结合服务时间、馆舍规模、馆藏资源数量、用户服务量等因素合理配备相应数量的公共图书馆工作人员。工作人员可以多形式、多类型配备。

公共图书馆新进管理人员和专业技术人员应当具备大学本科以上学历和与工作岗位相适应的专业知识与技能,并按照相关规定实行公开招聘,具体要求由市文化行政主管部门另行规定并向社会公布。

公共图书馆应当根据图书馆事业发展和业务要求,建立和健全工作人员业务培训和继续教育制度。

2.《东莞市公共图书馆管理办法》(2016 年发布)

第三十条　市、镇人民政府(街道办事处、园区管委会)应当根据服务时间、馆舍规模、馆藏资源数量、用户服务量等因素,结合实际工作情况并参考国家、省、市相关规范合理配备公共图书馆工作人员。工作人员可以多形式、多类型配备。

公共图书馆新进管理人员和专业技术人员应当具备相应学历和与工作岗位相适应的专业知识与技能,市级图书馆要求具备大学本科以上学历,镇(街)公共图书馆要求具备大专以上学历,并按照相关规定实行公开招聘,具体要求由市文化行政主管部门另行规定并向社会公布。

公共图书馆应当根据图书馆事业发展和业务要求,建立和健全工作人员业务培训和继续教育制度。

(五) 延伸内容

1.《公共图书馆服务规范》(GB/T 28220—2011)

5.2.2　人员配备

公共图书馆应配备数量适宜的工作人员。具有相关学科背景的专业技术人员应占工作人员的 75% 以上,少数民族自治地区公共图书馆要配备熟悉少数民族语言文字的专业技术人员。公共图书馆专业技术人员是指符合下列条件之一并从事相关业务工作的人员:具有助理馆员等各类初级及以上专业技术职务任职资格;具有图书馆学专业(或图书情报专业)专科或以上学历;非图书馆学专业(或图书情报专业)专科或以上学历,须经过省级以上学会(协会)、图书馆、大学院系举办的图书馆学专业(或图书情报专业)课程培训,培训课时不少于 320 学时并成绩合格。

2.《第三批国家公共文化服务体系示范区验收标准》

相关延伸内容见表 2-8。

表2-8 《第三批国家公共文化服务体系示范区验收标准》人员培训指标①

序号	指标	指标评定		指标说明	验收细则
30	人员培训	15		—	—
30-1	市、县级公共图书馆，博物馆，文化馆在职员工参加脱产培训时间每年不少于15天	优秀	5	有培训计划，100%单位达标	提供材料：文化行政部门和文化馆、图书馆、博物馆的培训计划和人员培训台账
		达标	3	有培训计划，70%单位达标	
		未达标	1	未制定计划或达标未到70%	
30-2	制定基层文化队伍培训计划，乡镇（街道）、村（社区）基层文化专兼职人员参加集中培训时间每年不少于5天	优秀	5	有培训计划，100%文化专兼职人员参加培训时间5天	
		达标	3	有培训计划，80%文化专兼职人员参加培训时间5天	
		未达标	1	未制定计划或达标未到80%	
30-3	县、乡、村基层文化专兼职人员参加全国基层文化队伍远程网络培训	优秀	5	每年达到60课时	
		达标	3	每年达到50课时	
		未达标	1	没有达到达标要求	

3.《广州市"图书馆之城"建设规划（2015—2020）》

26. 支持发挥中心馆、区域总馆以及图书馆行业组织作用，以学会为平台，中心馆每年为图书馆从业人员提供专业继续教育课程不少于42学时；各区图书馆负责镇（街道）图书馆从业人员的业务培训，每年提供不少于2次、12学时的培训课程。

4. 广州市政府《关于全面推进我市公共图书馆总分馆制建设的实施意见》

（三）完善机构与人力资源保障机制

··········

3. 完善人才提升制度。规范业务培训，形成固定的、面向不同层次人才的定期培训制度。由市文化行政主管部门牵头投入，每年委托地方重点高校举办1次高级人才研修班，培养广州市公共图书馆总分馆建设的骨干人才；委托地方重点高校与广州市图书馆学会合作建立新入职人员培训机制，每年为全市公共图书馆新入职人员提供专业化培训。中心馆每年为图书馆从业人员提供不少于42学时的专业继续教育课程；区域总馆负责镇、街道图书馆从业人员的业务培训，每年提供不少于2次、12学时的培训课程。

---

① 表2-8节选自《第三批国家公共文化服务体系示范区验收标准》。

鼓励和支持各种用人形式的图书馆工作人员进行职称申报。（牵头单位：市文化广电新闻出版局；配合单位：市财政局、市人力资源和社会保障局、各区政府、广州图书馆、广州少年儿童图书馆、各区图书馆）

4. 建立人才交流制度。支持和鼓励广州图书馆、广州少年儿童图书馆与各区图书馆通过互相选派工作人员进行挂职锻炼及学习培训，形成双向交流的培训机制。（牵头单位：市文化广电新闻出版局、各区政府；配合单位：市编办、市人力资源和社会保障局、广州图书馆、广州少年儿童图书馆、各区图书馆）

十六、规章第三十五条释读

（一）第三十五条原文

第三十五条　中心馆、区总馆应当建立年报制度，对上一年度公共文化服务开展情况进行总结。

编制的年度报告应当及时对外发布，接受社会监督。

（二）条文说明

本条阐述了年报制度的建立以及年度报告的公开。

佛山市图书馆目前已在官网发布了 2013 年至 2020 年的年报，并发布了《佛山市图书馆年报制度》（2018）文件，其中，第七条规定"原则上应于每年 5 月 31 日前完成上一年度《年报》编撰工作"，第十三条规定"《年报》作为宣传佛山市图书馆事业的名片，将在佛山市图书馆官方网站上公开发布，在学术会议、专家座谈会、来访接待等专业交流中派发宣传"。

佛山市各区图书馆的年报编制及发布情况：

（1）禅城区图书馆：官网发布，现有 2013 年至 2019 年的年报。

（2）南海区图书馆：2017 年起年报编制制度化，此前为发布纸质年报；2020 年或开始尝试官网发布。

（3）顺德图书馆：2016 年起以宣传册的形式发布。

（4）三水区图书馆：不确定。

（5）高明区图书馆：暂未编制。

（三）条文依据

《中华人民共和国公共文化服务保障法》（2016 年发布）

第二十一条　公共文化设施管理单位应当建立健全管理制度和服务规范，建立公共文化设施资产统计报告制度和公共文化服务开展情况的年报制度。

(四) 参考条文

《四川省公共图书馆条例》（2013 年发布）

第三十二条 公共图书馆应当建立信息披露制度，重要事项、年度报告等信息向社会公开。

公共图书馆应当将服务范围、内容、时间以及借阅规则等基本服务信息向读者公示。

公共图书馆闭馆或者变更开放时间，应当提前公告。

十七、规章第三十六条释读

(一) 第三十六条原文

第三十六条 鼓励公共图书馆加强与志愿服务组织的合作，建立常态化志愿服务机制，根据相关规定组织志愿者参与公共图书馆的日常运行和服务工作。

市、区文化主管部门应当对公共图书馆志愿服务给予必要的指导和支持，并会同同级其他有关部门建立管理评价、教育培训和激励保障机制。

(二) 条文说明

本条指引了公共图书馆建立常态化志愿服务机制，引入志愿服务。由于佛山市关于志愿服务政策和标准的拟定责任落在市民政局，而关于文化志愿服务的组织、指导和推动职责落在市文化广电旅游体育局，且关于志愿者的教育培训、激励保障可能涉及其他部门的职能，因此，第二款根据上位法做出了细化，一是市、区文化主管部门应当对公共图书馆志愿服务给予必要的指导和支持，二是市、区文化主管部门应当会同同级其他有关部门建立管理评价、教育培训和激励保障机制。

(三) 条文依据

1.《中华人民共和国公共文化服务保障法》（2016 年发布）

第四十三条 国家倡导和鼓励公民、法人和其他组织参与文化志愿服务。公共文化设施管理单位应当建立文化志愿服务机制，组织开展文化志愿服务活动。

县级以上地方人民政府有关部门应当对文化志愿活动给予必要的指导和支持，并建立管理评价、教育培训和激励保障机制。

第五十二条　国家鼓励和支持文化专业人员、高校毕业生和志愿者到基层从事公共文化服务工作。

2.《中华人民共和国公共图书馆法》（2018年修正）

第四十六条　国家鼓励公民参与公共图书馆志愿服务。县级以上人民政府文化主管部门应当对公共图书馆志愿服务给予必要的指导和支持。

（四）参考条文

1.《广州市公共图书馆条例》（2020年修正）

第五十条　公共图书馆应当建立常态化志愿服务机制，加强与志愿服务组织的合作，根据需要组织志愿者参与公共图书馆的日常运行和服务工作。

2.《东莞市公共图书馆管理办法》（2016年发布）

第三十二条　公共图书馆应当建立常态化志愿服务机制，加强与志愿服务组织的合作，根据需要组织志愿者参与公共图书馆的日常运行和服务工作。

（五）延伸内容

1.《第三批国家公共文化服务体系示范区验收标准》

相关延伸内容见表2-9。

表2-9　《第三批国家公共文化服务体系示范区验收标准》文化志愿服务指标[①]

序号	指标	指标评定		指标说明	验收细则
20	文化志愿服务	优秀	20	示范区建立了公共文化服务志愿者工作机制，有制度、有项目、有队伍、有成效	指标说明：文化志愿者注册招募、服务记录、管理评价和激励保障机制，有志愿服务品牌等。提供材料：市、县有关文化志愿者队伍建设的制度、项目、人员名册和总结材料；文化馆、图书馆、博物馆文化志愿者制度、岗位和人员名册
		达标	15	80%以上的文化馆（站）、图书馆、博物馆有文化志愿者制度、岗位和人员	
		未达标	10	有文化志愿者制度、岗位和人员的文化馆（站）、图书馆、博物馆不到80%	

---

① 表2-9节选自《第三批国家公共文化服务体系示范区验收标准》。

2. 中共中央办公厅、国务院办公厅《关于加快构建现代公共文化服务体系的意见》

（十二）大力推进文化志愿服务。大力弘扬志愿服务精神，坚持志愿服务与政府服务、市场服务相衔接，奉献社会与自我发展相统一，社会倡导和自愿参与相结合，构建参与广泛、内容丰富、形式多样、机制健全的文化志愿服务体系。创新服务内容、工作方式和活动载体，探索具有地方或行业特色的文化志愿服务模式。完善文化志愿者注册招募、服务记录、管理评价和激励保障机制。动员组织专家学者、艺术家、优秀运动员等社会知名人士参加志愿服务，提高社会影响力。要建立"结对子、种文化"工作机制，推动专业艺术院团、体育运动队和艺术体育院校等到基层教、学、帮、带，建立志愿服务下基层制度。加强对文化志愿队伍的培训，提升文化志愿者的服务意识、服务能力和服务水平。

3.《文化部关于印发〈文化志愿服务管理办法〉的通知》（文公共发〔2016〕15号）

全文。

4.《共青团中央关于印发〈中国注册志愿者管理办法〉的通知》（中青发〔2006〕55号）

全文。

十八、规章第三十七条释读

（一）第三十七条原文

第三十七条 鼓励公共图书馆与博物馆、文化馆（站）、美术馆、科技馆、工人文化宫、青少年宫等各类型公共文化机构建立交流与合作机制，联合开展阅读推广与社会教育活动，合作推进文献信息的研究利用，并探索服务场地共用、数字信息共享等创新举措。

（二）条文说明

本条创设了公共图书馆与其他类型公共文化设施之间的交流与合作机制。条文明确了公共图书馆交流与合作的主要对象是博物馆、文化馆（站）、美术馆、科技馆、工人文化宫、青少年宫等各类型公共文化机构，明确了交流与合作的内容及方式是联合开展阅读推广与社会教育活动、合作推进文献信息的研究利用。此外，还提出了进一步探索创新的空间，如服务场地共用、数字信息共享等。

佛山市现以服务联盟、场馆联盟等方式，建立了与其他类型公共文化设施之间的交流与合作机制。佛山市已有的此类联盟包括佛山市公共文化设施联盟、佛山阅读联盟。

（三）条文依据

1.《中华人民共和国公共文化服务保障法》（2016 年发布）

第十四条 本法所称公共文化设施是指用于提供公共文化服务的建筑物、场地和设备，主要包括图书馆、博物馆、文化馆（站）、美术馆、科技馆、纪念馆、体育场馆、工人文化宫、青少年宫、妇女儿童活动中心、老年人活动中心、乡镇（街道）和村（社区）基层综合性文化服务中心、农家（职工）书屋、公共阅报栏（屏）、广播电视播出传输覆盖设施、公共数字文化服务点等。县级以上地方人民政府应当将本行政区域内的公共文化设施目录及有关信息予以公布。

2.《中华人民共和国公共图书馆法》（2018 年修正）

第三十二条 公共图书馆馆藏文献信息属于档案、文物的，公共图书馆可以与档案馆、博物馆、纪念馆等单位相互交换重复件、复制件或者目录，联合举办展览，共同编辑出版有关史料或者进行史料研究。

（四）参考条文

1.《广州市公共图书馆条例》（2020 年修正）

第四十九条 公共图书馆应当通过组建图书馆联盟或者其他方式，加强与学校图书馆、科学与专业图书馆及其他类型图书馆的交流与合作，通过馆际互借、文献传递、联合参考咨询、开放数字资源库等方式实现资源共享与联合服务。

少年儿童图书馆应当推进与中小学校图书馆的合作，通过流动站、流动车等方式向中小学生提供服务。

鼓励学校图书馆、科学与专业图书馆及其他类型图书馆承担公共图书馆职能或者参与设立公共图书馆（室），提供公益性服务。

2.《东莞市公共图书馆管理办法》（2016 年发布）

第四十七条 公共图书馆应当通过组建图书馆联盟或者其他方式，加强与其他类型图书馆的交流与合作，实现资源共享与联合服务。

镇（街）公共图书馆与少年儿童图书馆应当推进与中小学校图书馆的合作，通过服务点、图书流动车等方式向中小学生提供服务。

鼓励学校图书馆、科学与专业图书馆及其他类型图书馆参与设立公共图书馆（室），提供公益性服务。

（五）延伸内容

1.《公共图书馆业务规范 第 2 部分：市级公共图书馆》（WH/T 87.2—2019）

10 协作协调

10.1 概述

协作协调是指图书馆之间或图书馆与其他机构本着互利互惠、避免重复建设的原则，通过分工合作、建立联盟等形式开展的资源共建共享、联合服务、合作搭建技术平台、共同开展人员队伍建设等工作，以更好地发挥图书馆的整体效益。

……

10.4 业务合作

10.4.1 概述

业务合作指图书馆之间或图书馆与其他相关机构之间建立的业务合作关系及开展的具体合作项目。

10.4.2 联合编目

10.4.3 联合开展资源建设

10.4.4 联合参考咨询

10.4.5 联合开展社会教育活动

2.《公共图书馆业务规范 第 3 部分：县级公共图书馆》（WH/T 87.3—2019）

10 协作协调

10.1 概述

协作协调是指图书馆之间或图书馆与其他机构本着互利互惠、避免重复建设的原则，通过分工合作、建立联盟等形式协作开展的资源共建共享、联合服务、合作搭建技术平台、共同开展人员队伍建设等工作，以更好地发挥图书馆的整体效益。

……

10.4 业务合作

10.4.1 概述

业务合作指图书馆之间或图书馆与其他相关机构之间建立的业务合作关系及开展的具体合作项目。县级公共图书馆应积极参与市级图书馆牵头的业务合作，并负责本地图书馆业务合作的统筹、协调和实施。

10.4.2 联合编目

10.4.3 联合参考咨询

10.4.4 联合开展社会教育活动

十九、规章第三十八条释读

（一）第三十八条原文

第三十八条　市、区人民政府应当推动建设广佛公共图书馆通借通还机制，推动广佛文献信息共享，促进广佛公共图书馆服务标准统一。

市人民政府应当推动中心馆与粤港澳大湾区其他城市图书馆建立文献交流与文化合作机制，加强人文湾区建设。

（二）条文说明

本条根据广州、佛山的两个市级图书馆已经实现通过特定自助机通借通还的实践，提出市、区人民政府应当推动建设广佛公共图书馆通借通还机制，推动同城阅读和文献信息共享，进而促进广佛两地公共图书馆的同质服务发展。在此基础上，本条结合建设粤港澳大湾区的国家战略，提出与粤港澳大湾区其他地市公共图书馆建立文献交流与合作机制，加强人文湾区建设的目标。

（三）条文依据

《中华人民共和国公共图书馆法》（2018年修正）

第三十条　公共图书馆应当加强馆际交流与合作。国家支持公共图书馆开展联合采购、联合编目、联合服务，实现文献信息的共建共享，促进文献信息的有效利用。

（四）参考条文

暂无。

（五）延伸内容

《佛山市文化广电旅游体育局关于印发〈佛山市公共文化服务体系高质量发展行动计划（2019—2022年）〉的通知》（佛文〔2020〕1号）

（四）参与大湾区公共文化服务创新实践

…………

13. 发挥大湾区极点城市作用。加快推进广佛全域同城化，大力支持南海、顺德、三水融入同城化示范区建设，与广州不断深化文化资源共建共享。深化广佛高质量发展融合试验区建设，把三龙湾高端创新集聚区打造为全省公共文化服务先行地。深化公共文化服务同城化，推动同城阅读、演出、文化交流成为常态，夯实同广州市图书馆通借通还机制建设，推动港澳居民享阅读服务同等待遇，支持更多文化场馆加入同城互认行列。

二十、规章第三十九条释读

（一）第三十九条原文

第三十九条　公共图书馆行业组织应当依法制定行业规范，发挥行业自律、行业代表、行业服务、行业指导和行业协调作用。

（二）条文说明

本条阐述了行业组织建设，明确了佛山市图书馆学会的职责。

佛山市图书馆学会的建设情况：2003年1月8日成立，下设五个专业委员会：学术研究专业委员会、宣传教育专业委员会、信息技术专业委员会、联合图书馆专业委员会、未成年人服务专业委员会。根据《佛山市图书馆学会章程》（2018），佛山市图书馆学会的业务范围主要包括：①开展学术交流，加强同图书馆界的联系与合作，组织全市图书馆学术研究和各种形式的联谊活动。②促进我市各图书馆业务的协同发展，形成一个互为补充、互为利用、互为推动的文献信息服务体系，逐步实现资源共享。③编辑出版会刊和图书馆专业资料。④为我市经济、文化、教育、科技发展战略、政策提供咨询服务。⑤介绍、推广和评定我市图书馆学科研成果。⑥开展对本会会员和全市图书馆工作者的继续教育和培训工作，普及图书馆学知识，宣传推广图书馆现代技术；发现、推荐人才，表彰、奖励在图书馆工作和学术活动中取得优秀成绩的会员。⑦发展会员、维护会员和图书馆工作者的合法权益，经常向党和政府反映会员的意见和呼声，举办为会员服务的活动。

（三）条文依据

《中华人民共和国公共图书馆法》（2018年修正）

第十一条　公共图书馆行业组织应当依法制定行业规范，加强行业自律，维护会员合法权益，指导、督促会员提高服务质量。

（四）参考条文

1.《广州市公共图书馆条例》（2020 年修正）

第三十三条　鼓励建立图书馆行业组织，支持行业组织发挥行业自律、行业代表、行业服务、行业指导和行业协调作用。

图书馆行业组织的职责、议事规则等由其章程规定。

2.《东莞市公共图书馆管理办法》（2016 年发布）

第三十四条　鼓励建立公共图书馆行业组织，支持行业组织发挥行业自律、行业代表、行业服务、行业指导和行业协调作用。

公共图书馆行业组织的职责、议事规则等由其章程规定。

（五）延伸内容

《公共图书馆业务规范　第 2 部分：市级公共图书馆》（WH/T 87.2—2019）

10.5　学会工作

10.5.1　概述

学会工作指市图书馆学会的组织建设、学术研究与交流、日常运营等。

10.5.2　组织建设

10.5.2.1　概述

组织建设工作指为确保市图书馆学会的职能正常履行而开展的机构建设、制度建设、会员发展等工作。

10.5.2.2　组织机构

建立组织机构的工作内容和质量要求如下：

a）工作内容：

1）建立市图书馆学会组织架构；

2）制定并颁布市图书馆学会章程。

b）质量要求：

1）市图书馆学会应包括理事会、秘书处及若干分委会；有条件的市可建立学会专家咨询机制。

2）市图书馆学会章程应确定其组织建设与运行模式，明确各分委会的职责，确定理事会相关组织机构成员的选拔条件、职责以及管理规定。

3）学会秘书处应有专人负责。

第四节 《佛山市公共图书馆管理办法》第四章释读

一、规章第四十条释读

（一）第四十条原文

第四章 服 务

第四十条 公共图书馆应当坚持普遍、平等、开放、共享和便利的服务原则。

公共图书馆应当免费向社会公众提供下列基本服务：

（一）文献信息查询、借阅；

（二）开放公众学习、交流、创作及公共文化活动所需的空间设施场地；

（三）公益性讲座、阅读推广、培训、展览；

（四）国家规定的其他免费服务项目。

（二）条文说明

本条第一款阐述了公共图书馆的服务原则，在上位法"平等、开放、共享"的基础上增加"普遍、便利"。

第二款明确了公共图书馆免费提供的基本服务范畴，并在上位法相关表述的基础上，将空间服务相关内容本地化为"开放公众学习、交流、创作及公共文化活动所需的空间设施场地"。

（三）条文依据

《中华人民共和国公共图书馆法》（2018年修正）

第三十三条 公共图书馆应当按照平等、开放、共享的要求向社会公众提供服务。

公共图书馆应当免费向社会公众提供下列服务：

（一）文献信息查询、借阅；

（二）阅览室、自习室等公共空间设施场地开放；

（三）公益性讲座、阅读推广、培训、展览；

（四）国家规定的其他免费服务项目。

（四）参考条文

1.《广州市公共图书馆条例》（2020 年修正）

第三十四条　公共图书馆应当坚持普遍、平等、免费、开放和便利的服务原则。

第三十五条　公共图书馆应当为公众提供下列基本服务：

（一）文献信息资源的阅览、外借、查询、参考咨询等服务；

（二）政府公开信息的查询服务；

（三）开展全民阅读推广活动和信息素养教育，举办公益讲座、展览、培训等社会教育活动，为公众终身学习提供条件和支持；

（四）提供学习、交流和相关公共文化活动的空间、平台；

（五）其他基本服务。

2.《东莞市公共图书馆管理办法》（2016 年发布）

第三十五条　公共图书馆应当坚持普遍、平等、免费、开放和便利的服务原则。

第三十六条　公共图书馆应当免费为公众提供下列基本服务：

（一）文献信息资源的阅览、外借、查询、参考咨询等服务；

（二）政府公开信息的查询服务；

（三）开展全民阅读推广活动和信息素养教育，举办公益讲座、展览、培训等社会教育活动，为公众终身学习提供条件和支持；

（四）提供学习、交流和相关公共文化活动的空间、平台；

（五）其他基本服务。

3.《深圳经济特区公共图书馆条例》（2019 年修正）

第二十二条　读者在公共图书馆内享有下列权利：

（一）免费进行书目检索；

（二）免费借阅文献；

（三）获得工作人员提供关于利用馆藏的指导；

（四）获得工作人员解答有关阅读方面的询问或者进行定题服务；

（五）参加各种读者活动；

（六）向文化主管部门或者公共图书馆提出建议和意见。

（五）延伸内容

1.《公共图书馆业务规范　第 2 部分：市级公共图书馆》（WH/T 87.2—2019）

8　读者服务

....

8.2 读者服务制度

建立读者服务制度的工作内容和质量要求如下：

a）工作内容：

建立健全读者管理制度、文献借阅制度、参考咨询制度、社会教育制度、员工服务规范，服务信息公开工作制度及其他覆盖各类型读者、各种服务形式主要工作环节的相关制度。

b）质量要求：

1）读者管理制度包括读者注册、读者需求调研、读者意见反馈、读者信息保护等；

2）文献借阅制度包括文献阅览、文献外借、馆际互借、文献传递等；

3）参考咨询制度包括咨询形式、咨询类型、响应时间、解答时间等；

4）社会教育制度包括讲座、培训、展览、阅读推广等；

5）员工服务规范包括服务态度、服务流程、服务绩效评估、服务用语等；

6）服务信息公开制度包括服务内容、开放时间、借阅规则等基本信息，以及信息公布范围和形式等；

7）通过网站或者其他方式向社会公示图书馆服务制度，做好相关规章制度的宣传工作；

8）及时修订各项读者服务规章制度，提高读者服务水平。

……

8.4 文献借阅服务

8.4.1 概述

文献借阅服务指图书馆根据读者需求，利用本馆馆藏文献资源及与本馆有合作关系的文献收藏机构的馆藏文献资源，向读者提供阅览和外借的服务。

8.4.2 文献阅览

文献阅览服务的工作内容和质量要求如下：

a）工作内容：

提供文献资源，管理维护阅览室文献资源和设施设备，维持阅览秩序，解答读者一般性咨询问题。

b）质量要求：

1）应在阅览室内以适当形式公开文献阅览制度；

2）应对读者进行文献借阅与保护知识的宣传和辅导；

3）文献应及时上架，报纸当天上架，期刊 2 个工作日内上架，图书 20 个工作日内上架；

4）及时对架位进行维护与管理，文献排架正确率应不低于 90%；

5）应解答读者咨询，听取读者意见，并做好相应记录；

6）普通文献宜提供开架阅览，近 3 年的图书应全部实行开架借阅；

7）阅览环境安静、明亮、舒适、整洁。

2.《公共图书馆业务规范 第 3 部分：县级公共图书馆》（WH/T 87.3—2019）

8 读者服务

……

8.2 读者服务制度

建立读者服务制度的工作内容和质量要求如下：

a）工作内容：

1）建立健全读者管理制度、文献借阅制度、参考咨询制度、社会教育制度、员工服务规范，服务信息公开工作制度及其他覆盖各类型读者、各种服务形式主要工作环节的相关制度。

2）实行总分馆制的县级公共图书馆，应制定本区域统一的读者服务制度。

b）质量要求：

1）读者管理制度包括读者注册、读者需求调研、读者意见反馈、读者信息保护等；

2）文献借阅制度包括文献阅览、文献外借、馆际互借、文献传递等；

3）参考咨询制度包括咨询形式、咨询类型、响应时间、解答时间等；

4）社会教育制度包括讲座、培训、展览、阅读推广等；

5）员工服务规范包括服务态度、服务流程、服务绩效评估、服务用语等；

6）服务信息公开制度包括服务内容、开放时间、借阅规则等基本信息，以及信息公布范围和形式等；

7）通过网站或者其他方式向社会公告上述服务制度，做好相关规章制度的宣传工作；

8）及时修订各项读者服务规章制度，提高读者服务水平。

……

8.4 文献借阅服务

8.4.1 概述

文献借阅服务指图书馆根据读者需求，利用本馆馆藏文献资源及与本馆有合作关系的文献收藏机构的馆藏文献资源，向读者提供阅览和外借的服务。实行总分馆制的县级公共图书馆应建立统一的文献借阅服务体系。

8.4.2 文献阅览

文献阅览服务的工作内容和质量要求如下：

a）工作内容：

提供文献资源，管理维护阅览室文献资源和设施设备；维持阅览秩序，解答读者一般性咨询问题。

b）质量要求：

1）应在阅览室内以适当形式公开文献阅览制度；

2）应对读者进行文献借阅与保护知识的宣传和辅导；

3）文献应及时上架，报纸当天上架，期刊 2 个工作日内上架，图书 20 个工作日内上架；
4）及时对架位进行维护与管理，文献排架正确率应不低于90%；
5）应解答读者咨询，听取读者意见，并做好相应记录；
6）普通文献宜提供开架阅览，近3年的图书应全部实行开架借阅；
7）阅览环境安静、明亮、舒适、整洁。

二、规章第四十一条释读

（一）第四十一条原文

第四十一条　公共图书馆可以根据自身的业务能力提供下列服务：
（一）为公众提供专题信息服务；
（二）为企业提供信息增值服务；
（三）为政府和有关机构制定法律、法规、政策和开展专题研究，提供文献信息和相关咨询服务；
（四）为开展地方文献与地方历史文化研究提供服务。

（二）条文说明

本条阐述了公共图书馆可以根据自身的业务能力提供专题信息服务、信息增值服务、决策咨询服务、地方文化研究服务等专项服务。在保障基本服务的前提下，根据自身业务能力提供专项服务，可挖掘公共图书馆的智库功能，服务于地方经济、社会、文化、法治建设，助力高质量发展。

（三）条文依据

《中华人民共和国公共图书馆法》（2018年修正）
第三十五条　政府设立的公共图书馆应当根据自身条件，为国家机关制定法律、法规、政策和开展有关问题研究，提供文献信息和相关咨询服务。

（四）参考条文

1.《广州市公共图书馆条例》（2020年修正）
第三十六条　公共图书馆除按照本条例第三十五条规定提供基本服务外，还应当根据自身的业务能力提供下列服务：
（一）为公众提供专题信息服务；

（二）为国家机关决策提供信息服务；

（三）为开展地方文献与地方历史文化研究提供服务。

2.《东莞市公共图书馆管理办法》（2016 年发布）

第三十七条 公共图书馆提供文献复制、文本打印、即时付费数据库检索、科技查新、专题信息服务、文献信息资源开发等服务时，应坚持成本服务的原则，按照有关规定和收费标准向用户收取成本费用，不得收取其他费用。

第三十八条 公共图书馆除按照本办法第三十六条规定提供基本服务外，还应当根据自身的业务能力提供下列专项服务：

（一）为公众提供专题信息服务；

（二）为政府部门以及其他机构提供信息服务；

（三）为开展地方文献与地方历史文化研究提供服务。

（五）延伸内容

1.《公共图书馆业务规范 第 2 部分：市级公共图书馆》（WH/T 87.2—2019）

8.6 参考咨询服务

……

8.6.4 专题性咨询

专题性咨询的工作内容和质量要求如下：

a）工作内容：

专题性咨询指图书馆向读者提供的围绕特定主题进行的专业性咨询服务，包括事实型查询、信息查证、定题服务、文献信息开发等。

b）质量要求：

1）实时咨询应即时响应，对非实时咨询的解答应在 7 个工作日内提交咨询结果，或视具体情况由双方约定解答时限；

2）咨询结果应客观、准确、全面，引用来源权威可靠的信息；

3）保证文献信息开发的针对性、连续性和有效性。

8.7 立法和决策服务

立法和决策服务的工作内容和质量要求如下：

a）工作内容：

图书馆为立法机构提供信息服务，为党政机关和政府部门制定决策提供信息服务，为人大代表、政协委员履行职责提供服务。

b）质量要求：

1）应对人大、政协的重要会议提供专门服务；

2）可通过制作相关二次、三次文献等多种形式提供立法决策服务；

3）应围绕立法、决策领域的热点问题和焦点问题提供主动服务；

4）应做好信息服务中的保密工作，严格遵守相关法律法规；

5）应对立法和决策服务过程中产生的咨询服务档案进行整理、归档。

……

8.11 地方文献服务

地方文献服务的工作内容和质量要求如下：

a）工作内容：

1）设置地方文献服务空间并配备相应设施、设备；

2）向读者提供地方文献的阅览和查询服务，开展促进地方文献利用的有关活动；

3）加大地方文献宣传力度，增强地方文献征集与保护的社会意识。

b）质量要求：

1）设置专门服务空间并配备专职人员；

2）应为本地区其他图书馆开展地方文献服务提供支持；

3）应积极与其他机构、部门建立地方文献服务合作机制；

4）应积极开发地方文献，并通过多种途径展示文献开发成果。

2.《公共图书馆业务规范 第3部分：县级公共图书馆》（WH/T 87.3—2019）

8.6 参考咨询服务

8.6.1 概述

参考咨询服务指图书馆员针对读者需求，以各类型权威信息资源为依托，帮助和指导读者检索所需信息或提供相关数据、文献资料、文献线索、专题内容等。实行总分馆制的县级公共图书馆应建立本区域参考咨询中心。参考咨询服务应符合WH/T 71等标准的相关规定。

……

8.6.4 专题性咨询

专题性咨询的工作内容和质量要求如下：

a）工作内容：

专题性咨询指图书馆向读者提供的围绕特定主题进行的专业性咨询服务，包括事实型查询、信息查证、定题服务、文献信息开发等。

b）质量要求：

1）咨询要求应及时解答；

2）咨询结果应客观、准确、全面，引用来源权威可靠的信息；

3）保证文献信息开发的针对性、连续性和有效性；

4）对咨询服务档案进行整理、归档。

……

8.10 地方文献服务

地方文献服务的工作内容和质量要求如下：

a）工作内容：

1）设置地方文献服务空间并配备相应设施、设备；

2）向读者提供地方文献的阅览和查询服务，开展促进地方文献利用的有关活动；

3）加大地方文献宣传力度，增强地方文献征集与保护的社会意识。

b）质量要求：

1）应为本地区其他图书馆开展地方文献服务提供支持；

2）应积极与其他机构、部门建立地方文献服务合作机制；

3）应积极开发地方文献，并通过多种途径展示文献开发成果。

3.《公共图书馆评估指标　第 2 部分：省、市、县级公共图书馆》（WH/T 70.2—2020）

A.4.10　为立法决策提供信息服务

定义：公共图书馆为各级政府部门、人大、政协开展各项工作提供相关的信息服务。

方法：

——重点考查为立法决策提供信息服务的内容、方法、效果等；

——立法服务是指为人大立法部门以及为人大代表提供的各类信息服务；

——决策服务是指为党和政府的决策部门以及为各级领导提供的各类信息服务；

——包括编辑信息决策刊物、建立网络服务平台、政务活动现场咨询和定题专题信息服务等，不包括针对企事业单位的信息服务；

——提供服务制度、服务记录和服务反馈材料。

适用范围：

适用于省、市、县公共图书馆。

A.4.11　参考咨询服务

定义：公共图书馆通过口头或书面形式解答读者在利用图书馆提供的资源或服务过程中遇到的各种问题、提供获得文献资料的途径、方法，并编制书目、索引、文摘等供读者使用。

方法：

——包括为本地区教育、科研和企事业单位服务，以及为社会公众提供专题服务等；

——包括现场、电话、网上咨询等实时咨询和电子邮件、信件、参考咨询网站的表单咨询、读者留言等非实时咨询；

——重点考查科技查新、定题服务、二/三次文献的编制等，提供相应的咨询服务报告和文献开发产品；

——提供服务制度、服务记录和服务反馈材料。

适用范围：

适用于省、市、县级公共图书馆。

三、规章第四十二条释读

(一) 第四十二条原文

第四十二条　全市公共图书馆应当联合各界力量,打造阅读品牌,推动、引导、服务全民阅读。

鼓励公共图书馆与个人、家庭、民间读书会等社会力量合作,共同提供阅读服务。

(二) 条文说明

本条阐述了全市公共图书馆应当联合各界力量,打造阅读品牌,通过创新形式推广全民阅读。

《佛山市文化广电新闻出版局关于全面推进全市公共图书馆服务体系一体化建设的通知》(佛文社〔2018〕57号)的附件中的相关要求为:"二、'一体化建设'原则……(三)统一资源……在推广全民阅读方面,以'服务活动化、活动品牌化'的思路,市、区联动整合全市服务品牌项目,通过跨部门协作、'佛山文化云'平台的调度管理,为市民更好地提供为其所需的服务和活动。"

(三) 条文依据

1.《中华人民共和国公共图书馆法》(2018年修正)

第三十六条　公共图书馆应当通过开展阅读指导、读书交流、演讲诵读、图书互换共享等活动,推广全民阅读。

2.《广东省全民阅读促进条例》(2019年发布)

全文。

(四) 参考条文

1.《广州市公共图书馆条例》(2020年修正)

第三十九条　公共图书馆应当通过推荐优秀读物、组织读书会、开展阅读辅导等形式,面向社会公众、重点面向少年儿童和青年倡导、推广阅读。

2.《东莞市公共图书馆管理办法》(2016年发布)

第四十条　公共图书馆应当制定全民阅读计划,通过组织阅读活动、推荐优秀读物、开展阅读辅导等多种形式，向公众宣传和推荐优秀作品，开展阅读推广，最大限度地吸引公众利用图书馆。

公共图书馆应当为未成年人提供阅读辅导服务，培养其阅读兴趣和阅读习惯。

（五）延伸内容

1.《公共图书馆业务规范 第 2 部分：市级公共图书馆》（WH/T 87.2—2019）

8.8.5 阅读推广

组织阅读推广的工作内容和质量要求如下：

a）工作内容：

图书馆通过制定阅读计划、推荐阅读书目、发起阅读运动、建立长效阅读促进机制进行阅读推广。

b）质量要求：

1）每年开展阅读推广活动应不少于 8 次；

2）阅读推广活动可包括新书推介、举办故事会等多种方式，形式不拘一格，内容丰富多彩；

3）阅读推广活动切合主要读者群体需求，重点面向少年儿童开展阅读推广活动。

2.《公共图书馆业务规范 第 3 部分：县级公共图书馆》（WH/T 87.3—2019）

8.7.5 阅读推广

组织阅读推广的工作内容和质量要求如下：

a）工作内容：

图书馆通过制定阅读计划、推荐阅读书目、发起阅读运动、建立长效阅读促进机制进行阅读推广。

b）质量要求：

1）应定期开展阅读推广活动；

2）阅读推广活动可包括读书会、新书推介、名家讲座、亲子阅读、演讲、征文、知识竞赛等多种方式，内容丰富多彩；

3）阅读推广活动切合主要读者群体需求，重点面向少年儿童开展阅读推广活动。

3.《公共图书馆评估指标 第 2 部分：省、市、县级公共图书馆》（WH/T 70.2—2020）

A.4.14.3 年阅读推广活动次数

定义：一年内本馆或与外机构联合面向社会公众举办阅读推广活动的次数的总和。

方法：

——考查阅读推广活动的数量，指图书馆为促进阅读、提高读者阅读素养而开展的各项活动，不包括讲座、培训、展览活动；

——图书馆为主办方或承办方或协办方；
——包括在馆内或馆外开展的活动；
——单位：次；
——通常每次活动有策划书、推广方式、实施过程和活动效果；
——提供评估期每年的活动清单和每次活动材料（包括但不限于活动总结、照片、报道、活动反馈等）。

适用范围：

适用于省、市、县级公共图书馆。

相关指标：

——年讲座、培训次数（A.4.14.1）；

——年展览次数（A.4.14.2）。

A.4.14.1、A.4.14.2 与 A.4.14.3 为相关指标，以讲座、培训、展览等方式统计过的，不再计入阅读推广活动。

四、规章第四十三条释读

（一）第四十三条原文

第四十三条 政府设立的公共图书馆应当根据未成年人的特点配备相应的专业人员，开展面向未成年人的阅读指导和社会教育活动，并为学校开展有关课外活动提供支持。

政府设立的公共图书馆应当考虑老年人、残疾人、流动人口等群体的特点，积极创造条件，提供适合其需要的文献信息、设施设备和服务等。

（二）条文说明

本条阐述了政府设立的公共图书馆应当面向未成年人、老年人、残疾人、流动人口等群体提供与其需要相适应的服务。

与这些群体相关的图书馆服务规范包括：《图书馆视障人士服务规范》（GB/T 36719—2018）、《公共图书馆少年儿童服务规范》（GB/T 36720—2018），以及《公共图书馆业务规范　第 2 部分：市级公共图书馆》（WH/T 87.2—2019）中的"8.12　特殊群体服务"、《公共图书馆业务规范　第 3 部分：县级公共图书馆》（WH/T 87.3—2019）中的"8.11　特殊群体服务",等等。

近年来,佛山市公共图书馆为流动人口设计的服务和活动主要有:外来务工子女夏令营、汽车图书馆进企业园区、面向外来务工人员的朗诵活动等。

(三)条文依据

1.《中华人民共和国公共文化服务保障法》(2016年发布)

第九条 各级人民政府应当根据未成年人、老年人、残疾人和流动人口等群体的特点与需求,提供相应的公共文化服务。

第十条 国家鼓励和支持公共文化服务与学校教育相结合,充分发挥公共文化服务的社会教育功能,提高青少年思想道德和科学文化素质。

2.《中华人民共和国公共图书馆法》(2018年修正)

第三十四条 政府设立的公共图书馆应当设置少年儿童阅览区域,根据少年儿童的特点配备相应的专业人员,开展面向少年儿童的阅读指导和社会教育活动,并为学校开展有关课外活动提供支持。有条件的地区可以单独设立少年儿童图书馆。

政府设立的公共图书馆应当考虑老年人、残疾人等群体的特点,积极创造条件,提供适合其需要的文献信息、无障碍设施设备和服务等。

3.《广东省文化设施条例》(2019年修正)

第十一条 公共文化设施建设选址,应当方便群众、交通便利、保护环境。在公共文化设施范围及其规划用地内,不得建设影响文化活动的其他设施。公共文化设施的设计,应当符合实用美观、安全卫生等要求,并有无障碍措施,方便残疾人、老人、儿童使用。

4.《广东省全民阅读促进条例》(2019年发布)

第十八条 县级以上人民政府及其有关部门应当根据未成年人身心发展状况和实际情况,建立家庭、学校与社会相结合的阅读促进工作机制,并制定未成年人阅读促进计划、实施方案和阅读分类指导目录。

第十九条 有条件的公共图书馆、文化馆、博物馆等公共文化服务场所应当根据未成年人特点提供阅读资源,开设阅读专区和开展阅读指导培训,营造有利于未成年人的阅读环境。

第二十五条 各级人民政府及其有关部门应当保障残疾人的基本阅读需求,根据其不同特点,提供必要的阅读辅助设施和相应服务,并有针对性地向视力、听力残疾人提供盲文出版物、有声读物、视频读物等阅读资源。各类全民阅读设施管理单位应当加强无障碍设施建设,为行动不便的人员提供便利服务。

(四)参考条文

1.《广州市公共图书馆条例》(2020年修正)

第十四条 市人民政府应当设立少年儿童图书馆。区人民政府可以设立少年儿童图书馆。市、区人民政府设立的少年儿童图书馆为中心馆、区域总馆的专业性分馆。

中心馆、区域总馆应当设置少年儿童阅览区域。

第四十八条 公共图书馆应当为老年人、残疾人等特殊群体提供设施、设备、文献信息资源等方面的便利服务。

中心馆、区域总馆应当设置盲人阅览室和残疾人专座。

2.《东莞市公共图书馆管理办法》(2016 年发布)

第四十二条 公共图书馆应当为老年人士、残障人士等特殊群体提供设施、设备、文献信息资源等方面的便利服务。

市级图书馆应当设置视障人士阅览室和残障人士专座，鼓励符合条件的镇（街）和村（社区）图书馆（室）设置视障人士阅览室和残障人士专座。

第四十七条 公共图书馆应当通过组建图书馆联盟或者其他方式，加强与其他类型图书馆的交流与合作，实现资源共享与联合服务。

镇（街）公共图书馆与少年儿童图书馆应当推进与中小学校图书馆的合作，通过服务点、图书流动车等方式向中小学生提供服务。

鼓励学校图书馆、科学与专业图书馆及其他类型图书馆参与设立公共图书馆（室），提供公益性服务。

（五）延伸内容

《公共图书馆评估指标 第 2 部分：省、市、县级公共图书馆》(WH/T 70.2—2020)

A.4.12 为特殊群体服务

A.4.12.1 未成年人服务

定义：公共图书馆为 0～18 周岁未成年人提供的有针对性的服务。

方法：

——重点考查公共图书馆未成年人服务的服务保障及服务效果。服务保障包括服务制度、服务经费、服务设施、服务岗位、服务人员等。服务效果包括馆内服务和馆外服务情况、开展活动的场数、人次，以及活动产生的影响；

——本指标所称"活动"，应以未成年人为对象，包括但不限于讲座、培训、展览、阅读推广等活动；

——提供服务制度、服务保障和服务情况材料；

——提供评估期每年的活动清单和每次活动材料（包括但不限于活动总结、照片、报道、活动反馈等）。

适用范围：

适用于省、市、县级公共图书馆。

A.4.12.2 其他特殊群体服务

定义：公共图书馆为由于各种原因在获取和利用文献信息资源方面存在特殊困难的人群提供的有针对性的服务。

方法：
——包括但不限于老年人、残疾人、进城务工人员、监狱服刑人员等群体；
——重点考查公共图书馆为老年人、残疾人等特殊群体提供服务的服务保障及服务效果。服务保障包括服务制度、服务经费、服务设施、服务岗位、服务人员等。服务效果包括馆内服务和馆外服务情况、开展活动的场数、人次，以及活动产生的影响；
——本指标所称"活动"，应以老年人、残疾人等特殊群体为对象，包括但不限于讲座、培训、展览、阅读推广等活动；
——提供服务制度、服务保障和服务情况材料；
——提供评估期每年的活动清单和每次活动材料（包括但不限于活动总结、照片、报道、活动反馈等）。

适用范围：
适用于省、市、县级公共图书馆。

五、规章第四十四条释读

（一）第四十四条原文

第四十四条　政府设立的公共图书馆应当加强馆内古籍的保护。

市图书馆应当设立市级古籍保护中心，建立本市古籍保护工作的协调机制和责任制度，加强古籍的整理、出版和研究，积极运用现代信息技术和传播技术进行古籍宣传和利用，传承发展中华优秀传统文化。

（二）条文说明

本条阐述了政府设立的公共图书馆对古籍保护的义务，以及市图书馆在古籍保护中的职责，明确了市图书馆应当设立市级古籍保护中心，建立本市古籍保护工作的协调机制和责任制度。市级公共图书馆古籍工作的规范可参见《公共图书馆业务规范　第2部分：市级公共图书馆》（WH/T 87.2—2019）。

（三）条文依据

《中华人民共和国公共图书馆法》（2018年修正）

第四十一条　政府设立的公共图书馆应当加强馆内古籍的保护，根据自身条件采用数字化、影印或者缩微技术等推进古籍的整理、出版和研究利用，并通过巡回展览、公益性讲座、善本再造、创意产品开发等方式，加强古籍宣传，传承发展中华优秀传统文化。

（四）参考条文

1.《广州市公共图书馆条例》（2020年修正）

第四十七条　公共图书馆不得限制文献信息资源的利用，但国家规定禁止公开传播的文献信息资源除外。

古籍和其他珍贵、易损文献信息资源，应当按照法律、法规的规定采取保护措施，利用数字化、善本再造或者缩微技术等提供保护性使用。对于其他不宜外借的文献信息资源，读者可以在馆内阅览。

2.《东莞市公共图书馆管理办法》（2016年发布）

第四十三条　除国家规定禁止公开传播的文献信息资源外，公共图书馆不得限制文献信息资源的利用。

对于古籍和其他珍贵、易损文献，应当按照法律、法规的规定采取保护措施，提供保护性使用。对于其他不宜外借的文献，用户可以在馆内阅览。

3.《四川省公共图书馆条例》（2013年发布）

第二十一条　公共图书馆应当加强古籍文献、其他珍贵文献的保护和管理，落实安全措施。建立古籍保护制度，开展古籍登记、定级、著录，改善古籍保管条件，推进古籍修复、整理、出版和研究利用。

（五）延伸内容

《公共图书馆业务规范　第2部分：市级公共图书馆》（WH/T 87.2—2019）

7.4.4　古籍

7.4.4.1　古籍保护

古籍保护的工作内容和质量要求如下：

a）工作内容：

1）设立市级古籍保护中心，配合省级古籍保护中心积极开展本市古籍保护工作；

2）建立本地区古籍保护工作的协调机制和责任制度，落实各古籍收藏机构的管理、保护和利用职能；

3）研究古籍原生性与再生性保护技术，监测控制本馆古籍的保护环境，防治有害生物。

b）质量要求：

1）市级古籍保护中心应按本地区古籍藏量及工作负责配备人员，员工需应具有专业知识，并经过专业技能培训。

2）应按照国家古籍保护中心编制的《全国古籍普查登记手册》要求，组织开展全市古籍普查登记、业务培训、珍贵古籍名录和重点保护单位申报等工作。古籍普查工作应遵循 WH/T 21 等相关标准要求。

3）古籍书库应符合 GB/T 30227 的规定。对国家珍贵古籍实施专库（专架）管理。

4）保存环境温湿度及有害气体的监测应按照相关技术标准进行仪器校对、校准，定时、定点、连续监测，完整记录监测数据并定期提交监测分析报告。

5）新入藏古籍、新配置的函套等应进行杀虫、除尘等必要处理。

6）古籍的使用应在适宜的环境下进行，确保古籍安全。

7）因破损、虫蛀等原因不再适合使用的古籍，应停止使用，做好登记，并及时进行修复。

8）定期进行除尘、防治病虫害等工作，所采取的措施应科学可靠，符合本馆实际，新的技术方法实施之前要进行试点实验并制定安全操作规程。

9）在有复制品及数字化产品的情况下，除非必要，不应提供古籍原件。

10）通过再生性保护技术手段，扩大古籍的使用范围，再生性保护应在确保不损害古籍原件的基础上进行。

7.4.4.2 古籍修复

古籍修复的工作内容和质量要求如下：

a）工作内容：

1）出库及修复交接；

2）设计古籍修复方案；

3）修复；

4）验收修复后的古籍；

5）归库；

6）修复档案的记录与保存。

b）质量要求：

1）应有独立修复场地，配置相应的设施设备、修复工具等。修复人员应经过专业培训后方可上岗。

2）待修古籍出库、归库及修复前后应认真清点种、册及书叶数量，并做好交接登记，修复过程中要确保藏品的绝对安全。

3）依据"整旧如旧""最少干预""过程可逆"等原则，针对待修古籍具体情况制定修复方案，修复方案包括配纸、采用的修复技法、装帧形式的处理等内容；修复方案应科学合理、切实可行；在修复中，应根据实际情况及时调整修复方案。

4）按照 GB/T 21712 的有关规定进行修复与验收。

5）珍贵古籍的修复应组织专家论证后实施，修复后应组织专家验收。

6）做好古籍修复后的归库工作，办理交接手续。

7）修复档案应完整准确记录修复过程，归档完毕，及时编制目录索引。

六、规章第四十五条释读

(一) 第四十五条原文

第四十五条 政府设立的公共图书馆应当通过智能阅读空间、汽车图书馆等形式,向远离图书馆的社区、企业、学校等机构以及人员密集场所提供服务。

鼓励公共图书馆与旅游景区、酒店和民宿等单位开展合作,探索科学、合理的文化旅游协同发展模式。

(二) 条文说明

本条第一款阐述了采用智能阅读空间、汽车图书馆等形式将公共图书馆的服务进行延伸。

第二款根据文旅融合的政策背景,特别提出探索公共图书馆与旅游景区、酒店和民宿等协同提供服务等创新模式。

佛山市智能图书馆的建设情况:据《佛山市联合图书馆 2018 年业务报告》,截至 2018 年年底,佛山建有"街区图书馆自助借还机""自助图书馆""读书驿站""移动智能图书馆"四种类型 232 家智能图书馆,遍布佛山五区,较 2017 年增长了 32.57%,总数量占所有成员馆的 74%;累计注册读者数 15.56 万人,同比增长 43.41%,占全市累计注册读者量的 11.85%;流通量合计 288.03 万册,同比增长 47.24%。2018 年,智能图书馆群流通量占佛山市联合图书馆当年流通量的 26.22%。

佛山市汽车图书馆的建设情况:目前,佛山市图书馆和禅城区图书馆各有汽车图书馆一辆;据《佛山市图书馆 2018 年度报告》,佛山市图书馆汽车图书馆(移动智能图书馆)可为读者提供自助办证、自助借还图书、阅读电子报刊等公益服务。市图书馆共有 79 个汽车图书馆流动服务点;移动智能图书馆(市馆)车载图书 6000 册左右,年度图书外出行程 1.67 万千米,每年提供固定及流动服务点上门服务 280 次,开展文化下基层活动 35 场;据调研,禅城区汽车图书馆在 2019 年共开展服务 315 次,借阅图书 3.9 万册次,服务读者 2.4 万人次,行驶里程 6945 千米,累计建立流动服务点 93 个(其中:社区服务点 34 个,幼儿园服务点 11 个,小学服务点 35 个,中学服务点5个，企业服务点3个，机关单位服务点5个）。

佛山市"图书馆+旅游"的建设情况：佛山市依据《广东省加快推进文化和旅游融合发展三年行动计划（2020—2022年）》《佛山市文化广电旅游体育局关于印发〈佛山市公共文化服务体系高质量发展行动计划（2019—2022年）〉的通知》（佛文〔2020〕1号）等文件精神进行建设。

（三）条文依据

1.《中华人民共和国公共文化服务保障法》（2016年发布）

第三十四条　地方各级人民政府应当采取多种方式，因地制宜提供流动文化服务。

第三十六条　地方各级人民政府应当根据当地实际情况，在人员流动量较大的公共场所、务工人员较为集中的区域以及留守妇女儿童较为集中的农村地区，配备必要的设施，采取多种形式，提供便利可及的公共文化服务。

2.《中华人民共和国公共图书馆法》（2018年修正）

第三十九条　政府设立的公共图书馆应当通过流动服务设施、自助服务设施等为社会公众提供便捷服务。

（四）参考条文

1.《广州市公共图书馆条例》（2020年修正）

第三十八条　区域总馆应当根据村、社区居民的年龄结构、文化程度、就业状况等，有针对性地配置村、社区图书室的文献信息资源，改善阅读环境，提高服务水平。

公共图书馆应当通过流动站、流动车或者自助图书馆等形式，定点、定时在村、社区等基层组织和单位提供文献信息资源通借通还服务和其他公共图书馆服务。

2.《东莞市公共图书馆管理办法》（2016年发布）

第四十一条　公共图书馆应当通过通借通还，以及服务点、图书流动车、自助图书馆与图书自助服务站等服务方式，为不能到馆的用户提供延伸服务，为公众提供快捷、便利的服务。

（五）延伸内容

1.《广东省加快推进文化和旅游融合发展三年行动计划（2020—2022年）》

7. 完善文化设施旅游服务功能。推动图书馆、博物馆、美术馆、演艺场馆等公共文化设施改造升级，增强观赏、体验和参与等旅游功能，重点建好广东美术馆、非物质文化遗产展示中心、文学馆"三馆合一"项目等。鼓励公共文化设施创建A级景区，到2022年实现全省创建A级景区的公共文化设施达到50家。深入实施"厕所革命"，对文化、体育等公共场所厕所改造升级，3年完成新建、改扩建旅游厕所1500座以上。

…………

9. 深化文旅智慧服务。推动文化旅游与公安、交通、气象、通信等数据共享,加快建立文化旅游公共服务智能化云平台。鼓励利用APP、小程序等便民形式,整合图书馆、博物馆、美术馆等文化设施以及景点、交通、美食、酒店、民宿、厕所、精品线路等旅游产品信息,为公众提供查询和指引。支持企业开展门票在线预订、智能导游、电子讲解、承载量监测预警等数字化应用。

2.《佛山市文化广电旅游体育局关于印发〈佛山市公共文化服务体系高质量发展行动计划(2019—2022年)〉的通知》(佛文〔2020〕1号)

7. 开展"文化时空"拓延行动。大力发展夜间文化,支持文化馆站、体育场馆、科技馆、工人文化宫、青少宫、儿童活动中心、书店等延长夜间开放时间。支持举办夜间演出和河道夜游,打造"水舞灯光秀""幻彩耀灯湖""光影文化展"等惠民品牌。大力发展"嵌入式"公共文化服务,将智能图书馆嵌入城区、社区、景区、街区、园区等人群密集区,将数字图书馆、数字文化馆、数字博物馆、数字美术馆、数字旅游地图嵌入旅游线路、轨道交通等热门路径。大力开发旅游专线,构建"覆盖五区、网点通达"的旅游服务网络。鼓励市民依托公园、广场、祠堂和图书馆、文化馆、文体中心等,自主开展文艺活动,支持条件成熟的建成"市民文化角",培育形成一批民间文化社团。

七、规章第四十六条释读

(一)第四十六条原文

第四十六条 市、区人民政府应当加强公共图书馆信息化、智能化建设,支持公共图书馆在服务中运用大数据、互联网、人工智能等相关信息技术,提高公共图书馆的服务效能。

(二)条文说明

本条阐述了市、区人民政府及公共图书馆利用信息技术提高公共图书馆服务效能的义务,强调积极运用新兴技术,以智能、智慧化手段,推动公共图书馆事业高质量发展。

佛山市联合图书馆数字资源共建共享平台的建设情况:2013年,佛山市图书馆联合四个区级馆(禅城区、南海区、三水区、高明区),搭建了佛山市联合图书馆数字资源共建共享平台;2018年,顺德区图书馆加入联合图书馆体系。

佛山市数字图书馆的建设情况：据《佛山市联合图书馆2018年业务报告》，佛山市联合图书馆共有87个数据库提供服务；2018年，数字资源浏览量为1048.6万次，下载量为460.08万篇；一市五区图书馆官网首页点击量达到313.15万次；图书馆的官方微信公众号关注量达21.22万人；官方微博总关注量为7.85万人。

佛山电视图书馆的建设情况：2012年，佛山市图书馆与广东省广播电视网络股份有限公司佛山分公司合作开发"电视图书馆"项目；2013年4月28日，佛山市电视图书馆正式上线，依托覆盖全市五区的电视网络及终端，采取现代数字技术手段，向全市居民提供佛山市联合图书馆的资源和服务，极大地扩展了佛山市图书馆的服务外延和空间；目前，该广播电视网络平台已经覆盖佛山五区城乡。据《佛山市图书馆2018年度报告》，截至2018年年底，佛山市电视图书馆节目总量达到1018.87 GB，其中，2018年新增容量244 GB，新增视频121部，累计有视频538部，栏目合计23个。2018年，佛山市电视图书馆页面总访问量31万次，服务网络覆盖超过150万户广播电视网络用户家庭；同年10月，佛山市电视图书馆加入全国电视图书馆联盟。

佛山市自建数据库的情况：据《佛山市联合图书馆2018年业务报告》，佛山市有商业数据库63个、自建数据库24个，除高明区外，其他区均有自建数据库，自建数据库数量占总数据库数量的27.59%。

（三）条文依据

1.《中华人民共和国公共文化服务保障法》（2016年发布）

第十一条　国家鼓励和支持发挥科技在公共文化服务中的作用，推动运用现代信息技术和传播技术，提高公众的科学素养和公共文化服务水平。

第三十三条　国家统筹规划公共数字文化建设，构建标准统一、互联互通的公共数字文化服务网络，建设公共文化信息资源库，实现基层网络服务共建共享。国家支持开发数字文化产品，推动利用宽带互联网、移动互联网、广播电视网和卫星网络提供公共文化服务。地方各级人民政府应当加强基层公共文化设施的数字化和网络建设，提高数字化和网络服务能力。

2.《中华人民共和国公共图书馆法》（2018年修正）

第四十条　国家构建标准统一、互联互通的公共图书馆数字服务网络，支持数字阅读产品开发和数字资源保存技术研究，推动公共图书馆利用数字化、网络化技术向社会公众提供便捷服务。政府设立的公共图书馆应当加强数字资源建设、配备相应的设施设备，建立线上线下相结合的文献信息共享平台，为社会公众提供优质服务。

3.《广东省全民阅读促进条例》（2019 年发布）

第十条 县级以上人民政府应当加强全民阅读设施的数字化和网络建设，推动利用互联网、广播电视网和卫星网络等现代传播技术提供阅读服务，推广运用数字图书馆、自助借阅机、电子阅报屏等信息化设施设备，丰富数字化阅读服务内容。

（四）参考条文

1.《广州市公共图书馆条例》（2020 年修正）

第十九条 公共图书馆应当加强数字信息资源共建共享。中心馆应当建立全市统一的通用数字信息资源库，对数字信息资源与传统载体资源进行整合，为全市公共图书馆用户提供数字化、网络化服务；区域总馆可以建设具有本区域特色内容的数字信息资源库。区域总馆建设的数字信息资源库应当在中心馆网站建立链接。

数字信息资源建设中应当注重信息技术的应用，根据数字信息资源的用途，确定相应的加工级别和保存期，优秀文化遗产应当长期保存。

中心馆与区域总馆应当建立完善的数字信息资源管理平台，实现对数字信息资源的科学管理，加强知识产权保护，保证数字信息资源的合法使用。

2.《东莞市公共图书馆管理办法》（2016 年发布）

第二十一条 公共图书馆应当加强数字信息资源共建共享。市总馆应当建立全市统一的数字信息资源管理与服务平台，对数字信息资源与传统载体资源进行整合，为全市公共图书馆用户提供数字化、网络化服务。

在数字信息资源建设中应当注重信息技术的应用，根据数字信息资源的用途，确定相应的加工级别和保存期，优秀文化遗产应当长期保存。

公共图书馆应当加强数字信息资源管理与服务，实现对数字信息资源的科学管理，加强知识产权保护，保证数字信息资源的合法使用。

3.《贵州省公共图书馆条例》（2020 年发布）

第六条 县级以上人民政府应当加强公共图书馆智能化、智慧化建设，支持公共图书馆在建设、管理和服务中运用大数据、互联网、人工智能等相关信息技术，提高公共图书馆的服务效能。

八、规章第四十七条释读

（一）第四十七条原文

第四十七条 公共图书馆应当通过其网站或者其他方式向社会公告本馆的服务内容、开放时间、借阅规则等。因故闭馆或者更改开放时间的，除遇不可抗力外，应当提前公告。

（二）条文说明

本条阐述了公共图书馆信息公示的要求。

（三）条文依据

1.《中华人民共和国公共文化服务保障法》（2016 年发布）

第三十一条　公共文化设施应当根据其功能、特点，按照国家有关规定，向公众免费或者优惠开放。公共文化设施开放收取费用的，应当每月定期向中小学生免费开放。公共文化设施开放或者提供培训服务等收取费用的，应当报经县级以上人民政府有关部门批准；收取的费用，应当用于公共文化设施的维护、管理和事业发展，不得挪作他用。公共文化设施管理单位应当公示服务项目和开放时间；临时停止开放的，应当及时公告。

2.《中华人民共和国公共图书馆法》（2018 年修正）

第三十八条　公共图书馆应当通过其网站或者其他方式向社会公告本馆的服务内容、开放时间、借阅规则等；因故闭馆或者更改开放时间的，除遇不可抗力外，应当提前公告。

3.《广东省公共文化服务促进条例》（2011 年发布）

第十八条　公共文化设施的管理单位应当完善服务条件，健全服务规范，建立服务公示制度。因特殊原因需要改变公共文化服务有关事项的，公共文化服务的管理单位应当以便于知晓的方式提前向公众发布公告。

（四）参考条文

1.《广州市公共图书馆条例》（2020 年修正）

第四十三条　公共图书馆应当将本馆的服务范围、服务指南、开放时间、收费项目及标准等事项在图书馆入口处、馆内显著位置公示，中心馆、区域总馆还应当在其网站上公示。

因故变更开放时间或者闭馆的，除遇不可抗力和意外事件外，应当提前七日公示。

2.《东莞市公共图书馆管理办法》（2016 年发布）

第四十六条　公共图书馆应当将本馆的服务范围、服务指南、开放时间等服务事项进行公示。除不可抗力和意外事件外，因故变更开放时间或者闭馆的，应提前七天公示。

九、规章第四十八条释读

(一) 第四十八条原文

第四十八条 公共图书馆的设施设备、场地不得用于与其服务无关的商业经营活动。

公共图书馆可以依法开展文献信息复制、文本打印等与其功能、特点相配套的服务项目,所得收益应当用于公共图书馆的建设、维护维修和管理。

(二) 条文说明

本条明确了在政府设立的公共图书馆的设施设备场地不得用于与其服务无关的商业经营活动的前提下,公共图书馆可以依法开展与其功能特点相配套的服务项目,包括信息复制、文本打印等,以提升用户使用公共图书馆时的便捷度,同时规定所得收益用于图书馆的建设、维护维修和管理。

(三) 条文依据

1.《中华人民共和国公共文化服务保障法》(2016年发布)

第十九条 任何单位和个人不得擅自拆除公共文化设施,不得擅自改变公共文化设施的功能、用途或者妨碍其正常运行,不得侵占、挪用公共文化设施,不得将公共文化设施用于与公共文化服务无关的商业经营活动。

2.《中华人民共和国公共图书馆法》(2018年修正)

第二十九条 公共图书馆应当定期对其设施设备进行检查维护,确保正常运行。公共图书馆的设施设备场地不得用于与其服务无关的商业经营活动。

3.《广东省文化设施条例》(2019年修正)

第二十条 公共文化设施管理单位可以开展与其管理的文化设施功能、特点相配套的服务项目,但不得擅自改变或者变相改变公共文化设施的性质、功能、用途,所得收益应当用于公共文化设施的建设、维护维修和管理。

(四) 参考条文

1.《广州市公共图书馆条例》(2020年修正)

第四十一条 公共图书馆提供基本服务应当免费。

公共图书馆提供文献复制、文本打印、即时付费数据库检索、科技查新、专题信息服务、文献信息资源开发等服务，可以收取适当费用。收费项目和标准，由文化行政主管部门报送价格行政管理部门按照《中华人民共和国价格法》的规定确定。公共图书馆的收费应当用于公共图书馆的建设和管理。

公共图书馆不得将馆内场地提供给第三方举办与公共图书馆功能和服务无关的商业性活动。经公共图书馆同意举办相关活动的，不得影响用户对公共图书馆的正常使用。

2.《东莞市公共图书馆管理办法》（2016年发布）

第三十七条 公共图书馆提供文献复制、文本打印、即时付费数据库检索、科技查新、专题信息服务、文献信息资源开发等服务时，应坚持成本服务的原则，按照有关规定和收费标准向用户收取成本费用，不得收取其他费用。

第四十四条 公共图书馆不得将馆内场地提供给第三方举办与公共图书馆功能和服务无关的商业性活动。经公共图书馆同意举办相关活动的，不得影响用户对公共图书馆的正常使用。

（五）延伸内容

1.《国务院办公厅转发文化部等部门关于做好政府向社会力量购买公共文化服务工作意见的通知》（国办发〔2015〕37号）

全文。

2.《佛山市人民政府办公室转发市文广新局　财政局　发展改革局　体育局关于做好政府向社会力量购买公共文化服务工作指导意见的通知》（佛府办函〔2017〕580号）

全文。

十、规章第四十九条释读

（一）第四十九条原文

第四十九条 公共图书馆向社会公众提供文献信息及其他相关服务，应当遵守有关法律、法规的规定，不得向未成年人提供内容不适宜的文献信息。

公共图书馆不得从事或者允许其他组织、个人在馆内或者利用公共图书馆的其他资源从事危害国家安全、损害社会公共利益和其他违反法律法规的活动。

（二）条文说明

本条阐述了公共图书馆依法提供文献信息及其他相关服务的规定。

（三）条文依据

1.《中华人民共和国公共文化服务保障法》（2016 年发布）

第四十四条　任何组织和个人不得利用公共文化设施、文化产品、文化活动以及其他相关服务，从事危害国家安全、损害社会公共利益和其他违反法律法规的活动。

2.《中华人民共和国公共图书馆法》（2018 年修正）

第三十七条　公共图书馆向社会公众提供文献信息，应当遵守有关法律、行政法规的规定，不得向未成年人提供内容不适宜的文献信息。

公共图书馆不得从事或者允许其他组织、个人在馆内从事危害国家安全、损害社会公共利益和其他违反法律法规的活动。

3.《广东省文化设施条例》（2019 年修正）

第五条　任何单位和个人不得利用文化设施从事法律、法规禁止的活动。

（四）参考条文

1.《广州市公共图书馆条例》（2020 年修正）

第二十九条　公共图书馆应当遵守国家知识产权保护的法律法规，依法保护和合理使用文献信息资源。

2.《东莞市公共图书馆管理办法》（2016 年发布）

第二十六条　公共图书馆应当遵守国家知识产权保护的法律法规，依法保护和合理使用各种类型的信息资源。

十一、规章第五十条释读

（一）第五十条原文

第五十条　中心馆、区总馆开放时间应当一致，每周开放时长不得少于60小时。分馆每周的开放时间不得少于40小时。

中心馆、区总馆及分馆应当在周末或者工作日夜间实行错时开放，错时开放时间不得少于总开放时间的1/3。

公共图书馆在公休日应当开放，在国家法定节假日应当有开放时间。

（二）条文说明

本条阐述了公共图书馆每周开放时长以及在公休日、国家法定节假日的开放要求。条文的数值内容符合《公共图书馆服务规范》（GB/T 28220—2011）中的"6.1.1 服务时间 公共图书馆应有固定的开放时间，双休日应对外开放。其中省级馆每周开放时间不少于64小时；地级馆每周开放时间不少于60小时；县级馆每周开放时间不少于56小时。各级独立建制的少年儿童图书馆每周开放时间不少于40小时"的规定。

为更大程度地保障公民使用图书馆的权利，第二款对联合图书馆体系中的中心馆、区总馆及分馆提出了在周末及下班时间开放的安排，并明确了在此期间的开放时间不小于总开放时间的1/3，以提高服务效能。

（三）条文依据

《中华人民共和国公共图书馆法》（2018年修正）

第三十八条 公共图书馆应当通过其网站或者其他方式向社会公告本馆的服务内容、开放时间、借阅规则等；因故闭馆或者更改开放时间的，除遇不可抗力外，应当提前公告。公共图书馆在公休日应当开放，在国家法定节假日应当有开放时间。

（四）参考条文

1.《广州市公共图书馆条例》（2020年修正）

第四十二条 中心馆每周的开放时间不少于七十小时，区域总馆每周的开放时间不少于六十三小时，镇、街道分馆每周的开放时间不少于四十小时。

少年儿童图书馆每周的开放时间不少于四十八小时，在学校寒暑假期间，每天开放时间应当适当延长。

在国家法定节假日，公共图书馆可以根据实际情况调整开放时间。

2.《东莞市公共图书馆管理办法》（2016年发布）

第四十五条 市级公共图书馆每周的开放时间不少于七十二小时，镇（街）公共图书馆每周的开放时间不少于五十六小时，村（社区）图书馆（室）每周的开放时间不少于三十六小时。

少年儿童图书馆（室）每周的开放时间不少于四十八小时，在学校寒暑假期间，每天开放时间应当适当延长。

在国家法定节假日，公共图书馆可以根据实际情况调整开放时间。

3.《深圳经济特区公共图书馆条例》（2019年修正）

第十八条 公共图书馆每周的开放时间，市公共图书馆不得少于六十四小时；区公共图书馆不得少于五十六小时；街道公共图书馆不得少于四十八小时。

逢国家法定节、假日，公共图书馆应当予以开放，但是可以适当缩短开放时间和缩小借阅范围。

（五）延伸内容

1.《公共图书馆评估指标 第 2 部分：省、市、县级公共图书馆》（WH/T 70.2—2020）

A.4.3 每周开馆时间

定义：通常情况下，一周中公共图书馆为读者提供主要服务的小时数。

方法：

——按公共图书馆免费开放信息公示的开馆时间计算和考查，单位：小时；

——本指标所指主要服务包括文献资源借阅、检索与咨询等基本文化服务项目和设施场地服务，不包括无人值守的自助服务；

——进行公共图书馆之间的比较应考虑图书馆职能和服务对象的差异。

适用范围：

适用于省、市、县级公共图书馆。

2.《第三批国家公共文化服务体系示范区验收标准》

相关延伸内容见表 2-10。

表 2-10 《第三批国家公共文化服务体系示范区验收标准》免费开放指标[①]

序号	指标	指标评定	指标说明	验收细则
三	公共文化服务供给与效能	220	—	—
11	免费开放	50	—	—
11-4	文化馆、图书馆、博物馆每周服务时间达标	优秀 10	100%达标，并做到公休日正常开放和错时开放	指标说明： 1. 免费开放经费包括中央财政补助资金和地方财政分担资金。资金到位，无截留、无冲抵。 2. 地方政府分担经费落实率不足 50%是指下列两种情况之一：第一，地方政府分担经费总量落实率不足 50%；第二，获得地方政府免费开放分担资金的公共文化机构数量占机构总数不足 50%。

---

① 表 2-10 节选自《第三批国家公共文化服务体系示范区验收标准》。

续表 2-10

序号	指标	指标评定		指标说明	验收细则
11-4	文化馆、图书馆、博物馆每周服务时间达标	达标	7	100%达标，并做到公休日正常开放	3. 服务时间，文化馆（站）、博物馆每周不少于42小时，图书馆每周不少于56小时。 4. 错时开放是指公共文化机构的开放时间在总量确定的前提下与公众正常工作时间适当错开。 提供材料： 1. 政府关于免费开放的文件和具体要求。 2. 中央财政补助资金和地方分担资金拨付的具体文件和凭证。 3. 2017年各馆（站）免费开放服务项目、经费、每周开放时间、受益人数一览表和证明材料。 4. 美术馆、文化馆、图书馆、博物馆品牌服务项目一览表和相关材料。 现场检查： 服务场所服务公示（服务项目、时间、内容及公示时间等），开放时间，品牌项目
		未达标	4	有开放时间不达标的馆、室，或公休日未正常开放	

3. 《广东省文化厅关于印发〈广东省县级文化馆图书馆总分馆制建设验收指导标准〉的通知》（粤文公〔2018〕141号）

该通知的附件2《广东省县级图书馆总分馆制建设验收指导标准》中，有关免费开放测评指标的相关说明和评分摘录见表2-11。

表2-11 《广东省县级图书馆总分馆制建设验收指导标准》免费开放指标

序号	类别	指标	等级	分值	指标说明	验收细则
二	服务基础	—	—	235	—	—
8	免费开放	总馆开放时间	优秀	20	总馆每周开放56小时以上，要求错时开放	

续表 2-11

序号	类别	指标	等级	分值	指标说明	验收细则
8	免费开放	总馆开放时间	达标	15	总馆每周开放56小时，要求错时开放	指标说明：错时开放指避免行政化开放，要有周末及下班时间开放时间安排；免费开放时间需向社会公告
8	免费开放	总馆开放时间	未达标	0～10	总馆每周开放不足56小时	
9	免费开放	分馆开放时间	优秀	20	分馆每周开放42小时以上，要求错时开放	
9	免费开放	分馆开放时间	达标	15	分馆每周开放42小时，要求错时开放	
9	免费开放	分馆开放时间	未达标	0～10	分馆每周开放不足42小时	
10	免费开放	服务点开放时间	优秀	20	服务点每周开放35小时以上，要求错时开放	
10	免费开放	服务点开放时间	达标	15	服务点每周开放35小时，要求错时开放	
10	免费开放	服务点开放时间	未达标	0～10	服务点每周开放不足35小时	

十二、规章第五十一条释读

（一）第五十一条原文

第五十一条 公共图书馆应当妥善保护用户的个人信息、借阅信息以及其他可能涉及个人隐私或者商业秘密的信息，不得出售或者以其他方式非法向他人提供。

（二）条文说明

本条阐明了公共图书馆应当保护用户隐私，与上位法一致。有关"读者信息保护"的图书馆业务规范，见《公共图书馆业务规范 第2部分：市级公共图书馆》（WH/T 87.2—2019）。

（三）条文依据

1.《中华人民共和国公共图书馆法》（2018年修正）

第四十三条 公共图书馆应当妥善保护读者的个人信息、借阅信息以及其他可能涉及读者隐私的信息，不得出售或者以其他方式非法向他人提供。

2.《中华人民共和国网络安全法》（2016年发布）

第四十五条 依法负有网络安全监督管理职责的部门及其工作人员，必须对在履行职责中知悉的个人信息、隐私和商业秘密严格保密，不得泄露、出售或者非法向他人提供。

（四）参考条文

1.《广州市公共图书馆条例》（2020年修正）

第四十六条 公共图书馆应当依法保护和使用用户信息，未经用户同意，不得擅自向第三方披露或者泄露。

2.《东莞市公共图书馆管理办法》（2016年发布）

第五十一条 公共图书馆应当依法保护和使用用户信息，未经用户同意，不得擅自向第三方披露或者泄露。

（五）延伸内容

1.《公共图书馆业务规范 第2部分：市级公共图书馆》（WH/T 87.2—2019）

8.3.5 读者信息保护

读者信息保护的工作内容和质量要求如下：

a）工作内容：

图书馆对读者个人身份信息、借阅信息及其他可能涉及读者隐私的信息进行妥善保护。

b）质量要求：

1）应采取必要的技术和方法保护读者信息，不滥用、不泄露、不违法使用读者信息，不得出售或者以其他方式非法向他人提供读者信息；

2）确因工作需要公开读者信息时，应事先就公开情况和公开目的作明确告知，并征得读者同意；

3）应遵循 GB/Z 28828 等标准要求。

2.《公共图书馆业务规范 第 3 部分：县级公共图书馆》（WH/T 87.3—2019）

8.3.5 读者信息保护

读者信息保护的工作内容和质量要求如下：

a）工作内容：

图书馆对读者个人身份信息、借阅信息及其他可能涉及读者隐私的信息进行妥善保护。

b）质量要求：

1）应采取必要的技术手段保护读者信息，不滥用、不泄露、不违法使用读者信息，不得出售或者以其他方式非法向他人提供读者信息；

2）确因工作需要公开读者信息时，应事先就公开情况和公开目的作明确告知，并征得读者同意；

3）应遵循 GB/Z 28828 等标准。

十三、规章第五十二条释读

（一）第五十二条原文

第五十二条 公共图书馆应当建立用户反馈和满意度评价机制，开设投诉渠道，听取用户意见，接受社会监督。

（二）条文说明

本条规定了公共图书馆应当建立用户反馈和满意度评价机制。条文在上位法"完善反馈机制"相关规定的基础上，结合《公共图书馆服务规范》（GB/T 28220—2011）、《公共图书馆评估指标 第 2 部分：省、市、县级公共图书馆》（WH/T 70.2—2020），扩展至用户满意度评价机制。

（三）条文依据

1.《中华人民共和国公共文化服务保障法》（2016 年发布）

第二十三条 各级人民政府应当建立有公众参与的公共文化设施使用效能考核评价制度，公共文化设施管理单位应当根据评价结果改进工作，提高服务质量。

第五十六条 各级人民政府应当加强对公共文化服务工作的监督检查，建立反映公众文化需求的征询反馈制度和有公众参与的公共文化服务考核评价制度，并将考核评价结果作为确定补贴或者奖励的依据。

第五十七条　各级人民政府及有关部门应当及时公开公共文化服务信息，主动接受社会监督。新闻媒体应当积极开展公共文化服务的宣传报道，并加强舆论监督。

2.《中华人民共和国公共图书馆法》（2018年修正）

第四十二条　公共图书馆应当改善服务条件、提高服务水平，定期公告服务开展情况，听取读者意见，建立投诉渠道，完善反馈机制，接受社会监督。

（四）参考条文

1.《广州市公共图书馆条例》（2020年修正）

第五十二条　公共图书馆应当在馆舍显著位置设立用户意见箱（簿），公开监督电话，开设网上投诉通道，组建社会监督员队伍，定期召开用户座谈会。

公共图书馆应当自收到意见或者投诉之日起五个工作日内将答复意见或者处理情况向提出意见的人员或者投诉人反馈。

2.《东莞市公共图书馆管理办法》（2016年发布）

第五十二条　公共图书馆应当在馆舍显著位置设立用户意见箱（簿），公开监督电话，开设网上投诉通道，组建社会监督员队伍，定期召开用户座谈会。

公共图书馆应当自收到意见或者投诉之日起五个工作日内将答复意见或者处理情况向提出意见的人员或者投诉人反馈。

（五）延伸内容

1.《公共图书馆服务规范》（GB/T 28220—2011）

8.1　监督途径和方法

公共图书馆应在馆舍显著位置设立读者意见箱（簿），公开监督电话，开设网上投诉通道，建立馆长接待日制度，组建社会监督员队伍，定期召开读者座谈会。认真对待并正确处理来自读者的意见或投诉，在五个工作日内回复并整改落实。

8.2　读者满意度调查

读者满意度调查表中读者对图书馆满意度的选项为"满意""基本满意"和"不满意"三项。读者满意度以参与问卷调查的读者中选择"基本满意"和"满意"的人数占调查总人数的比例计。各级公共图书馆的读者满意度应在85%（含）以上。公共图书馆每年应进行一次读者满意度调查，可自行或委托相关机构向馆内读者随机发放读者满意度调查表。调查表发放数量，省、地、县级图书馆分别不少于500、300、100份，回收率不低于80%。公共图书馆应对回收的读者满意度调查表进行分析，针对薄弱环节提出整改意见。调查数据应系统整理，建档保存。

2.《公共图书馆评估指标 第2部分：省、市、县级公共图书馆》（WH/T 70.2—2020）

A.4.16 读者满意度

A.4.16.1 评估时调查结果

定义：进行公共图书馆评估时，通过对读者进行抽样调查获取的读者满意度。读者满意度是指读者对公共图书馆整体或各项服务的满意程度。

方法：

——由公共图书馆或第三方评估机构对读者进行满意度调查，具体内容包括图书馆设施设备、馆藏资源、服务内容、服务质量和员工素质等情况；

——评估时应使用统一的读者满意度调查问卷；

——计算公式：

$$(A/B) \times 100\%$$

式中：

A——满意问卷份数，单位：份；

B——有效问卷份数，单位：份。

——调查内容主要包括读者对公共图书馆提供的设施设备、文献信息、公共服务等的满意程度，附录B给出了一个通用的调查问卷模板，评估时，可根据被评估图书馆提供设施设备、文献信息、公共服务等方面实际情况修改使用；

——调查问卷发放范围应合理分布，尽可能覆盖到图书馆的不同类型读者；

——应采用科学方法进行抽样，用于横向或纵向比较时，抽样方法、抽样比例和抽样时间应保持一致；

——本指标所称"满意问卷"和"有效问卷"的概念范畴，应在问卷设计时研究确定；本指标取值区间为0～100%。通常认为指标值越高，说明图书馆服务获得读者认可的程度越高。

适用范围：

适用于省、市、县级公共图书馆。

相关指标：

——日常读者满意度调查反馈（A.4.16.2）。

A.4.16.1与A.4.16.2为相关指标，在对图书馆服务的用户满意度进行评价和比较时，可参照使用。

A.4.16.2 日常读者满意度调查反馈

定义：公共图书馆建立日常开展读者满意度调查反馈工作的情况。

方法：

——包括公共图书馆读者意见处理的规章制度和反馈机制，读者对其意见处理的满意率，读者对图书馆日常工作的评价及其管理等；

——考查公共图书馆日常开展满意度调查的情况，包括开展方式、频率、调查情况及调查结果反馈情况等；

——考查公共图书馆是否有读者反映意见的渠道，如是否设有读者意见箱（薄）、网站读者意见邮箱等，以公共及图书馆回复是否及时。

适用范围：

适用于省、市、县级公共图书馆。

可用于测量不同读者群体的满意度，也可用于测量图书馆中某一特定服务或服务窗口的读者满意度。

相关指标：

——评估时调查结果（A.4.16.1）。

A.4.16.1 与 A.4.16.2 为相关指标，在对图书馆服务的用户满意度进行评价和比较时，可参照使用。

3.《广东省文化厅关于印发〈广东省县级文化馆图书馆总分馆制建设验收指导标准〉的通知》（粤文公〔2018〕141号）

附件2《广东省县级图书馆总分馆制建设验收指导标准》中，有关读者满意度测评指标的相关说明和评分摘录见表2-12。

表2-12 《广东省县级图书馆总分馆制建设验收指导标准》读者满意度指标

序号	类别	指标	等级	分值	指标说明	验收细则
六	考评管理	—	—	85		
41	读者满意度	读者满意度测评	优秀	15	建立读者反馈和满意度评价机制，由总馆定期开展对分馆、服务点的读者满意度测评，读者满意率达90%以上	提供材料：读者满意度测评方案、测评表等
			达标	10	建立读者反馈和满意度评价机制，由总馆定期开展对分馆、服务点的读者满意度测评，读者满意率达85%以上	
			未达标	0～5	读者满意率为85%以下。未开展读者满意度测评的不得分	

十四、规章第五十三条释读

（一）第五十三条原文

第五十三条　用户在享受公共图书馆服务时，应当履行下列义务：
（一）遵守公共图书馆的相关规定；
（二）自觉维护公共图书馆秩序；
（三）爱护公共图书馆的文献信息、设施设备；
（四）尊重公共图书馆的工作人员及其他用户；
（五）合法利用文献信息及空间设施场地；
（六）按时归还借阅的文献信息。
对破坏公共图书馆文献信息、设施设备，或者扰乱公共图书馆秩序的，公共图书馆工作人员有权予以劝阻、制止；经劝阻、制止无效的，公共图书馆可以停止为其提供服务。

（二）条文说明

本条阐明了用户义务。条文在上位法的框架下拟定，补充了"尊重公共图书馆的工作人员及其他用户""合法利用空间设施场地"的内容。

（三）条文依据

《中华人民共和国公共图书馆法》（2018年修正）

第四十四条　读者应当遵守公共图书馆的相关规定，自觉维护公共图书馆秩序，爱护公共图书馆的文献信息、设施设备，合法利用文献信息；借阅文献信息的，应当按照规定时限归还。对破坏公共图书馆文献信息、设施设备，或者扰乱公共图书馆秩序的，公共图书馆工作人员有权予以劝阻、制止；经劝阻、制止无效的，公共图书馆可以停止为其提供服务。

（四）参考条文

1.《广州市公共图书馆条例》（2020年修正）

第四十五条　公共图书馆用户应当遵守下列规定：
（一）依法合理利用公共图书馆资源；
（二）爱护公共图书馆的文献信息资源和设施、设备，不得损毁；

（三）妥善保管并按照规定期限归还所借馆藏文献信息资源；

（四）服从公共图书馆的管理，遵守公共秩序，在公共图书馆内不得有追逐打闹、高声喧哗等干扰、影响其他用户的行为；

（五）遵守其他规章制度。

2.《东莞市公共图书馆管理办法》（2016年发布）

第五十条　公共图书馆用户应当遵守下列规定：

（一）自觉遵守公共图书馆有关维护公共秩序的各项制度；

（二）合理利用并爱护公共图书馆的文献信息资源、公共设施设备；

（三）妥善保管并按规定日期归还所借文献信息资源。

3.《深圳经济特区公共图书馆条例》（2019年修正）

第二十三条　读者在公共图书馆内应当履行下列义务：

（一）爱护文献资源和公共设施；

（二）按照规定日期归还所借文献，超过规定期限的，按照规定交纳滞还费；

（三）按照规定交纳文献资源开发成果的使用费；

（四）遵守公共图书馆的其他规章制度。

第五节　《佛山市公共图书馆管理办法》第五章释读

一、规章第五十四条释读

（一）第五十四条原文

第五章　法律责任

第五十四条　文化主管部门或者其他有关部门及其工作人员在公共图书馆管理工作中滥用职权、玩忽职守、徇私舞弊的，对直接负责的主管人员和其他直接责任人员依法给予处分。

（二）条文说明

本条阐述了政府文化主管部门或者其他有关部门及其工作人员在公共图书馆管理工作中滥用职权、玩忽职守、徇私舞弊的法律责任。

(三) 条文依据

1.《中华人民共和国公共文化服务保障法》（2016 年发布）

第五十八条 违反本法规定，地方各级人民政府和县级以上人民政府有关部门未履行公共文化服务保障职责的，由其上级机关或者监察机关责令限期改正；情节严重的，对直接负责的主管人员和其他直接责任人员依法给予处分。

第五十九条 违反本法规定，地方各级人民政府和县级以上人民政府有关部门，有下列行为之一的，由其上级机关或者监察机关责令限期改正；情节严重的，对直接负责的主管人员和其他直接责任人员依法给予处分：

（一）侵占、挪用公共文化服务资金的；

（二）擅自拆除、侵占、挪用公共文化设施，或者改变其功能、用途，或者妨碍其正常运行的；

（三）未依照本法规定重建公共文化设施的；

（四）滥用职权、玩忽职守、徇私舞弊的。

2.《中华人民共和国公共图书馆法》（2018 年修正）

第五十二条 文化主管部门或者其他有关部门及其工作人员在公共图书馆管理工作中滥用职权、玩忽职守、徇私舞弊的，对直接负责的主管人员和其他直接责任人员依法给予处分。

（四）参考条文

1.《广州市公共图书馆条例》（2020 年修正）

第五十三条 文化行政主管部门和相关行政管理部门及其工作人员有下列行为之一的，由上级行政机关或者有关部门责令改正、通报批评；情节严重的，对直接负责的主管人员和其他直接责任人员依法给予处分：

（一）违反本条例第十条规定，未按规定编制公共图书馆事业建设规划的；

（二）违反本条例第二十一条规定，未经批准擅自拆除公共图书馆（室）或者改变其使用功能、用途，或者未按规定原址重建或者迁建公共图书馆（室）的；

（三）违反本条例第三十二条规定，未制定考核标准，未定期对公共图书馆进行考核，或者未进行第三方评估的；

（四）其他违反本条例规定的行为。

2.《东莞市公共图书馆管理办法》（2016 年发布）

第五十三条 文化行政主管部门和相关行政管理部门及其工作人员有下列行为之一的，由上级行政机关或者监察机关责令改正、通报批评；情节严重的，对直接负责的主管人员和其他直接责任人员依法给予处分；构成犯罪的，依法追究刑事责任：

（一）违反本办法第四条第三款规定，挪用公共图书馆经费的；

（二）违反本办法第十条第二款规定，未按规定编制公共图书馆事业发展规划的；

（三）违反本办法第三十三条规定，未制定考核标准，未定期对公共图书馆进行考核，或者未进行第三方评估的；

（四）其他违反本办法规定的行为。

3.《深圳经济特区公共图书馆条例》（2019 年修正）

第三十三条 违反本条例规定，有下列行为之一的，由市、区文化主管部门责令限期改正。

（一）公共图书馆的设立和变更没有按照规定登记的；

（二）侵占公共图书馆的馆舍、设备的；

（三）改变公共图书馆馆舍用途的；

（四）将公共图书馆业务经费挪作他用的；

（五）未按时向读者开放公共图书馆的；

（六）任意限定文献资源公开借阅范围的；

（七）未向深圳图书馆缴送公开及内部出版物样书（刊）的。

具有本条第一款第二项、第四项行为且违反其它法律规定的，由有关部门依法追究其法律责任。

二、规章第五十五条释读

（一）第五十五条原文

第五十五条 公共图书馆及其工作人员有下列行为之一的，由文化主管部门责令改正，没收违法所得：

（一）违规处置文献信息；

（二）出售或者以其他方式非法向他人提供读者的个人信息、借阅信息以及其他可能涉及读者隐私的信息；

（三）向社会公众提供文献信息违反有关法律、法规的规定，或者向未成年人提供内容不适宜的文献信息；

（四）将设施设备场地用于与公共图书馆服务无关的商业经营活动；

（五）其他不履行《中华人民共和国公共图书馆法》规定的公共图书馆服务要求的行为。

公共图书馆及其工作人员对应当免费提供的服务收费或者变相收费的，由价格主管部门依照前款规定给予处罚。

公共图书馆及其工作人员有前两款规定行为的，对直接负责的主管人员和其他直接责任人员依法追究法律责任。

（二）条文说明

本条阐述了公共图书馆及其工作人员违反本办法所应承担的法律责任。

（三）条文依据

1.《中华人民共和国公共文化服务保障法》（2016年发布）

第六十一条 违反本法规定，公共文化设施管理单位有下列情形之一的，由其主管部门责令限期改正；造成严重后果的，对直接负责的主管人员和其他直接责任人员，依法给予处分：

（一）未按照规定对公众开放的；

（二）未公示服务项目、开放时间等事项的；

（三）未建立安全管理制度的；

（四）因管理不善造成损失的。

第六十二条 违反本法规定，公共文化设施管理单位有下列行为之一的，由其主管部门或者价格主管部门责令限期改正，没收违法所得，违法所得五千元以上的，并处违法所得两倍以上五倍以下罚款；没有违法所得或者违法所得五千元以下的，可以处一万元以下的罚款；对直接负责的主管人员和其他直接责任人员，依法给予处分：

（一）开展与公共文化设施功能、用途不符的服务活动的；

（二）对应当免费开放的公共文化设施收费或者变相收费的；

（三）收取费用未用于公共文化设施的维护、管理和事业发展，挪作他用的。

2.《中华人民共和国公共图书馆法》（2018年修正）

第四十九条 公共图书馆从事或者允许其他组织、个人在馆内从事危害国家安全、损害社会公共利益活动的，由文化主管部门责令改正，没收违法所得；情节严重的，可以责令停业整顿、关闭；对直接负责的主管人员和其他直接责任人员依法追究法律责任。

第五十条 公共图书馆及其工作人员有下列行为之一的，由文化主管部门责令改正，没收违法所得：

（一）违规处置文献信息；

（二）出售或者以其他方式非法向他人提供读者的个人信息、借阅信息以及其他可能涉及读者隐私的信息；

（三）向社会公众提供文献信息违反有关法律、行政法规的规定，或者向未成年人提供内容不适宜的文献信息；

（四）将设施设备场地用于与公共图书馆服务无关的商业经营活动；

（五）其他不履行本法规定的公共图书馆服务要求的行为。

公共图书馆及其工作人员对应当免费提供的服务收费或者变相收费的，由价格主管部门依照前款规定给予处罚。

公共图书馆及其工作人员有前两款规定行为的，对直接负责的主管人员和其他直接责任人员依法追究法律责任。

（四）参考条文

1.《广州市公共图书馆条例》（2020年修正）

第五十四条　公共图书馆及其工作人员有下列行为之一的，由文化行政主管部门责令限期改正；情节严重的，对直接负责的主管人员和其他直接责任人员，由任免机关或者有关部门依法给予处分：

（一）违反本条例第二十一条规定，未经批准擅自拆除公共图书馆（室）或者改变其使用功能、用途，或者未按规定原址重建或者迁建公共图书馆（室）的；

（二）违反本条例第二十八条规定，未按规定做好文献信息资源的保存和保护工作，导致文献信息资源损毁或者灭失的；

（三）违反本条例第二十九条规定，未依法保护和合理使用文献信息资源侵犯知识产权的；

（四）违反本条例第四十三条规定，未按规定将有关事项公示的；

（五）违反本条例第四十六条规定，未依法保护、使用用户信息，或者擅自披露、泄露用户信息的；

（六）违反本条例第四十七条第一款规定，擅自限制文献信息资源利用的；

（七）违反本条例第四十八条规定，未为老年人、残疾人等特殊群体提供设施、设备、文献信息资源等方面便利服务的；

（八）其他违反本条例规定的行为。

公共图书馆在提供服务过程中，违反规定向公众收取费用的，由价格行政管理部门依法查处。

2.《东莞市公共图书馆管理办法》（2016年发布）

第五十四条　公共图书馆及其工作人员有下列行为之一的，由文化行政主管部门责令限期改正；情节严重的，由文化行政主管部门对负有直接责任的主管人员和其他直接责任人员依法给予处分：

（一）违反本办法第二十五条规定，未按照规定做好文献信息资源的保存和保护工作，导致信息资源损毁或者灭失的；

（二）违反本办法第四十三条规定，未按规定向用户开放或者任意限定借阅范围的；

（三）违反本办法第四十四条规定，将馆内场地提供给第三方举办与公共图书馆功能和服务无关的商业性活动的；

（四）违反本办法第四十六条规定，未按规定将有关事项进行公示的；

（五）违反本办法第五十一条规定，未按规定保护用户个人隐私的；

（六）其他不履行图书馆服务要求或者损害用户权益的。

公共图书馆及其工作人员违反本办法第三十七条，擅自向用户收取本办法规定以外费用的，由价格行政主管部门依法查处。

3.《深圳经济特区公共图书馆条例》（2019 年修正）

第三十三条　违反本条例规定，有下列行为之一的，由市、区文化主管部门责令限期改正。

（一）公共图书馆的设立和变更没有按照规定登记的；

（二）侵占公共图书馆的馆舍、设备的；

（三）改变公共图书馆馆舍用途的；

（四）将公共图书馆业务经费挪作他用的；

（五）未按时向读者开放公共图书馆的；

（六）任意限定文献资源公开借阅范围的；

（七）未向深圳图书馆缴送公开及内部出版物样书（刊）的。

具有本条第一款第二项、第四项行为且违反其它法律规定的，由有关部门依法追究其法律责任。

第三十四条　违反本条例规定，擅自向读者收取服务费用或者超额收取服务费用的，由市、区文化主管部门责令限期返还，并向读者公开道歉。

三、规章第五十六条释读

（一）第五十六条原文

第五十六条　毁损、丢失或者逾期未归还公共图书馆文献信息、损坏公共图书馆设施设备，造成财产损失或者其他损害的，应当依法承担相应的民事责任。

（二）条文说明

本条阐述了用户实施相关违法行为所应承担的法律责任。

（三）条文依据

《中华人民共和国公共图书馆法》（2018 年修正）

第五十三条　损坏公共图书馆的文献信息、设施设备或者未按照规定时限归还所借文献信息，造成财产损失或者其他损害的，依法承担民事责任。

（四）参考条文

1.《广州市公共图书馆条例》（2020 年修正）

第五十七条　用户违反本条例第四十五条第（二）项规定，损毁公共图书馆文献信息资源、设施设备的，应当依法赔偿；违反治安管理规定的，由公安机关依法给予治安管理处罚。

用户违反本条例第四十五条第（三）项规定，逾期未归还所借文献信息资源的，公共图书馆可以按照服务合同的约定收取违约金；经公共图书馆合理催告后仍不归还的，公共图书馆可以暂停其读者证的使用权限，并记入个人信用记录。丢失所借文献信息资源的，应当依法赔偿。

用户违反本条例第四十五条第（四）、（五）项规定，不遵守公共秩序，有干扰、影响其他用户的行为，或者不遵守其他规章制度的，公共图书馆工作人员有权予以劝阻、制止，情节严重的，予以劝离；违反治安管理规定的，由公安机关依法给予治安管理处罚。

2.《东莞市公共图书馆管理办法》（2016 年发布）

第五十五条　用户违反本办法第五十条第（二）项规定，损毁公共图书馆文献信息资源、公共设施设备的，应当依法赔偿；违反治安管理规定的，由公安机关依法给予治安管理处罚；构成犯罪的，依法追究刑事责任。

用户违反本办法第五十条第（三）项规定，逾期未归还所借文献信息资源的，公共图书馆按照规定收取滞还费；经公共图书馆催告后仍不归还的，公共图书馆可以暂停其读者证的使用权限，并记入个人信用记录；丢失所借文献信息资源的，应当依法赔偿。

3.《深圳经济特区公共图书馆条例》（2019 年修正）

第三十五条　违反本条例规定，损坏公共图书馆的设备、文献资源的，应当按照规定予以赔偿。

四、规章第五十七条释读

（一）第五十七条原文

第五十七条　违反本办法规定，构成违反治安管理行为的，由公安机关依法给予治安管理处罚；构成犯罪的，依法追究刑事责任。

（二）条文说明

本条阐述了构成违反治安管理行为或犯罪的法律责任。

（三）条文依据

1.《中华人民共和国公共文化服务保障法》（2016年发布）

第六十三条 违反本法规定，损害他人民事权益的，依法承担民事责任；构成违反治安管理行为的，由公安机关依法给予治安管理处罚；构成犯罪的，依法追究刑事责任。

2.《中华人民共和国公共图书馆法》（2018年修正）

第五十四条 违反本法规定，构成违反治安管理行为的，依法给予治安管理处罚；构成犯罪的，依法追究刑事责任。

（四）参考条文

1.《广州市公共图书馆条例》（2020年修正）

第五十七条 用户违反本条例第四十五条第（二）项规定，损毁公共图书馆文献信息资源、设施设备的，应当依法赔偿；违反治安管理规定的，由公安机关依法给予治安管理处罚。

用户违反本条例第四十五条第（三）项规定，逾期未归还所借文献信息资源的，公共图书馆可以按照服务合同的约定收取违约金；经公共图书馆合理催告后仍不归还的，公共图书馆可以暂停其读者证的使用权限，并记入个人信用记录。丢失所借文献信息资源的，应当依法赔偿。

用户违反本条例第四十五条第（四）、（五）项规定，不遵守公共秩序，有干扰、影响其他用户的行为，或者不遵守其他规章制度的，公共图书馆工作人员有权予以劝阻、制止，情节严重的，予以劝离；违反治安管理规定的，由公安机关依法给予治安管理处罚。

2.《东莞市公共图书馆管理办法》（2016年发布）

第五十五条 用户违反本办法第五十条第（二）项规定，损毁公共图书馆文献信息资源、公共设施设备的，应当依法赔偿；违反治安管理规定的，由公安机关依法给予治安管理处罚；构成犯罪的，依法追究刑事责任。

3.《深圳经济特区公共图书馆条例》（2019年修正）

第三十三条 违反本条例规定，有下列行为之一的，由市、区文化主管部门责令限期改正。

（一）公共图书馆的设立和变更没有按照规定登记的；
（二）侵占公共图书馆的馆舍、设备的；
（三）改变公共图书馆馆舍用途的；
（四）将公共图书馆业务经费挪作他用的；
（五）未按时向读者开放公共图书馆的；
（六）任意限定文献资源公开借阅范围的；

（七）未向深圳图书馆缴送公开及内部出版物样书（刊）的。

具有本条第一款第二项、第四项行为且违反其它法律规定的，由有关部门依法追究其法律责任。

第六节 《佛山市公共图书馆管理办法》第六章释读

（一）第五十八条原文

第六章 附 则

第五十八条 本办法自 2021 年 5 月 1 日起施行。

（二）条文说明

本条阐述了本办法的施行时间。

《佛山市公共图书馆管理办法》
立法侧记

张 萌[①]

一、背景

(一) 佛山市公共图书馆服务体系发展基本情况

2002年，佛山市禅城区联合图书馆的建设开启了佛山市公共图书馆服务体系建设的步伐；2004年，由市级层面进行规划和建设的佛山市联合图书馆体系建设正式启动。截至2020年年底，佛山市联合图书馆体系成员馆已发展至349家，持证读者超151万人，文献馆藏量达1281万册，实现了统一服务形象、统一书目检索平台、一证通借通还、资源共建共享的一体化建设。佛山五区均已完成图书馆总分馆建设，形成了以市图书馆为中心馆、区图书馆为总馆、镇街图书馆为分馆、社区/村居以及其他类型图书馆为基层服务点的四级服务网络，公共图书馆服务体系全覆盖、均等化、普惠化的目标基本实现。随着联合图书馆体系内RFID（射频识别）技术的全面应用，图书馆智能化服务水平显著提升。智能图书馆、智能文化家、邻里图书馆、佛山阅读联盟等创新项目的实施进一步推动了公共图书馆服务社会化的进程，民宿图书馆、粤书吧、青葵图书馆等各类新业态图书馆相继出现，在业界形成了较强的影响力。

(二) 佛山市公共图书馆相关政策、文件颁布情况

历年来，佛山市政府重视公共图书馆的建设，发布了系列文件促进公共

[①] 佛山市图书馆副馆长。

图书馆服务体系的发展，如《转发佛山市联合图书馆建设方案的通知》（佛府办〔2008〕358号）、《佛山市文化广电新闻出版局关于发布〈佛山市联合图书馆标准体系〉的通知》（佛文社〔2018〕52号）、《佛山市文化广电新闻出版局关于全面推进全市公共图书馆服务体系一体化建设的通知》（佛文社〔2018〕57号）、《关于印发〈佛山市关于推进区级文化馆图书馆总分馆制建设的实施方案〉的通知》（佛文创办〔2017〕26号）、《关于印发佛山市区级图书馆文化馆总分馆制建设验收标准的通知》（佛文创办〔2019〕1号）等。在公共文化服务体系建设的相关文件中，也有不少与公共图书馆相关的内容，如《中共佛山市委办公室　佛山市人民政府办公室关于印发〈佛山市构建现代公共文化服务体系实施意见〉的通知》（佛办发〔2015〕12号）、《佛山市人民政府办公室关于印发佛山市创建国家公共文化服务体系示范区建设规划（2015—2017年）的通知》（佛府办〔2015〕52号）、《佛山市人民政府办公室关于印发佛山市文化事业发展"十三五"规划的通知》（佛府办〔2016〕783号）等。

（三）佛山市公共图书馆服务规范制定情况

佛山市联合图书馆体系在发展过程中形成了一些业务规范，如编目类、体系建设类、流通服务类、考核评估类、智能图书馆建设类等。2013年，佛山市图书馆汇总并编印了《佛山市联合图书馆规则汇编》（本文中简称《规则汇编》），用于规范、指引联合图书馆体系的业务发展。2018年，其对《规则汇编》进行了修订。

2017年，佛山市图书馆启动了联合图书馆标准体系的建设，与佛山市质量和标准化研究院合作，在参照《服务业组织标准化工作指南》（GB/T 24421—2009）的要求，系统梳理联合图书馆体系的规章制度，查询有关国家标准、行业标准、地方标准情况的基础上，针对联合图书馆体系的运行管理实际情况形成了标准体系结构规划。2018年9月3日，《佛山市联合图书馆标准体系》正式发布实施。标准体系由22个自主制定标准和数十个与图书馆有关的国家标准、行业标准组成，不但能起到指导、规范图书馆运营与提高运营效率的作用，还是检验、评估公共图书馆服务与管理效能的依据。

2020年，佛山市获得了地方标准编制发布的权限，随即向社会征集2020年佛山市地方标准制修订计划项目。佛山市图书馆就"佛山市联合图书馆体系建设管理规范"申报佛山市地方标准制修订计划项目并获得了批准立项，该地方标准正在制定中。

(四) 佛山市公共图书馆的立法需求

《中华人民共和国公共文化服务保障法》《中华人民共和国公共图书馆法》(本文中分别简称《公共文化服务保障法》《公共图书馆法》)虽然对佛山市公共图书馆建设与发展做出了一定的指引,但无法完全满足佛山市公共图书馆事业发展的需求。为总结佛山市在公共图书馆发展过程中的经验,解决资源不充足、布局不均衡等问题,建立健全公共图书馆组织管理制度,进一步发挥公共图书馆的服务功能、提升公共图书馆的服务质量,更大范围地调动社会各界力量支持公共图书馆事业发展,政府有必要通过地方立法,加强顶层设计和制度建设,将公共图书馆事业发展纳入法治轨道。

二、缘起

2015年5月28日,广东省人大常委会授予佛山等9个地级市地方立法权,佛山市开启了地方法规规章的制定之路。几年来,佛山市政府以高质量立法加强市域社会治理,切实加强重点领域立法,对市容环境、食品安全、道路交通、违法建设等重点领域广泛开展立法工作,着力通过立法引领和推动改革,努力解决阻碍佛山市经济社会健康发展的各种体制机制问题以及关系群众切身利益和社会关注的热点难点问题。截至2020年5月,佛山市政府向市人大常委会提交审议立法议案6部,制定政府规章11部(已公布8部,另外3部已通过市政府常务会议审议)。佛山市编制的立法计划在5年内涵盖了《中华人民共和国立法法》(本文中简称《立法法》)规定的"城乡建设与管理、环境保护、历史文化保护"三大领域,年度规章制定计划纳入的18项制定项目、9项预备项目,涉及市容环境、食品安全、寄递物流、违法建设、停车场管理、电动自行车管理等多个方面;向市人大提交了26项年度法规立法建议项目,其中19项被纳入人大立法项目库,涉及历史建筑保护、大气污染防治、超限超载、物业管理、养犬管理等方面。

佛山市司法局于2019年5月23日开始向社会公众公开征集佛山市2020年度立法建议项目和市政府规章项目库项目,收到立法建议项目1049项。

2019年8月15日,市司法局召开了2020年度立法工作计划专家论证会。会议邀请了12位佛山市政府立法咨询专家,就2020年度立法工作计划项目和市政府规章项目库征询专家意见。专家们就建议稿中立法项目的合法性、必要性、可操作性等方面提出了中肯的意见和建议。佛山市图书馆原馆长屈义华同志作为专家在会上提出了佛山市公共图书馆立法的建议,得到其他专家的认可。

佛山市律师协会作为佛山市地方立法研究评估与咨询服务基地，于2019年9月16日到佛山市图书馆，就市民或专家提出的《佛山市公共图书馆管理办法》的立法建议进行实地调研，并就"佛山市公共图书馆管理方面存在的困难和问题、立法的必要性、立法的成熟度、图书馆通借通还机制推行情况"等话题进行讨论。市地方立法研究评估与咨询服务基地在其后期形成的《2020年度佛山市立法计划建议项目调研论证报告书》中，把《佛山市公共图书馆管理办法》作为"建议纳入年度立法计划正式审议项目"。

2019年9月19日，市司法局召开了2020年度立法工作计划座谈会。《佛山市公共图书馆管理办法》作为"市民建议项目"被纳入初步筛选的20个备选项目中。会上，市司法局立法科负责人结合专家论证意见和市地方立法研究评估与咨询服务基地的论证报告，对20个立法备选项目进行了介绍，与会各部门代表也结合本单位管理需求和工作实际提出了意见和建议。

在市司法局通过民意调查、实地调研、委托论证、专家论证、部门协调等多个程序最终形成的《佛山市政府2020年度规章制定计划》的建议稿中，公共图书馆项目被纳入其中。建议稿于2019年11月22日经市政府常务会议审议通过。2020年2月8日，佛山市人民政府发布《佛山市人民政府2020年度规章制定计划》，《佛山市公共图书馆管理办法》〔本文中简称《办法》，《办法》由佛山市文化广电旅游体育局（本文中简称"市文广旅体局"）负责起草〕作为两个"制定项目"之一被确定立项。

三、立法过程

（一）立法准备和调研阶段

2019年12月，佛山市文广旅体局与佛山市图书馆组建工作小组，一方面开始研究《佛山市人民政府关于印发佛山市人民政府拟定地方性法规草案和制定地方政府规章程序规定的通知》（佛府〔2015〕81号）（本文中简称"81号文"）对立法流程的相关规定，查找资料，开始进行立法时间表的梳理；另一方面积极寻找立法合作伙伴，借助专业力量开展草案撰写。12月底，中山大学张靖教授团队（本文中简称"中大团队"）受邀参加《办法》立法项目，就佛山市联合图书馆体系相关资料进行研究。

为确保立法工作顺利推进，市文广旅体局制定《〈佛山市公共图书馆管理办法〉立法进度安排表》报送市司法局。

在确定《办法》立法进度安排之后，中大团队展开了立法调研工作。一是进行文献调研，全面梳理业内图书馆法律法规的制定情况，将各时期、各地的图书馆立法情况进行比较，形成我国地方立法的调研报告；二是对佛山市各区公共图书馆事业的发展情况进行调研，在充分了解佛山市公共图书馆事业的历史沿革、管理体系和发展现状后，形成了佛山市联合图书馆体系的调研报告。

（二）立法起草和征求意见阶段

2020年2月，中大团队草拟了《办法（草案征求意见稿）》1稿。3月11日，中大团队在征求了市文广旅体局、市图书馆的意见，并进行补充调研后，提交了《办法（草案征求意见稿）》2稿。3月12日，市文广旅体局组织召开《办法》立法座谈会，市文广旅体局、市图书馆、中大团队、市图书馆法律顾问等的相关人员参加了座谈会，就立法架构、内容、条文细节等进行沟通，达成了一定的共识。在此次会议的基础上，中大团队于3月30日提交了《办法（草案征求意见稿）》3稿。

2020年4月1日，市文广旅体局发送《佛山市文化广电旅游体育局关于征求〈佛山市公共图书馆管理办法（草案）〉（征求意见稿）意见的函》，开始向各区人民政府、相关部门等征求意见。中大团队按部门意见修改后形成了《办法（草案征求意见稿）》4稿。4月16日，市文广旅体局在佛山市政府网站发布了《佛山市文化广电旅游体育局关于征求〈佛山市公共图书馆管理办法（草案）〉（征求意见稿）意见的公告》，向社会公众征求意见。

2020年4—5月，在初步征求专家意见后，中大团队修改形成了《办法（草案立法论证会稿）》。5月8日，市文广旅体局组织召开了《佛山市公共图书馆管理办法（草案征求意见稿）》专家论证会。会议邀请了国内图书情报界顶级专家团队，以线上线下结合的方式进一步就《办法》的优化进行研讨。

2020年5月22日，市图书馆与其法律顾问召开线上会议，就《办法》的规范用词逐条进行讨论；25日，综合专家与法律顾问意见的《办法（草案送审稿）》形成；27日，《办法（送审稿）》、送审稿条文注释稿、起草说明、起草参考文献、征求意见汇总、专家论证会意见、合法性审查意见、重大政策廉洁风险评估表等全部文档整理完成。

2020年6月1日，市文广旅体局党组会议审议了《办法（送审稿）》，并同意报送市政府审议。8日,市文广旅体局向市政府报送《佛山市文化广电旅游体育局关于提请审议〈佛山市公共图书馆管理办法〉(送审稿)的请示》,完成了起草阶段任务。

(三)立法审查阶段

2020年6月10日,市司法局收到市政府办公室关于审查《办法》的通知,开始启动对《办法》的梳理审查。

2020年6月15日,市司法局向各部门及社会公众征求对《办法》的意见,并根据各部门对《办法》的意见以及审查中发现的情况,对《办法》进行讨论及初步修改。

2020年9月8日,市司法局组织起草单位召开会议,对《办法》进行进一步的审查、讨论及研究修改,根据起草单位的管理需求,对《办法》进行结构性调整。10月16日,项目组团队根据最新稿组织修改讨论会,确定了《办法》的框架结构,再次对《办法》制度设计的相关细节进行讨论,并进行进一步修改。

2020年10月30日,市司法局发函向顺德区、高明区、三水区及各相关部门征求书面意见。11月3日,市司法局发函向立法专家征求书面意见。11月4日,市司法局组织市文广旅体局、市图书馆相关负责人到禅城区、南海区进行基层调研,就该规章的修改情况及其制度设计的合法性、合理性、可操作性等方面听取基层意见;同时听取各区司法、文广旅体、财政、人力资源和社会保障、自然资源、住房和城乡建设等部门,镇人民政府、街道办事处,以及公共图书馆及其用户等主体对《办法(修改稿)》的意见及建议,并根据五区及各相关部门意见、专家意见及调研收集到的意见对《办法》做进一步修改。

2020年11月24日,市司法局将《办法》报送市政府审议。12月29日,市司法局向市委汇报《办法》制定的相关情况,并根据市委的要求对《办法》做进一步的修改。2021年2月10日,《办法》经市政府第83次常务会议审议通过。2月18日,《办法》获市长签发并公布,于5月1日起正式施行。

(四)立法宣传和贯彻

1. 组织开展宣传、培训,提高《办法》知晓度

第一,开展《办法》解读工作。市文广旅体局和市图书馆根据《佛山市政府系统政策解读工作细则》《佛山市司法局关于明确行政规范性文件政策解读工作要求的函》等文件的要求，撰写《〈佛山市公共图书馆管理办法〉解读方案》和《〈佛山市公共图书馆管理办法〉解读》，在《佛山日报》上全文刊登《办法》全文和解读，在市政府网站上传《办法》全文和几种解读文档。

第二，制作宣传物料。市文广旅体局和市图书馆印制了《办法》小册子，制作了《一图读懂〈办法〉》《〈办法〉解读视频》等物料，以小册子、视频、图片、展览的形式多方位展示立法内容。

第三，拓展宣传平台。相关主办方邀请本地媒体对《办法》的启动活动、出台、解读进行报道。2021年4月，各类媒体对《办法》的报道共计117篇。同时，市图书馆联合五区图书馆，利用官方网站、微博、微信公众号等平台对《办法》进行解读和宣传。

第四，开展活动和培训。2021年4月22日，市文广旅体局举办《办法》颁布实施活动启动仪式暨"新时代，新起点，新发展——《佛山市公共图书馆管理办法》解读与贯彻"的圆桌论坛。5月28日，市图书馆邀请中山大学信息管理学院张靖教授对《办法》进行线上解读培训，组织全市300多名图书馆从业者参加。

第五，组织立法研究。市图书馆与中大团队合作开展《办法》解读论著的研究和撰写，以期总结佛山市公共图书馆地方立法经验供业内参考。同时，邀请专家对《办法》进行评述，并开展相关论文的撰写。

2. 制定配套政策和规范，促进《办法》落地

2021年4月2日，市文广旅体局印发了《学习宣传贯彻〈佛山市公共图书馆管理办法〉工作方案》的通知，制定了《佛山市文化广电旅游体育局学习宣传贯彻〈佛山市公共图书馆管理办法〉工作方案》。各区文广旅体局也都制定了宣传贯彻《办法》的方案。方案要求，2022年4—5月，对学习宣传贯彻《办法》工作进行总结，开展《办法》执法监督检查工作。

市图书馆也印发了《佛山市图书馆贯彻落实〈佛山市公共图书馆管理办法〉责任分工表》，把需要落实的条目分配到各部室，明确了各部室主要的工作任务。

后期，市图书馆还将修订《佛山市联合图书馆标准体系》《佛山市联合图书馆规则汇编》，并通过制定《佛山市联合图书馆体系"十四五"发展规划》、佛山市《联合图书馆体系建设管理规范》（地方标准）等政策文件、标准规范来进一步落实和细化《办法》中的相关要求。

四、主要做法

(一)组建优秀团队,合力完成项目

除了市文广旅体局、市司法局领导的大力支持外,《办法》的制定是各个团队共同协调推进的结果,包括市文广旅体局政策法规科、公共服务科,市司法局立法科,市图书馆,中大团队等。几个不同的团队之间精诚合作、同频共振、高效有序,保证了项目的顺利推进。

作为理论研究的专业团队,中山大学信息管理学院团队曾承接并完成了《广州市公共图书馆条例》《东莞市公共图书馆管理办法》,具备地方立法经验。同时,张靖教授作为佛山市图书馆理事会副理事长,不但熟悉广东省公共图书馆的整体发展情况,也很了解佛山市图书馆的业务发展情况。中大团队承接项目后,即积极开展研究,在项目执行过程中,完成了《我国地方图书馆立法调研(1980—2019)》《佛山市联合图书馆发展现状调研》《〈佛山市公共图书馆管理办法〉(草案)条文注释》等成果,突显了其工作的严谨性和专业性。在时间紧张的情况下,团队按要求加班加点按时完成了多个版本的修改。在线下沟通因疫情受阻的情况下,中大团队多次与市图书馆召开线上会议,逐条梳理条文,商议修改意见;在完成初期承诺任务后,依旧积极参加市司法局组织的改稿会,准确表达专业意见,保证了文稿的专业性。

市司法局立法科的前身是市法制局法规科,2019年机构改革,市法制局法规科合并入市司法局并更名为立法科,承担了相应的市地方性法规、市政府规章草案的起草或者组织起草、审查等立法工作。立法科从该项目立项初期就向起草方发送了地方政府规章制定的相关政策文件,指导起草单位规划规章起草进度安排;在项目起草阶段,积极参与专家论证会,对文稿提出修改意见,督促项目按进度进行;在项目审查阶段,对文稿的条文顺序、文字表达进行了深度梳理和严谨的修改,提出了改变文稿结构等突破性建议。除了征求各方意见外,立法科更与起草团队开展了两次沉浸式改稿会,开阔思路、充分交流。起草团队一有疑问,无论何时,他们总能第一时间进行反馈、沟通。专业、敬业、乐业是对市司法局立法科团队最准确的评价。

《办法》是佛山市第一部文化类地方政府规章,也是市文广旅体局负责起草的第一部地方政府规章。政策法规科、公共服务科分别作为市文广旅体局的规章政策制定科室和业务科室,市图书馆作为专业单位,共同承担着

《办法》的起草工作。在新业务面前，政策法规科、公共服务科这两个科室明确了各自在立法任务中的职责，迅速理清任务，流程层面以政策法规科为主，内容层面以公共服务科为主，协调推进起草工作按计划进行。

（二）压实时间进度，确保按时推进

81号文是《办法》立法过程的依据，起草单位正是按这个文件制定《〈佛山市公共图书馆管理办法〉立法进度安排表》的。

关于起草时间推算方面：81号文规定，"市人民政府年度立法工作计划下达后，起草责任单位应当尽快制订起草计划并组织实施，不得擅自调整"。即，作为年度计划，相关立法项目需在一年内完成。《办法》的制定计划于2019年11月经市政府常务会议审议通过，则应于2020年11月完成制定并报送市政府。按照市司法局的要求，应预留市政府会议安排时间及市司法局审查过程所需的时间，因此，起草单位应该在2020年5月底或6月初提交《办法（送审稿）》。81号文明确提出，"应当进行充分论证，并按照下列规定广泛征求意见"，"应当由起草责任单位的法制机构审核，并经起草责任单位的领导班子集体讨论通过，形成送审稿经主要负责人签字后报送市人民政府审议"，特别是对"广泛征求意见"有具体人群、时间的要求，比如"以征求意见函、召开征求意见会等形式征求各区人民政府、相关部门、行政管理相对人等方面的意见"，"通过网络、报纸等媒体或者召开座谈会等形式征求社会公众意见。法规草案和规章的征求意见稿应当在起草责任单位门户网站和佛山市改革发展市民建言献策平台公开征求社会公众意见，时间不得少于10个工作日"，"应当邀请相关部门、社会组织代表和专家学者、行业代表召开立法论证会"。按照这些要求和时间倒推，市文广旅体局应该在2020年4月1日起开始进行各种类型的征求意见活动，先完成向部门征求意见，再同时进行专家论证会和面向公众征求意见。中大团队应在2020年3月底完成《办法（征求意见稿）》。

关于按点压实进度方面：《〈佛山市公共图书馆管理办法〉立法进度安排表》完成后，起草团队严格按照时间点推进工作进度。首先，中大团队在短短一个月时间内完成了初稿，后相继完成2稿和3稿，形成了最终的《办法（草案征求意见稿）》。之后，市文广旅体局在各个环节收集各方意见以及起草方的修改建议，结合团队专业意见及时进行修改，与市图书馆多次召开线上会议，讨论意见采纳及修改文稿的事项。市文广旅体局在立法问题上特事特办，加快内部工作流程，使会议安排、会议审议、审批等各个流程快速、流畅，从而保证项目按时间点推进。

(三）听取各方意见，修改完善项目

《办法》既是写出来的，也是改出来的。《办法（草案征求意见稿）》1稿跟最终稿除了结构未变外，条文数量、条文顺序、条文内容、用句、用词等都有相当大的修改。无论是业内专家高屋建瓴、细致专业的意见，还是市文广旅体局领导基于公共文化服务和城市文化建设的宏观、个性化的建议，或是各级政府、各相关部门基于各自角度和专业提出的修改意见，都为《办法》的制定提供了重要的帮助。在起草和审查过程中，主要有三个阶段的征求意见过程。

第一，内部意见征求阶段，市文广旅体局、市图书馆对《办法（草案征求意见稿）》提出意见。在2020年3月12日的立法座谈会上，市文广旅体局陈新文局长要求"佛山办法要体现立法精神、体现新发展理念、体现佛山特色、体现现实需要、体现强制性、体现现状与未来"等，为课题组提供了新的思维角度和更高的思考维度；桂红副局长提出"佛山办法要下沉，解决佛山基层图书馆建设和发展问题""明确图书馆的工作职责""要体现新发展""要提高相应指标"等要求，就条文细节给予了指引。市图书馆则就"佛山办法对上位法的细化""联合图书馆发展的问题导向""联合图书馆和图书馆总分馆制的关系梳理""市域总分馆制可行性""社会力量合作的政策支持""弱势群体服务条款的细化"等提出待解决的问题和建议。

第二，《办法》起草阶段，市文广旅体局向专家、各级政府和各相关部门、群众征求意见。市文广旅体局收到各级政府和各相关部门的意见回复20份，包含意见43条；收到群众意见3份，包含意见8条。意见内容主要涉及：调整硬性指标，界定不同法律主体的法律责任，调整工作人员的资质要求、数量结构，规定少年儿童图书馆、学校图书馆等分馆、基层馆的职能，规范专业术语、特定词汇的表述，等等。专家意见方面，在召开专家咨询会前，中大团队向10位公共文化和图书馆界的专家书面征询了意见，收到189条相关意见建议。在专家咨询会现场，专家们又根据修改后的文稿提出了修改意见。这些或参与过国家相关法律、法规、政策文件制定，或熟悉公共图书馆服务体系建设的专家，从回应国法、更改条文结构、梳理主体关系、规范专有名词、修改部分表述、增加相关内容、测评量化指标、删减篇幅等方面提出了专业、细致、高质量的意见。其间，市图书馆也征询了其法律顾问的意见，就《办法》中用词的"法言法语"问题进行讨论，力求符合立法技术要求。

第三,《办法》审查阶段,市司法局书面征求了各区人民政府、市几套班子办公室、市政府工作部门、市政府派出机构、市政府直属机构和市委机构编制委员会办公室、市法院、市检察院,以及各人民团体、各民主党派、中央及省直属机构和市政府法律顾问的意见,并通过市政府门户网站、市司法局门户网站、微信链接等多种渠道征求了公众意见。在征求意见期间,市文广旅体局收到顺德区司法局、三水区司法局、市自然资源局、市财政局等单位提出的书面修改意见共10条。意见主要包括:词汇的专业性问题(如"国土空间规划""建设项目用地预审与选址意见书")、专业性的建议(如建议新建图书馆在项目选址阶段应开展交通影响评价)、相关指标的数值问题等。

五、关于公共图书馆地方立法的一点思考

(一)理清地方立法和上位法的关系

地方立法应该是对上位法的继承,遵循上位法的立法精神、基本原则和规定。《办法》在理念上遵循了《公共图书馆法》的普遍开放、平等服务、以人为本、共建共享、融合发展等理念。《办法》在结构上参照了《公共图书馆法》的基本结构,设置了六章:第一章总则,第二章设立,第三章运行,第四章服务,第五章法律责任,第六章附则。

地方立法应该不是上位法的简单重复。在条文设置上,《办法》遵循了《立法法》第七十三条"制定地方性法规,对上位法已经明确规定的内容,一般不作重复性规定"的规定,除影响《办法》结构完整的必要条款外,《办法》不对《公共图书馆法》中的条款进行重复。所设条款均结合佛山市的实际在《公共图书馆法》的基础上或明确义务主体,或减少裁量空间,或增强规范性。

地方立法应该是上位法的细化。作为地方立法,《办法》对《公共文化服务保障法》和《公共图书馆法》中的一些实质性内容进行了细化。例如,明确通过基本公共文化服务目录确定公共图书馆所服务的事、权、责,明确选址应征求公众意见,明确制定文献信息处置工作细则,明确建立年报制度,明确建立志愿服务机制,强调服务效能,等等。

地方立法应该是基于上位法的创新。《立法法》赋予了设区的市立法权,扩大了地方立法主体范围,目的就是通过赋予地方立法权来弥补国家立法在反映各地不平衡状态、解决地方特殊问题等方面的不足,发挥地方管理

当地经济社会事务的积极性。因此，地方立法应适应本地需要，突出"地方性"。《办法》在体系建设、定量指标、社会参与、跨界融合等方面都有自己的特色。

（二）地方立法认真参考同类项法律

《办法》的起草除了遵循《公共图书馆法》的结构和理念外，也参考了几部已经发布实施的地方立法，包括《广州市公共图书馆条例》（本文中简称《广州条例》）、《东莞市公共图书馆管理办法》（本文中简称《东莞办法》）、《深圳经济特区公共图书馆条例》（2019年修正版）。

深圳经济特区早在1997年便颁布的《深圳经济特区公共图书馆条例（试行）》，被认为是深圳市公共图书馆事业全面、协调、健康、可持续发展的最根本保障。2015年的《广州条例》是党的十八届三中全会提出全面推进依法治国后，广州市出台的我国首部地方性图书馆立法，其中对图书馆事业建设发展的相关定量指标进行了约束，行之有效地保障了与地方经济社会发展相适应的图书馆建筑面积、馆藏量、人员配备等的量化标准。《东莞办法》是参考《广州条例》，根据地方特色而制定的。上述立法实践，为同处粤港澳大湾区、图书馆事业发展及整体环境与之相似的佛山市，在新时代背景下编制相应地方性图书馆法规，提供了可参考的范本。

《办法》参考并吸收了其他地方的法规中关于量化指标、总分馆职责、馆长的专业要求、城市读书月、图书馆发展社会基金的设立等内容和条文。当然，《办法》不论是与《公共图书馆法》还是与上述几份地方立法相比，都具有很多自己的特点，如联合图书馆体系及建设原则、具体的业务建设指标、文旅融合、区域融合、强调"与个人、家庭、民间读书会等社会力量合作"、"中心馆、区总馆开放时间应当一致"等提法，正是基于佛山市公共图书馆事业发展的需要所做的具体考量。

（三）地方立法应注重公共图书馆服务体系的规定

公共图书馆服务体系是公共文化服务体系的重要构成，是提高公共图书馆服务能力的现实要求和必要选择，是拓展公共图书馆服务空间、延伸服务能力的有效手段。自2016年年底，原文化部等五部委印发《关于推进县级文化馆图书馆总分馆制建设的指导意见》后，各地都在进行文化馆、图书馆总分馆建设实践。但因全国城市公共图书馆服务体系和总分馆建设存在发展不平衡的情况，《公共图书馆法》对公共图书馆服务体系的描述都是较为原则性的条文，如第十三条："国家建立覆盖城乡、便捷实用的公共图书馆服务网络。公共图书馆服务网络建设坚持政府主导，鼓励社会参与。县级以上地方人民政府应当根据本行政区域内人口数量、人口分布、环境和交通条件等因素，因地制宜确定公共图书馆的数量、规模、结构和分布，加强固定馆舍和流动服务设施、自助服务设施建设。"

在关于公共图书馆的地方立法过程中，作为公共图书馆发展的重要方向和任务，公共图书馆服务体系建设理应被更加重视，应该根据地方特点，增加相关条文内容，强化建设要求和服务效能。《办法》总结、完善了"佛山市联合图书馆体系"，包括明确了"联合图书馆体系"为本市公共图书馆体系建设的模式，重新梳理了"三统三分"建设原则，明确了体系内中心馆、区总馆、分馆、各基层服务点的职责，明确了社会力量参与建设的公共图书馆纳入体系的路径，等等，为公共图书馆服务网络建设的"佛山模式"提供了政策支撑。

（四）"无上位法依据不得减损公民权利"原则和立法遗憾

在项目立项阶段，我们就公共图书馆立法是准备申报地方性法规还是地方政府规章的话题征询了多方意见，并进行了讨论。就法律效力而言，地方性法规高于地方政府规章，公共图书馆立法如果按地方性法规进行申请，后期会有更大的立法空间和灵活性。但就佛山市而言，制定地方性法规的计划需要通过省人大批准，立法过程复杂，立法资源有限；如果申请为地方政府规章，则可能更容易获取立项，而且能较快完成并出台。基于成本、效率的考虑，在"管理办法"还是"条例"的选择上，佛山市公共图书馆立法选择了申报地方政府规章，即"管理办法"。《规章制定程序条例》（2017年修订版）规定，"没有法律、行政法规、地方性法规的依据，地方政府规章不得设定减损公民、法人和其他组织权利或者增加其义务的规范"。在这一原则下，部门规章的局限性就显露出来。《办法》在起草和审核过程中，很多表述和条文基于这个原则受到质疑，只能予以修改或删除。

基于"解决佛山基层图书馆建设和发展问题"的思路，在起草早期，《办法》中有很多关于镇（街）的条款，比如对镇（街）和其文化主管部门的责任要求、对镇（街）图书馆的建筑要求和人员要求等。但因为上位法未直接对镇（街）级的图书馆提出要求，所以在征求意见和审查过程中，起草团队对这些条款做了很多删减。虽然对镇（街）的责任下沉依旧是《办法》的亮点之一，但还是留有了一些遗憾，例如，对于镇（街）图书馆的建筑面积、人力资源等方面的表述都没有保留。地方文献是公共图书馆的重要特色资源，而地方文献工作是公共图书馆的核心业务之一。但多年来因地方文献交存制度缺位，相关单位主动交存的意识不强，地方文献收集存在工作被动、来源渠道单一、增速缓慢的情况。所以，在《办法》起草初期，团队对相关条文进行重点撰写，明确规定了地方文献交存单位性质、交存资料类型、复本量及交存时限等。但在审查过程中，也因《公共图书馆法》规定的交存主体为"出版单位"、接受交存的对象只有"国家图书馆和所在地省级公共图书馆"，所以只能对《办法》中的条文进行较大幅度修改。修改后的地方文献交存条文表述为"鼓励在本市依法登记注册的出版单位向公共图书馆交存其出版的正式出版物"，与初衷相去甚远。

《佛山市公共图书馆管理办法》的特色与亮点[①]

——兼论地方图书馆法的重要性与必要性

肖 鹏 张 靖

一、地方图书馆立法视角下的《佛山市公共图书馆管理办法》

2021年2月10日,《佛山市公共图书馆管理办法》(本文中简称《办法》)经十五届佛山市人民政府第83次常务会议审议通过,自2021年5月1日起施行。从图书馆行业来看,《办法》的出台具有两个标志性的意义:一方面,它是《中华人民共和国公共文化服务保障法》(本文中简称《公共文化服务保障法》)、《中华人民共和国公共图书馆法》(本文中简称《公共图书馆法》)颁布实施以来出台的我国第一部公共图书馆领域市级地方立法,是我国地方政府贯彻落实国家相关法律法规的阶段性成就;另一方面,《办法》也是地方政府在"十四五"时期开篇之年,积极推动和促进公共文化服务高质量发展的一份郑重承诺。从宏观的法治建设层面来看,《办法》更是佛山市人民政府充分发挥地方性法规"事实性、补充性、探索性功能",促进"地方治理方式转变和治理能力提升",为社会发展提供法治保障的重要成果。[②] 以上意义的背后,都通往同一个关键词:地方图书馆法。

自《公共文化服务保障法》《公共图书馆法》(本文中合称"两法")出台以来,针对图书馆法的研究成了学界和业界的热点议题,但人们更多聚焦于国家"两法",对地方图书馆法的关注程度明显不足。在目前已经出台

[①] 本文刊于《图书馆建设》2021年第6期,经作者和刊物授权收录。
[②] 参见许安标《我国地方立法的新时代使命——把握地方立法规律 提高地方立法质量》,载《中国法律评论》2021年第1期,第1～16页。

的、为数不多的相关法规规章中，中山大学信息管理学院图书馆学团队有幸参与了其中三部（前两部为《广州市公共图书馆条例》和《东莞市公共图书馆管理办法》）的起草。随着历次调查、研究工作的展开，我们越来越深刻地感受到：相比国家层面的政策文本，地方法律法规及相关政策往往对地方图书馆工作的日常管理和运作有着更为直接的影响。

本文的核心议题是讨论《办法》的立法成就。课题组试图将这一议题安置在更为宏观的政策视域之下，在"地方图书馆法"的学术图景中发掘《办法》的特点和亮点。相比国家层面的法律法规和政策文本，地方图书馆法的特点主要体现在以下三个方面：

第一，地方图书馆法从实施角度出发，往往更为明确化和具体化。国家层面的法律法规多注重原则性的规定，为了保证落地实施，常常需要通过地方性法规发挥"最后一公里"的作用。例如，《公共图书馆法》第四条规定，"县级以上人民政府应当……加大对政府设立的公共图书馆的投入，将所需经费列入本级政府预算，并及时、足额拨付"；而《办法》第四条又进一步将公共图书馆的支出责任从市、区延伸到镇人民政府（街道办事处），从加大对政府设立的公共图书馆的投入、统筹使用相关资金、保留一定比例社区公共文化设施建设经费用于社区公共图书馆建设等不同方面做出了规定。

第二，地方图书馆法从地方实际出发，往往更具指导性和操作性。例如，文献信息[①]是保障图书馆运作和服务的关键要素，因此，地方图书馆法往往会为图书馆纸质文献信息的增长确立一个保障数字，但这个数字的多少则各有不同。《办法》第二十七条要求"中心馆年人均新增纸质文献信息不得少于0.05册（件），各区总馆及其分馆年人均新增纸质文献信息合计不少于0.1册（件）"[②]，全市合计为0.15册（件）；而《东莞市公共图书馆管理办法》虽然也规定了"全市公共图书馆年人均入藏文献应当不少于0.06册"，但在具体分配比例上设定为"市级公共图书馆年人均入藏文献不少于0.02册""镇（街）公共图书馆与村（社区）图书馆（室）年人均入

[①] 学界关于"文献信息"更常见的表述是"文献信息资源"或"纸质文献资源"，而《公共图书馆法》采用了"文献信息"的表述，并明确指出"文献信息包括图书报刊、音像制品、缩微制品、数字资源等"（第二条），因此，作为下位法的《办法》沿用了这一表述，特此说明。

[②] 本文所有《办法》条文均引自《佛山市公共图书馆管理办法》，见佛山市人民政府网站：http://www.foshan.gov.cn/zwgk/zfgb/srmzfwj/content/post_4756230.html，最后访问时间：2021年6月17日。

藏文献合计不少于0.04册"①。这一看似微小的差异背后，凸显了佛山、东莞两市截然不同的行政区划（东莞为不设区的地级市）、投入模式和图书馆历史发展格局。

第三，地方图书馆法从"小切口"出发，往往更具灵活性和创新性。近年我国立法工作的方向之一，是丰富立法形式，聚焦特定领域和专门问题，以"小切口""小灵快"的形式"增强立法的针对性、适用性和可操作性"②。尤其是2015年《中华人民共和国立法法》（本文中简称《立法法》）修改之后，其对地方立法的重点领域做出了相对明确的界定，规定设区的市可以对"城乡建设与管理、环境保护、历史文化保护等方面的事项"③ 制定相应的地方性法规。在相对有限的立法空间内瞄准关键问题是地方立法的基本导向之一，图书馆事业既涉及城乡建设与管理中的基础设施建设、城乡规划，也涉及历史文化保护中的文化遗产传承与发展、地方文献保存，与民众距离较近，具有较强的区域特点，是制定地方性法规和地方政府规章的恰当切入口。

进一步地，在某些区域，地方图书馆立法不仅是一种追逐更佳效能、更高成就的"可选项"，还是应对和处理本地复杂情况的"必选项"。"地方"的概念，往往容易给人以一种"小"和"少"错觉，但中国人口众多、地域辽阔，不同地区的情况差异很大。以佛山为例，根据佛山市统计局、佛山市第七次全国人口普查领导小组办公室公布的数据，2020年11月1日0时，佛山市的常住人口数已达949.8863万人，这意味着佛山市的人口规模已经超越了部分我们所熟悉的国家如以色列（2020年约921万人）、奥地利（2020年约891万人）、芬兰（2020年约553万人）、新西兰（2020年约508万人）等。④ 在公共图书馆建设中，服务人口是相当关键的数字，人口数字的增长往往要求与之相匹配的资源投入，同时也需要更为统一和强大的区域图书馆设计、规划和管理能力，地方图书馆法无疑是保障相应资源和能力的重要政策工具。类似地，当我们念及某个城市或某个"地方"，很容易

---

① 《东莞市公共图书馆管理办法》，见东莞图书馆网站：https://www.dglib.cn/dglib/zcfg/201711/2b5ff3387c1a473a8444cf0949dd98b9.shtml，最后访问时间：2021年6月17日。

② 《全国人民代表大会常务委员会工作报告——2021年3月8日在第十三届全国人民代表大会第四次会议上》，见人民网：http://qh.people.com.cn/n2/2021/0315/c182753-34621026.html，最后访问时间：2021年7月27日。

③ 《中华人民共和国立法法》，见中国人大网：http://www.npc.gov.cn/zgrdw/npc/dbdhhy/12_3/2015-03/18/content_1930713.htm，最后访问时间：2021年7月27日。

④ 参见《十年人口增量全省地级市第一 佛山凭什么？》，载《南方日报》2021年5月18日，第FC03版。

将它们套入一个"一以贯之"的印象"牢笼"之中。此类印象其实非常笼统，地区不均衡与不平衡显然不仅仅体现在宏观的东中西之别，也不仅仅体现在一二三四线的城市之别。例如，在佛山的5个区中，南海区、顺德区和禅城区3个区的常住人口都超过了100万人，其中南海区就达到了300万人，① 区与区之间，仅人口数字就有明显的不平衡，甚至不同街道、楼盘、社区的情况都可能存在很大差异。这种差异的普遍存在，要求地方图书馆事业拥有更灵活的调配机制和交流机制，以推动其精细化管理。可以说，制定一部接地气、能落地、直达基层的地方图书馆法逐渐成为推进超大城市和特大城市治理的一项基本要求。

21世纪以来，在我国统一立法的框架下，地方立法权权限逐步扩大，地方立法体制不断完善，地方图书馆法对公共图书馆事业的促进作用也愈加明显。随着高质量发展成为公共图书馆事业发展的主题和主线，地方图书馆立法的重要性更为凸显。在这样的背景下，下文的四个特色与亮点，不仅凝练了《办法》对佛山图书馆事业建设与发展的可能贡献，也是课题组对《办法》研究和起草经验的归纳总结，旨在为"十四五"时期学界和业界展开地方图书馆立法工作提供一定的经验借鉴。

二、特色与亮点之一：明确政府责任，加强公共图书馆事业的保障性

《公共文化服务保障法》规定公共文化服务"由政府主导、社会力量参与"（第二条），《公共图书馆法》也明确"公共图书馆服务网络建设坚持政府主导，鼓励社会参与"（第十三条）。地方图书馆立法，最关键的任务之一，就是结合本地情况进一步细化和明确"两法"中"政府主导"的原则和规定。

"政府主导"首先指向了政府对公共图书馆的主体责任。在《办法》中，最核心的内容就是在"两法"的框架下，明确了市、区人民政府从本级国民经济和社会发展规划、国土空间规划等层面统筹发展公共图书馆事业的责任（第三条），在市、区人民政府之外，又进一步确立了镇人民政府（街道办事处）在公共图书馆领域的事权和支出责任（第四条），要求"将设施设备、文献信息、人员、服务、运行与维护等方面的费用列入本级财政

---

① 参见《佛山市第七次全国人口普查公报》，见佛山在线：http://www.fsonline.com.cn/p/290089.html，最后访问时间：2021年6月17日。

预算,并及时、足额拨付",并"重点加大对基础条件相对薄弱和发展不平衡的政府设立的公共图书馆在馆舍改造、文献信息购置、用户活动开展等方面的支持"。特别值得注意的是,《办法》在经费保障的条款中专门提出"市、区、镇人民政府(街道办事处)应当在社区公共文化设施建设经费中保留一定比例用于社区的公共图书馆建设",这事实上是对《广东省公共文化服务促进条例》第二十六条"县级以上人民政府……应当从城市住房开发投资中提取一定比例的经费,用于社区公共文化设施建设"[1]及相关条款精神的落实和细化。

从另外一个角度来讲,在推进国家治理体系和治理能力现代化的背景下,"政府主导"还要求政府在国家、市场和社会的良性互动中发挥引领作用,为公民、法人和其他组织参与公共图书馆建设定规矩、立方圆。例如,《办法》第六条、第七条在《公共图书馆法》相关规定的基础上,细化并明确了社会力量参与公共图书馆建设的形式;第十三条则提出政府应当支持和引导将社会力量设立或参与举办的公共图书馆纳入本地图书馆体系。而《办法》最重要的突破之一,是在第十三条的基础上,把社会力量设立或参与举办的公共图书馆视为图书馆体系中的一种重要类型,和中心馆、区总馆、镇街分馆并列,并规范建设要求。例如,第十五条规定"中心馆每千人建筑面积不得低于 6 平方米。区总馆、分馆及基层服务点每千人建筑面积合计不得低于 23 平方米。基层综合性文化服务中心的图书室建筑面积不得低于 30 平方米",而"社会力量设立或者参与举办的公共图书馆,建筑面积高于 640 平方米的,可以作为分馆;建筑面积不高于 640 平方米的,可以作为基层服务点",其中"640 平方米"的标准,依据来自《公共图书馆建设标准》(建标 108—2008)第二十条和第二十一条对小型公共图书馆最低建筑面积范围的要求,充分考虑了大部分社会力量分馆目前资源和条件相对有限的实际情况。

三、特色与亮点之二:规范联合体系,凝练地方图书馆经验的先行性

自 2004 年 6 月开始,佛山市根据本市情况,创新性地设立了"联合图书馆体系"。截至 2021 年 4 月底,该体系已拥有 373 家成员馆,覆盖佛山市

---

[1] 《广东省公共文化服务促进条例》,见广东省文化和旅游厅网站:http://whly.gd.gov.cn/special_newzt/fzxc/flfg/content/post_2956562.html,最后访问时间:2021 年 8 月 11 日。

五区，并延伸到街道、村居、学校、部队，实现了统一形象、统一联合书目检索平台、一证通借通还、数字资源共建共享等服务。在过去的10余年时间里，这一体系不仅为佛山民众提供了全覆盖、均等化的公共图书馆服务，也成了我国总分馆体系建设的重要样板，更是全世界具有代表性和引领性的城市图书馆总分馆体系之一。

在《办法》第三章"运行"中，"联合图书馆体系"占据了很大篇幅。这一章中的许多规定或内容来自佛山市文化主管部门、市图书馆过去10余年间为"联合图书馆体系"推出的一系列政策文本，包括《佛山市文化广电新闻出版局关于全面推进全市公共图书馆服务体系一体化建设的通知》《佛山市关于推进区级文化馆图书馆总分馆制建设的实施方案》等。可以说，佛山市各级图书馆对于"联合图书馆体系"的基本运作模式已经非常熟悉。

在上述前提下，为保障"联合图书馆体系"的长效发展，《办法》第十二条以规范的表述重新申明了"联合图书馆体系"的主体构成、各级责任和基本思路，明确了"联合图书馆体系"在佛山市公共图书馆事业中的核心地位。而第十三条进一步拓宽了其未来的制度空间，明确"市、区文化主管部门应当支持和引导社会力量设立或者参与举办的公共图书馆纳入联合图书馆体系，实行统一管理。鼓励学校图书馆、科研机构图书馆以及其他类型图书馆，作为分馆或者基层服务点承担公共图书馆职能"。

地方图书馆立法也为"联合图书馆体系"提供了总结和回顾建设经验的重要契机。以第二十一条到第二十三条为例，《办法》通过这些条款梳理了中心馆、区总馆、分馆及基层服务点的不同职责。这些条款对此前的相关政策文件有继承也有创新。例如，与此前的政策文件相比，中心馆依然负有统筹、指导和协调全市联合图书馆业务，完善联合图书馆体系建设等职责，而《办法》进一步要求中心馆承担"统筹建设数字图书馆""建立并实施图书馆联合服务的数据统计规范，编制并发布联合图书馆年报""开展图书馆领域的境内外交流与合作"等工作。对职责做出清晰的划分之后，《办法》又从馆舍（第十四条）、建设标准（第十五条）、人才队伍（第十七条、第十八条）、宣传（第二十四条）、业务标准与服务规范（第二十五条）、文献收集与共享（第二十六条）、文献信息采购（第二十七条）、培训及交流（第三十四条）、年度报告（第三十五条）、开放时长（第五十条）等多个维度全面规范了联合图书馆体系的建设和运作方式。通过这些条款，《办法》构建出了一个具有借鉴意义和参考价值的总分馆体系制度框架，全面梳理了"联合图书馆"的先行经验，为其进一步复制和推广奠定了基础。

四、特色与亮点之三：鼓励服务创新，拓宽图书馆事业发展的想象力

图书馆事业与城乡建设与管理、历史文化保护等事务有着密切的关系，公共图书馆看似"小切口"，只要打开思路、撬动资源，也有条件实现"大作为"，写出"大文章"。地方图书馆法的另一个定位，就是要为本地图书馆的建设和发展提供创新和活动的制度空间，拓宽图书馆事业发展的想象力。《办法》将佛山市已有的创新实践上升到规范层面，并在多个方面呼应近年来图书馆事业发展的新理念与新趋势，其中比较典型的包括以下六个方面。

（一）鼓励社会力量共同提供阅读服务

《办法》第四十二条规定"全市公共图书馆应当联合各界力量，打造阅读品牌，推动、引导、服务全民阅读。鼓励公共图书馆与个人、家庭、民间读书会等社会力量合作，共同提供阅读服务"。其中的亮点是第二款，凸显了"个人、家庭、民间读书会"在全民阅读中的位置。这一条款建立在佛山市已有的创新经验之上，立足"邻里图书馆"（曾获2020年国际图书馆协会联合会营销奖第一名）、"易本书"等项目的经验，为图书馆发动社会力量参与提供了崭新的切入点，也为全民阅读活动提供了一种新的开展思路。

（二）公共图书馆的信息公开制度

《办法》的多个条款涉及信息公开的相关规定。其中，涉及公共图书馆信息公开的有第二十八条，"鼓励在本市依法登记注册的出版单位向公共图书馆交存其出版的正式出版物"，并要求"受交、受赠公共图书馆……定期编制目录并向社会公开"；又有第三十五条，将《公共文化服务保障法》中的"公共文化服务开展情况的年报制度"具体落实为中心馆、区总馆的年报制度，且"编制的年度报告应当及时对外发布，接受社会监督"，明确要求公共图书馆编制并公开年度报告，为公共图书馆的社会监督和社会参与提供了重要的抓手；再有第四十七条，阐述了服务内容、开放时间、借阅规则等信息公示的相关要求。除此之外，还有部分条款涉及政府的信息公开责任，如第三十三条要求市文化主管部门考核公共图书馆的服务质量和水平，并将评价结果向社会公开，作为公共图书馆的奖补依据；第二十九条则对政

府通过公共图书馆公开信息做出了规定。

（三）支持公共文化机构开展联合服务

早在 2017 年，佛山市就着力推动"党建引领，文化共建"，以公共文化设施共建共享为起点，建立佛山市公共文化设施联盟，探索公共文化机构联合服务的可能性。由于佛山市尚未有专门的公共文化服务地方性法规或地方政府规章，《办法》先行为这一联盟提供了制度支持，如第三十七条提出，"鼓励公共图书馆与博物馆、文化馆（站）、美术馆、科技馆、工人文化宫、青少年宫等各类型公共文化机构建立交流与合作机制，联合开展阅读推广与社会教育活动，合作推进文献信息的研究利用，并探索服务场地共用、数字信息共享等创新举措"。

（四）积极推动区域图书馆事业共建共享

《办法》对接广佛同城的区域战略，在第三十八条提出"推动建设广佛公共图书馆通借通还机制，推动广佛文献信息共享，促进广佛公共图书馆服务标准统一"，明确了广佛图书馆合作的三个关键切入点，其中的通借通还已经在特定地区初步实现。第三十八条的第二款又进一步规定，"市人民政府应当推动中心馆与粤港澳大湾区其他城市图书馆建立文献交流与文化合作机制，加强人文湾区建设"。

（五）探索公共图书馆延伸服务的形式和业态

《办法》第四十五条鼓励开展智能阅读空间和汽车图书馆等形式的延伸服务，尤其智能阅读空间形式是近年佛山市在延伸服务方面的发力重点，目前已经形成街区图书馆自助借还机、自助图书馆、读书驿站、移动智能图书馆四种不同模式。《办法》明确了这些延伸服务的基本定位，主要是"向远离图书馆的社区、企业、学校等机构以及人员密集场所提供服务"。与此同时，第四十五条第二款明确提出文化旅游协同发展模式的思路，"鼓励公共图书馆与旅游景区、酒店和民宿等单位开展合作"，并强调文旅融合应当遵循"科学、合理"的基本原则。

（六）鼓励公共图书馆积极运用现代信息技术

《办法》有多处内容鼓励公共图书馆加强数字化、智慧化、智能化建设，以提升公共图书馆服务效能。例如，第二十一条在中心馆职责中加入了"统筹建设数字图书馆"的内容；第四十四条明确了在古籍保护与文化传承中，应"积极运用现代信息技术和传播技术进行古籍宣传和利用，传承发展中华优秀传统文化"；第四十六条则从政府层面，要求"市、区人民政府应当加强公共图书馆信息化、智能化建设，支持公共图书馆在服务中运用大数据、互联网、人工智能等相关信息技术，提高公共图书馆的服务效能"。

五、特色与亮点之四：提升职业能力，锻造公共图书馆管理的专业性

专业性是图书馆工作的基本特征，也是推动公共图书馆服务高质量发展的重要依托。在当前和未来一段时间里，地方图书馆法应当聚焦和解决的关键问题之一，就是省域或市域视角下公共图书馆，特别是基层图书馆的专业性提升问题。

图书馆的专业性源于图书馆员的专业性。在制定过程中，《办法》首先对人才专业性的问题给予了高度关注，具体来讲有以下方面：一方面，以专业知识与技能为核心评判要素，建立人力资源采购机制与人才队伍建设机制。在各个地方人手短缺、编制有限的现实背景下，人力资源采购逐渐成为公共图书馆，尤其是基层图书馆建设服务队伍的关键途径。此次《办法》中比较重要的突破，是在呼应这一新转变的同时，明确将专业化的要求贯彻落实到图书馆人力资源采购机制之中，要求"市文化主管部门应当会同同级人力资源社会保障、财政等有关部门，建立本市公共图书馆人力资源采购机制，建设结构合理、具备相关专业知识的图书馆管理队伍"（第十七条）。另外，《办法》第十七条也对公共图书馆工作人员数量、新进管理人员和专业技术人员的资质等提出了要求。第十八条则进一步规定了中心馆馆长和区总馆馆长的任职资质，要求前者"应当具有相关专业正高级专业技术职称，或者具有相关专业副高级专业技术职称且具有5年以上图书馆工作经验"，后者"应当具有相关专业副高级及以上专业技术职称，或者具有相关专业中级专业技术职称且具有3年以上文化行业工作经验"。另一方面，建立"教育、培训、交流"三位一体的专业人才提升路径。专业教育和培训是公共文化机构提升工作人员专业化水平的主要抓手，《公共文化服务保障法》第五十四条要求"加强多层次专业人才教育和培训"。呼应相关要求，《办法》分别从制度和实施两个方面进行机制设计：在第二十一条中将"建立和完善全市公共图书馆工作人员业务培训和继续教育制度"的制度职责列入中心馆的工作范围，又在第三十四条中规定"中心馆负责为本市公共图书馆工作人员提供专业继续教育课程。区总馆负责分馆、基层服务点工作人

员的业务培训"。考虑到教育、培训一般以讲座形式开展，时间较短，且专业知识的传授并不系统，《办法》又参考《广东省人才发展条例》关于人才支持和帮扶的相关条款，进一步建立了公共图书馆体系的人才交流机制，"中心馆与区总馆、分馆可以通过双向人才交流机制，选派工作人员进行挂职锻炼及跟班学习"。

除了人员的专业性之外，《办法》还设立了专业力量参与地方公共图书馆顶层设计的相关机制。如第九条规定"市文化主管部门成立公共图书馆专家委员会"，为公共图书馆事业发展规划、服务网络建设方案、重要政策及重要业务标准规范和其他涉及公共图书馆事业发展的重大事项提供咨询，在公共图书馆规划、建设和管理中加强专业社群的话语权和参与度。与此同时，《办法》有意识地在图书馆业务的全过程中贯穿专业精神和专业意识，代表性的条款包括：通过标准与规范建设提升专业化水平（第二十五条）；建立文献信息采购咨询制度，增强馆藏建设的专业性（第二十七条）；根据文献管理或处置的相关要求，助力提高公共图书馆文献信息、空间及相关资源的利用率（第三十条）；积极发挥行业组织的专业作用，促进行业规范制定、加强行业自律等（第三十九条）；为未成年人配备专业人员，并针对未成年人、老年人、残疾人、流动人口等特殊群体的特点提供文献信息、设施设备和服务（第四十三条）；设立市级古籍保护中心，加强古籍活化等专门业务（第四十四条）；等等。

六、结语

地方图书馆法是立足本地图书馆需求、总结地方图书馆经验的产物，但它的意义绝不仅仅止于"地方"。"十三五"时期，公共文化服务领域的制度框架基本搭建完成，但要将《公共文化服务保障法》《公共图书馆法》及其他国家层面政策文本的原则性、普遍性规定落到实处，还有许多瓶颈和问题亟待突破和解决。随着《办法》的调研和起草工作的展开，在"十四五"时期，地方图书馆法将发挥越来越关键的作用。从这个角度来讲，我们也期待《办法》能够为其他地区公共图书馆服务体系建设或公共图书馆立法研究提供有益参考，能够将佛山市公共图书馆建设的经验转化为中国公共图书馆事业发展的共同财富。

第三部分

专家笔谈

公共图书馆事业健康可持续发展的保障

——祝贺《佛山市公共图书馆管理办法》实施[①]

倪晓建

佛山市的公共图书馆事业，无论是服务品牌建设，还是服务效益都走在全国的前列。这些成就的取得既得益于佛山市人民政府对公共图书馆事业的重视，也得益于佛山市公共图书馆服务体系建设的良好基础。《佛山市公共图书馆管理办法》（本文中简称《管理办法》）是《中华人民共和国公共图书馆法》（本文中简称《公共图书馆法》）实施后制定的我国第一部公共图书馆领域的市级地方立法，其将对全国公共图书馆事业的发展起到引领作用。

第一，《管理办法》体现了佛山市政府对公共图书馆的法律责任，帮助其以法规促进公共图书馆事业发展。《管理办法》前5条首先明确了市、区、镇（街）三个级别的主体在公共图书馆建设上的责任，将设施、设备、文献信息、人员、服务、运行与维护等费用列入本级财政预算，并规定及时足额拨付。公共图书馆事业的健康发展，经费保障非常重要，《管理办法》聚焦问题、解决问题，体现了佛山市政府发展公共图书馆事业的意志和决心。

第二，《管理办法》体现了佛山公共图书馆事业发展的连续性及先进的服务理念。佛山市联合图书馆服务体系在全国具有较大影响，产生了很好的服务效益。《管理办法》在联合图书馆基础上进行科学规范，实现区域间总分馆体系法律化，不仅提升了总分馆体系建设的标准，也体现了佛山市公共图书馆面向基层的服务理念。

第三，《管理办法》的规定在表述上具体且亮点纷呈。《管理办法》把推动建设广佛公共图书馆一体化、佛山市图书馆与粤港澳大湾区其他城市图

---

① 本文刊于《图书馆论坛》2021年第7期，经作者和刊物授权收录。

书馆的合作机制，以及加强"人文湾区"建设列入条文，将佛山市公共图书馆建设融入粤港澳大湾区战略，体现了佛山市政府在公共文化建设中站位高、立意深的顶层设计理念。

《管理办法》对馆长任职条件做出了技术职称和在图书馆工作年限的规定，保障了专业化管理。专家治馆能为公共图书馆可持续发展奠定了人才基础，是公共图书馆在管理上的重要制度设计。

《管理办法》关于第三方评估机制、法人治理、志愿者、全民读书月、增值服务、大数据、人工智能等的规定，具有鲜明的时代特点和领先的发展理念，为公共图书馆全面建设提供了法律依据，能积极推进发展进程。

《管理办法》不仅是佛山的，而且是全国的，将对各地区的公共图书馆建设产生示范意义。祝贺《佛山市公共图书馆管理办法》成功落地！

专家简介　倪晓建，教授，博士研究生导师。中共中央宣传部"二二工程"专家咨询委员会专家，国家社会科学基金学科评审组成员，教育部人才评审专家库成员，国家古籍保护协会民间古籍收藏工作委员会主任，国家基层公共数字文化服务研究院院长。

健全人民文化权益保障制度 促进公共图书馆高质量发展

——《佛山市公共图书馆管理办法》的特色与亮点[①]

李国新

《佛山市公共图书馆管理办法》（本文中简称《管理办法》）是《中华人民共和国公共图书馆法》（本文中简称《公共图书馆法》）施行后出台的我国第一部促进公共图书馆事业发展的市级地方立法。它为《公共图书馆法》在佛山市的落地提供了保障，为佛山市公共图书馆事业在新时期的高质量发展提供了遵循依据，也为完善公共文化法律体系、健全人民文化权益保障制度做出了引领和示范。综观《管理办法》，其在以下四大方面突破明显、特色鲜明、示范性强、借鉴价值大。

一、强化与细化政府主体责任

公共图书馆是公共文化服务体系的重要组成部分。《中华人民共和国公共文化服务保障法》（本文中简称《公共文化服务保障法》）确立了公共文化服务政府主导原则；《公共图书馆法》要求县级以上人民政府将公共图书馆事业纳入本级国民经济和社会发展规划，加大对政府设立的公共图书馆的投入。《管理办法》从三个方面强化和细化了上位法的原则规定：一是规定市文化主管部门根据国民经济和社会发展规划、国土空间规划，编制公共图书馆事业发展规划，建立了将公共图书馆事业发展专项规划纳入并衔接地方经济社会发展"大规划"的实现机制。二是明确了市、区、镇三级政府设置公共图书馆的责任，延伸了《公共图书馆法》规定的设置主体层级，为编制符合佛山市实际的公共图书馆设施网络奠定了基础。三是建立了市、区、镇三级政府依据公共图书馆服务事权责任和支出责任加大经费投入的保

[①] 本文刊于《图书馆论坛》2021年第7期，经作者和刊物授权收录。

障原则,细化了公共图书馆经费的主要项目,提出了对基层社区和基础薄弱地区实行经费倾斜的要求,明确了《公共图书馆法》关于加大投入的原则规定在佛山市针对性落地的重点任务。

二、形成佛山特色"联合图书馆体系"建设标准

佛山市是我国公共图书馆总分馆体系的发源地之一,早在21世纪初,"禅城模式"就享誉全国;2015年以来在全国推广的图书馆文化馆总分馆体系制度设计中,就蕴含着佛山市探索实践的经验结晶。《管理办法》将经过长期实践探索、佛山特色鲜明的"联合图书馆体系"上升为政府规范,并做出了一系列规定。放在全国推进总分馆制建设的背景下看,这些规定的最大贡献,是将"联合图书馆体系"的建设标准法律化了。比如,明确规定了中心馆、区总馆、分馆和基层服务点在联合图书馆体系中的职责,明确规定了中心馆、区总馆、街镇分馆的设施面积指标、年新增资源数量指标等。《关于推进县级文化馆图书馆总分馆制建设的指导意见》中有关合理确定总分馆布局、规模和标准,以及建立总分馆基本条件的政策要求,通过《管理办法》的规定得以具体化、指标化、法制化。"十三五"时期,图书馆文化馆总分馆制建设是公共文化领域的重点改革任务,取得了显著进展,目前全国85%以上的县级行政区建立了公共图书馆总分馆制;但在实践中也显现出了一些问题,突出的是一些地方的总分馆建设存在"翻牌式""运动式"现象,核心是总馆和分馆的职能不够清晰、标准不够具体。《管理办法》在这方面做出的规定为解决全局性问题、推动总分馆建设高质量发展提供了思路,做出了示范。

三、以"人"为中心规范公共图书馆的选址

从以"文献"为中心向以"人"为中心转型是公共图书馆高质量发展的时代要求。以"人"为中心,本质上是要求公共图书馆与社区融合共生,融入百姓生活圈;前提是公共图书馆要散布在老百姓身边,实现日常利用的便捷化。《公共文化服务保障法》针对10多年来新建公共文化设施选址存在的问题,建立了公共文化设施选址征求公众意见的制度,旨在通过征询公众意见来制约新建公共文化设施选址的随意性和功利性。但是,《公共文化服务保障法》并没有做出细化、具体化的规定,导致该项制度缺乏可操作性,在实践中难以落地。《管理办法》第一次在地方政府规章中细化了"大

法"的规定,有四个亮点:一是规范了选址征求公众意见的方式,明示应通过当地政府网站、主要报刊或者其他方式来征求意见;二是明确了公众意见是选址决策的"重要依据";三是规定了新建公共图书馆应同步开展交通影响评价,并配套建设公交站场;四是将公共图书馆馆址"公交便利"的原则由新建馆延伸到建成馆。这些规定的核心是解决公共图书馆"建在哪儿"的问题,体现的是建设"以人为中心的图书馆"的理念和思想。

四、贯彻开放、共享新发展理念,促进公共图书馆服务融合发展

公共文化服务和文明实践、乡村振兴、学校美育、大众旅游等融合发展,以及公共文化机构之间的融合发展是推动公共文化服务高质量发展的重点任务,也是开放、共享新发展理念在公共文化服务中的具体体现。2021年3月印发的《文化和旅游部 国家发展改革委 财政部关于推动公共文化服务高质量发展的意见》(文旅公共发〔2021〕21号)对促进公共文化服务融合发展做出了具体部署。《管理办法》在推动公共图书馆服务融合发展方面体现出了超前性和引领性。比如,规定公共图书馆与博物馆、文化馆(站)、美术馆、科技馆、工人文化宫、青少年宫等各类型公共文化机构建立交流与合作机制,联合开展阅读推广与社会教育活动,探索服务场地共用、数字信息共享等新举措;规定市人民政府推动中心馆与粤港澳大湾区其他城市公共图书馆建立文献交流与文化合作机制;鼓励公共图书馆与旅游景区、酒店和民宿等开展合作,探索科学的文化旅游协同发展模式。这些规定立足新发展阶段,体现新发展理念,为构建佛山市公共图书馆事业新发展格局做出了指引。前不久,佛山市图书馆和佛山市青少年宫跨界联合,开创了我国第一个"馆宫"融合发展体系,推动了面向青少年的公共文化服务在场地、资源、活动、师资、创意等方面的跨界融合,这说明《管理办法》做出的指引已经在实践中开花结果。

专家简介 李国新,北京大学信息管理系教授,北京大学国家现代公共文化研究中心主任,文化和旅游部国家文化和旅游公共服务专家委员会首席专家。

地方公共图书馆事业高质量发展的引擎

——《佛山市公共图书馆管理办法》的作用[①]

柯 平

继《深圳经济特区公共图书馆条例（试行）》《广州市公共图书馆条例》《东莞市公共图书馆管理办法》之后，2021年2月，佛山市人民政府颁布了《佛山市公共图书馆管理办法》（本文中简称《管理办法》），这是广东省图书馆事业乃至文化事业发展的一个新成果，也是备受全国公共图书馆界瞩目的一件大事，可圈可点，可喜可贺。《管理办法》的实施标志着佛山市公共图书馆事业进入了一个新阶段，它将在佛山市公共文化高质量发展中发挥重要作用，并在省内外产生广泛而深远的影响。

一、驱动作用

"高质量发展"概念最初用于经济领域，2019年12月，中央经济工作会议就实现高质量发展做出了部署。在2020年9月15—18日广东省立中山图书馆、广东图书馆学会、肇庆市图书馆学会联合举办的"图书馆'十四五'规划专题研讨会"上，笔者提出要为高质量发展谋战略。随着党的十九届五中全会提出我国已转向高质量发展阶段，公共图书馆事业也同步转向高质量发展的新阶段。《管理办法》的问世恰逢其时，它不仅是佛山市公共图书馆事业进入高质量发展阶段的标志，而且是佛山市公共图书馆事业高质量发展的驱动力。改革开放以来，佛山市公共图书馆事业快速发展，率先创建图书馆总分馆的"佛山模式"并在全国推广；在第六次公共图书馆评估中，全市6所区级以上图书馆均被评为国家一级馆；2020年"邻里图书馆"项目获国际图书馆协会联合会营销奖第一名。在高起点上，需要更高目标，《管理办法》指

---

① 本文刊于《图书馆论坛》2021年第7期，经作者和刊物授权收录。

明了高质量发展方向，驱动着公共图书馆从规模扩大到体系化完善，从服务创新到服务整体升级，从现代化复合图书馆向智慧图书馆转型。

二、保障作用

图书馆事业不是短期或比较长时期的一项工程，而是为实现人民群众对更美好生活的不断追求而要世代传承的重要工作，是一个地区经济社会发展的基础，为此，政府必须提供长期的经费、人员、基础设施等各项条件的支持。《管理办法》为佛山市公共图书馆事业的可持续发展提供了根本保障，主要体现为五大保障：一是管理体制保障，既强调法人治理结构，又要求市文化主管部门成立公共图书馆专家委员会，强调了专家作用。二是服务网络布局保障，对市、区、镇（街）这三个级别的主体设立图书馆都有具体的规定，还规定基层综合性文化服务中心的图书室建筑面积不得低于30平方米，从体系化建设上进行设施设备与布局保障。三是经费保障，强调将设施设备、文献信息、人员、服务、运行与维护等方面的费用列入本级财政预算，市、区、镇人民政府（街道办事处）在社区公共文化设施建设经费中保留一定比例用于社区的公共图书馆建设，以及公共图书馆经费应当专款专用，解决了制约公共图书馆发展的关键要素问题。四是人员保障，要求政府建立人力资源采购机制，对新进人员提出要求，推动图书馆专业化队伍建设。五是资源保障，对采访政策和采购经费提出具体要求，如规定中心馆、区总馆数字文献信息采购经费比例应当分别达到文献信息采购总经费的20%和15%，还强调实行地方文献出版物交存制度，这些措施有利于更好地满足广大人民群众对于文献信息的需求，更好地传承地方文化。

三、引领作用

一方面，自《中华人民共和国公共图书馆法》（本文中简称《公共图书馆法》）问世后，我国公共图书馆事业便进入了法治化新时期；另一方面，我国图书馆法律体系，特别是地方图书馆法规制度仍然不够健全。地方图书馆法规至今只有7部，各地方政府出台的图书馆管理办法也不多。与已有的地方图书馆法规制度相比，《管理办法》吸纳了已有政策法规、服务规范、评估标准中的科学合理的方法，对图书馆的具体规定更加细化，特别突出了量化指标的科学性和可操作性。比如，在建筑面积、服务等方面以服务人口作为标准，规定了各基层图书馆的每千人建筑面积、年人均新增纸质文献信息量等。《管理办法》的制定采取了引进大学团队的模式，中山大学张靖教授领衔的团队经过充分研究，完成了高水平的《管理办法》，创新很多，亮点突出。《管理办法》成了我国地方公共图书馆管理办法的一个标杆，将发挥示范引领作用。《管理办法》的成功之处就在于既贯彻了《公共图书馆法》的精神，又结合本地实际，将创新模式和方法制度化。例如，社会力量参与公共图书馆建设是《公共图书馆法》的一大突破，但其对社会力量设立或参与举办的公共图书馆没有具体的标准，而《管理办法》以建筑面积作为分馆与基层服务点的划定标准，比较合理。又如，总分馆制已被写入《公共图书馆法》，而联合图书馆体系是佛山市在图书馆体系化建设中探索出来并经过实践检验证明有效的模式，《管理办法》将联合图书馆体系与总分馆体系有机结合，使市中心馆、区总馆、镇（街）分馆发挥了各自的重要作用。《管理办法》不仅立足现实，与当前社会需求和工作重点相结合，适应了大数据战略、文旅融合等新形势，而且面向未来，提出了发展智能阅读空间等要求，把握了公共图书馆发展的大趋势。

四、辐射作用

通过政策法规加强对公共图书馆事业的管理是政府的责任。《管理办法》的出台体现了佛山市政府部门对公共图书馆事业的责任担当，也体现了佛山市图书馆抓住机遇谋求发展的新作为。《管理办法》的特别之处不仅在于为其他地区制定公共图书馆管理办法提供了最新的参考依据，而且在于将公共图书馆的区域合作共享制度化，使之发挥更大的辐射作用。《管理办法》提出的推动建设广佛公共图书馆通借通还机制，与粤港澳大湾区其他城市图书馆建立文献交流与文化合作机制，等等，不仅加强了公共图书馆的合作交流，而且带动了其他地区的资源共建共享。《管理办法》将全民阅读放在重要地位，规定每年8月为佛山全民阅读月，要求联合各界力量打造阅读品牌，鼓励公共图书馆与个人、家庭、民间读书会等社会力量合作，这些将影响其他地区采取有效措施，推动全民阅读进一步发展。

专家简介 柯平，教育部长江学者，南开大学信息资源管理系教授，博士研究生导师，南开大学图书情报专业学位教育中心主任，南开大学图书情报与档案管理一级学科博士后科研流动站站长；兼任全国图书情报专业学位研究生教育指导委员会委员，全国图书馆标准化技术委员会副主任，中国图书馆学会学术委员会副主任，国家社会科学基金评审委员会委员。

一部兼具创新性、科学性和适应性的地方行政规章

——《佛山市公共图书馆管理办法》评析[①]

申晓娟

"十四五"伊始，就从佛山市传来喜讯，《佛山市公共图书馆管理办法》（本文中简称《管理办法》）于2021年2月10日经市政府审议通过，5月1日起施行。此前，深圳、广州、东莞已分别颁布了《深圳经济特区公共图书馆条例（试行）》（1997年）、《广州市公共图书馆条例》（2015年）、《东莞市公共图书馆管理办法》（2016年），在全国现有的7部地方性图书馆法规中，广东省贡献了2部。广东省是我国公共图书馆事业较为发达的地区之一，《中华人民共和国公共图书馆法》（本文中简称《公共图书馆法》）颁布实施以来的我国第一部图书馆领域市级地方立法也落户于此，有其必然性。广东图书馆地方法治建设在全国遥遥领先，促进了其图书馆事业的发展，而图书馆事业的发展反过来也促进了地方法治建设。这种事业发展与政策保障的良性互动为全国其他地区树立了生动样板。

《管理办法》在遵从《公共图书馆法》的前提下，体现了佛山市经济水平、社会发展、人文环境、公共文化等方面状况，是一部兼具鲜明地方特色和行业特点的行政规章，实现了创新性、科学性和适应性的有机结合。《管理办法》的以下三个特点令笔者印象深刻。

一、鲜明的地方性

《管理办法》第二条规定："本办法所称公共图书馆，是指向社会公众免费开放，收集、整理、保存文献信息并提供查询、借阅及相关服务，开展阅读推广、社会教育、文化传播的公共文化设施。"这在《公共图书馆法》

---

① 本文刊于《图书馆论坛》2021年第7期，经作者和刊物授权收录。

的基础上突出了对公共图书馆承担开展阅读推广、文化传播职能的明确要求，既符合佛山市公共图书馆事业的发展现状，也体现了"文化佛山"发展的必然要求。《管理办法》鼓励公共图书馆与各类型公共文化机构间建立交流合作机制，联合开展阅读推广与社会教育活动，合作推进文献信息的研究利用，探索服务场地共用、数字信息共享等创新举措；鼓励公共图书馆根据自身业务能力为公众提供专题信息服务，为企业提供信息增值服务，为政府和有关机构制定法律、法规、政策和开展专题研究提供文献信息和咨询服务，为开展地方文献与地方历史文化研究提供服务；提出市、区人民政府应当推动广佛文献信息共享、服务标准统一与通借通还，佛山市人民政府应当推动中心馆与粤港澳大湾区其他城市图书馆建立文献交流与文化合作机制，加强人文湾区建设等规定，使公共图书馆事业更好地服务于区域、城市和个人的发展。《管理办法》明确将佛山市近年来探索构建的"联合图书馆体系"作为全市公共图书馆体系建设的路径，并详细规定了联合图书馆体系的构成与运行机制，以及中心馆、区总馆、分馆、各基层服务点的各自职责和建设要求。

二、突出具体性

《管理办法》结合佛山实际，将《公共图书馆法》的普遍性和概括性规定加以具体化，使其更好地适应佛山市经济社会发展与公共图书馆事业发展的需要，具有较强的可操作性、可落实、可检查。例如，《管理办法》拓展了《公共图书馆法》规定的免费服务项目，进一步要求开放公众学习、交流、创作及公共文化活动所需的空间设施场地；第二章"设立"、第三章"运行"、第四章"服务"均有多条量化指标条款。比如，《管理办法》要求镇（街）应当至少设立 1 家公共图书馆，常住人口超过 20 万的镇（街）应当根据实际情况增设公共图书馆；对中心馆、区总馆、分馆及基层服务点每千人建筑面积，以及基层综合文化服务中心的图书室建筑面积提出底线要求；对中心馆、区总馆及分馆的年人均馆藏文献增量、基层服务点的藏书量及年新增藏量明确了量化要求；规定中心馆、区总馆、分馆在周末或工作日夜间的错时开放时间不得少于总开放时间 1/3。《管理办法》还要求全市公共图书馆采用统一标识，并纳入路标、路牌、公共交通等城市标识系统。《管理办法》就各级政府对公共图书馆事业发展的主体责任做了细致的规定，涉及规划建设、监督管理、政策制定、经费投入等方面，特别是将《公共图书馆法》中政府对公共图书馆的经费投入进一步细化为设施设备、文献信息、人员、服务、运行与维护等经费投入，要求市、区、镇（街）重点加大对基础条件相对薄弱和发展不平衡的政府设立的公共图书馆在馆舍改造、文献信息购置、活动开展等方面的支持，在社区公共文化设施建设经费中保留一定比例用于社区公共图书馆建设。

三、突出专业性

《管理办法》充分体现了引导和保障公共图书馆事业走专业化发展道路的政策思路，并为此做了一系列制度设计。一方面，其在队伍建设上强调专业背景，要求建设结构合理、具备相关专业知识的图书馆管理队伍；着眼于加强多层次专业人才教育和培训，建立分级培训制度，规定由中心馆负责提供专业继续教育课程，区总馆负责分馆、基层服务点工作人员的业务培训，鼓励中心馆与区总馆、分馆开展双向人才交流，选派工作人员进行挂职锻炼及跟班学习。专门对馆长的任职条件做出明确规定，要求中心馆馆长具有相关专业正高级专业技术职称，或者具有相关专业副高级专业技术职称且具有5年以上图书馆工作经验；区总馆馆长具有相关专业副高级及以上专业技术职称，或者具有相关专业中级专业技术职称且具有3年以上文化行业工作经验。另一方面，通过制度规定确保图书馆业务建设的专业性。例如，要求市文化主管部门制定联合图书馆业务标准和服务规范，突出以标准化促进专业化的发展思路。在资源建设方面，要求公共图书馆建立文献信息采购咨询制度，制定馆藏发展目标和年度采购计划，定期对文献信息进行清点，根据文献信息的利用率对其进行调配使用或收藏，对因破损严重或陈旧等原因而无法使用的文献信息根据国家有关规定进行处置，以确保馆藏建设与发展的专业性。在服务方面，《管理办法》也从公共图书馆服务的专业性出发，力求充分发挥其独特作用。其在规定免费服务项目的同时，鼓励公共图书馆根据自身业务能力提供专业性信息服务和咨询服务，规定公共图书馆可依法开展文献信息复制、文本打印等与其功能、特点相配套的服务项目；鼓励公共图书馆与个人、家庭、民间读书会等社会力量合作，共同提供阅读服务，并要求其通过智能阅读空间、汽车图书馆等形式，向远离图书馆的社区、企业、学校等机构提供服务。同时，《管理办法》对应用现代信息技术提升服务效能也给予了重点关注，要求市、区人民政府加强公共图书馆信息化、智能化建设，支持公共图书馆在服务中运用大数据、互联网、人工智能等信息技术；要求市图书馆积极运用现代信息技术和传播技术进行古籍宣传和利用，传承发展中华优秀传统文化。

作为"十四五"以来我国第一部公共图书馆领域市级地方立法,《管理办法》着眼于支撑佛山市经济、社会、文化等各领域的发展需要,着眼于更好地满足人民群众美好生活新期待,为规范和促进佛山市公共图书馆事业的发展提供了有力制度保障和清晰的顶层设计。我们期待在《管理办法》确定的管理制度保障下,佛山市公共图书馆事业在高质量发展道路上不断取得新成绩!

专家简介 申晓娟,博士,研究馆员,国家图书馆研究院院长。2019年中共中央宣传部文化名家暨"四个一批"人才,国家公共文化服务体系建设专家委员会委员,2016年度文化部优秀专家。全国图书馆标准化技术委员会委员兼秘书长,全国文化馆标准化技术委员会委员,全国信息与文献标准化技术委员会识别与描述分技术委员会委员兼秘书长。国际图书馆协会联合会版权与相关法律事务咨询委员会委员,中国图书馆学会第九届理事会公共图书馆分会委员兼图书馆政策研究工作委员会主任委员。

开放合作、融合发展，建设多元共治的图书馆服务体系
——《佛山市公共图书馆管理办法》简评[①]

王惠君

公共图书馆是保存人类文化遗产、开展全民阅读、提供社会教育和传播优秀文化的公共文化阵地。图书馆在传承优秀传统文化、提升社会文明、促进社会发展方面起到了积极作用，正如在国家图书馆建馆110周年之际，习近平总书记在给国家图书馆8位老专家的回信中指出："图书馆是国家文化发展水平的重要标志，是滋养民族心灵、培育文化自信的重要场所。"[②] 因此，图书馆发展一直受到党和国家的重视，"十三五"时期国家出台了《中华人民共和国公共图书馆法》（本文中简称《公共图书馆法》），一些省市出台了全民阅读促进条例，为图书馆事业发展和图书馆履行好全民阅读社会职能保驾护航。在当今社会转型发展期，图书馆事业发展面临着多元需求、技术创新、融合发展、转型升级、深化改革等挑战，图书馆一方面需要进行变革，融入当今社会，提供更高质量、更有效率、更加公平、更可持续的公共文化服务；另一方面，更需要从法规层面、从顶层设计角度去把握图书馆事业的发展方向，规范图书馆发展之道。这也是《佛山市公共图书馆管理办法》（本文中简称《管理办法》）在"十四五"开局之年出台的现实意义和社会价值。

佛山市在"十三五"时期提出了文化引领社会发展的理念，出台了《"文化佛山"三年行动计划（2017—2019年）》，公共文化建设一直走在全国前列。长期以来，佛山市公共图书馆事业在全国处于领先水平，在公共图书馆管理、读者服务、总分馆建设等方面形成了有影响力的"佛山样本"，为图书馆界提供了诸多佛山经验，为全国图书馆事业发展做出了巨大贡献。

---

① 本文刊于《图书馆论坛》2021年第7期，经作者和刊物授权收录。
② 《坚持正确政治方向　弘扬优秀传统文化》，载《人民日报》2019年9月10日，第1版。

佛山市政府颁布《管理办法》，符合时代发展的需要，凸显了佛山地域文化的特征，标志着佛山市公共图书馆事业发展进入了一个新时代。公共图书馆事业发展有法可依、有章可循，充分彰显了佛山市政府不仅很好地履行了公共文化建设主体责任，也反映出地方政府非常注重本市文化治理能力和治理水平的现代化建设。《管理办法》的制定说明佛山市能够审时度势，很好地把握当今时代的变化和社会发展对公共图书馆提出的更高要求，因此，佛山市从顶层设计入手，确立了公共图书馆的社会职能和事业发展方向，证明佛山市在地市级公共图书馆地方法规建设上又一次走在了全国前列。

《管理办法》的内容体现了以人民为中心的思想和高质量发展的新理念。从公共图书馆的设立看，《管理办法》规定，根据人口数量和分布、环境和交通条件来确立公共图书馆的数量、规模、结构和布局。特别是人口为20万以上的镇（街）可以按实际需要增设公共图书馆；在服务方面，规定公共图书馆应当坚持普遍、平等、开放、共享、便利的服务原则；在发展方向上，提出智能化建设、智慧空间建设、协同发展等。《管理办法》基于佛山市公共图书馆事业现实和未来发展的需要，是对《公共图书馆法》的深化和细化，其中联合图书馆体系内容就体现了佛山市鲜明的地方特色，它的实施是佛山市深入贯彻《中华人民共和国公共文化服务保障法》（本文中简称《公共文化服务保障法》）、《公共图书馆法》，依法推进公共文化建设和图书馆事业发展的具体体现，有利于促进佛山市公共图书馆事业高质量发展。

《管理办法》对区域公共图书馆事业发展的作用是积极的和深远的。

第一，促进地区公共图书馆体系化建设持续稳定发展。《管理办法》明确了各级政府、文化主管单位及相关部门的主体责任和工作职责，使公共图书馆的建设和发展得到了有力保障。同时，公共图书馆建设和发展已不是一馆一舍的模式，也不是一级政府建一个馆的方式，而是在体系化的系统中，公共图书馆之间彼此联系、互为节点、资源共享、服务联动，形成了总分馆层级体系。特别是近几年在基层分馆的建设中，各地积极探索，出现了多元共建的分馆和新型阅读空间，如佛山市出现了邻里图书馆、民宿图书馆，这就更需要从制度上去规范管理，将其纳入统一的考评体系。《管理办法》根据佛山市公共图书馆服务体系的客观现实，明确了中心馆、总馆及分馆的设立标准、职责任务、服务规范，有助于公共图书馆服务体系的有效运行及服务效能的最大发挥。

第二，规范各级公共图书馆业务建设和社会服务，对公共图书馆事业的专业化、规范化、标准化提出了具体要求。守正创新是公共图书馆发展变化的不二选择，要积极探求在管理、技术、服务、空间上创新，在合作、共享、融合中发展。同时，公共图书馆更需要坚守社会职责、秉持专业精神和提供社会服务，唯有如此，公共图书馆才能在社会变革大潮中保持定力，发挥好自身的社会价值。

第三，鼓励社会力量积极参与公共图书馆事业建设，构建"多元共治"新格局。公共文化服务建设是政府的责任，但并不意味着必须由政府包办。社会力量参与公共文化服务是社会文明和进步的标志，这也符合佛山市经济社会发展水平，满足当地群众多元化、个性化的文化需求。发达地区更要建设政府主导、社会参与、市场调节的多方共治的文化新格局，不断提高区域公共文化治理能力和治理水平。

第四，鼓励资源共享、融合发展，形成社会服务合力。《管理办法》鼓励将社会力量举办或参与建设的图书馆纳入佛山市联合图书馆服务体系；鼓励学校图书馆、科研机构图书馆及其他类型图书馆作为分馆或服务点承担公共图书馆职能；鼓励公共图书馆与博物馆、文化馆、美术馆等其他文化机构联合开展服务；提出应当推动建设广佛文献资源共享机制，加强粤港澳大湾区图书馆交流合作；等等，体现了佛山开放、合作、共赢的发展理念。这既是《管理办法》的亮点，也是佛山市公共图书馆事业发展的大格局。

我们相信，《管理办法》在地区公共图书馆体系化建设、资源共建共享、社会服务效能提升等方面将起到规范和促进作用，佛山市必将开启公共文化治理和区域图书馆事业发展的新篇章，迎来佛山市公共图书馆事业的又一轮大发展。我们期待佛山市再创辉煌，为全国公共图书馆事业提供更多的先进经验。

专家简介 王惠君，研究馆员，广东省立中山图书馆馆长，广东图书馆学会理事长。

《佛山市公共图书馆管理办法》的时代价值[①]

程焕文

2021年2月18日，佛山市人民政府颁布《佛山市公共图书馆管理办法》（本文中简称《管理办法》），2021年5月1日起实施。[②] 作为佛山市文化领域的第一部行政规章和《中华人民共和国公共文化服务保障法》（本文中简称《公共文化服务保障法》）、《中华人民共和国公共图书馆法》（本文中简称《公共图书馆法》）颁布实施后出台的我国第一部市级公共图书馆地方立法，《管理办法》的颁布实施对于进一步推动佛山市公共图书馆事业，乃至全国公共图书馆事业的发展具有重要的时代价值。

一、历久弥新：公共图书馆发展模式的高平台

进入21世纪以后，广东公共图书馆事业突飞猛进，迅速形成了以"广东流动图书馆模式""深圳模式""广州模式""东莞模式"和"佛山模式"为代表的"岭南模式"，成为全国公共图书馆竞相参观、学习、借鉴、模仿、复制的模范。[③] 由此，平等、免费、开放、共享的公共图书馆理念自广东开始迅速向全国传播，"岭南模式"引领了中国公共图书馆的发展潮流，进而成为全球公共图书馆发展创新的典范。[④] 作为"岭南模式"的典型代

[①] 本文刊于《图书馆论坛》2021年第7期，经作者和刊物授权收录。
[②] 参见《佛山市公共图书馆管理办法》，见佛山市人民政府网站：http://www.foshan.gov.cn/gkmlpt/content/5/5085/post_5085298.html#36，最后访问时间：2021年4月8日。
[③] 参见程焕文《岭南模式：崛起的广东图书馆事业》，载《中国图书馆学报》2007年第3期，第15～25页。
[④] 参见程焕文、彭嗣禹、高雅等《改变21世纪中国公共图书馆进程的十大创新》，载《图书馆杂志》2018年第11期，第26～34页。

表,"佛山模式"的核心是联合图书馆。回顾历史,在21世纪中国公共图书馆发展进程的每个关键时间节点上,佛山市联合图书馆都走在前面。在国家"十五"时期文化发展规划提出加强图书馆建设、基本实现"县县有图书馆"之前,佛山已经开启了总分馆制建设。2002年9月,佛山市禅城区人民政府发布了《关于佛山市禅城区"联合图书馆"建设方案》,正式提出建设"联合图书馆"的规划设想。2003年10月,禅城区图书馆的第一个分馆——禅城区图书馆少儿分馆正式开放,由此开启了佛山市联合图书馆和公共图书馆总分馆制建设的历史。

在《国家"十一五"时期文化发展规划纲要》首次提出完善公共文化服务体系之前,佛山市便已经开启了公共图书馆服务体系建设。2004年佛山市图书馆提出的《佛山市联合图书馆实施方案》被列为佛山市宣传文化重要建设工程,2005年佛山市联合图书馆体系建设全面启动。联合图书馆旨在"整合全市图书馆资源,搭建覆盖全城、服务全民的文献信息资源共享网络和服务体系,统一资源、统一平台、统一标识、统一管理、分散服务的联合图书馆体系,实现同城生活、同城便利、保障市民享受更加充分与平等的文化权利"[①]。如今,佛山市联合图书馆的建设已经进行了16年,其先于《国家"十一五"时期文化发展规划纲要》提出的建设公共图书馆服务体系的思想理念,不仅与国家"十一五"至"十四五"时期文化发展规划中有关公共图书馆服务体系建设的思想理念完全吻合,而且至今在多个方面仍然走在前面。

在《国家"十二五"时期文化改革发展规划纲要》提出加快构建公共文化服务体系和《国家"十三五"时期文化发展改革规划纲要》提出加快现代公共文化服务体系建设时,佛山市联合图书馆就已经成为享誉全球的现代公共图书馆服务体系。截至2020年10月底,佛山市联合图书馆成员馆已发展至342家,遍布佛山五区,其中普通成员馆80家、智能图书馆259家、馆外新书借阅点3家,建成了以市图书馆为中心馆,区图书馆为区总馆,镇(街道)图书馆为分馆,(社区)村居图书室、智能图书馆等其他类型图书馆为基层服务点的四级公共图书馆服务网络,实现了统一服务形象、统一书目检索平台、一证通借通还、资源共建共享的一体化建设。读书驿站、民宿图书馆、粤书吧等图书馆新业态遍地开花,智能文化家、邻里图书馆等多项佛山图书馆文化服务经验从全国走向世界。2018年,佛山市联合图书馆中

---

① 潘燕桃:《公共图书馆理念的成功实践之二:佛山市联合图书馆研究》,载《图书馆论坛》2009年第6期,第125~130、254页。

心馆——佛山市图书馆荣获国际图书馆协会联合会（IFLA）绿色图书馆奖；2020年，佛山市联合图书馆的"邻里图书馆"项目荣获 IFLA 营销奖（第一名），成为有史以来我国获得 IFLA 奖项最多的公共图书馆。[①]

在国家"十四五"规划开启的头一年，佛山市颁布实施《管理办法》，实现了联合图书馆的建设理念和《公共文化服务保障法》《公共图书馆法》立法精神的有机结合，把联合图书馆的发展上升到制度确认和立法推动的高度。毫无疑问，《管理办法》的颁布实施标志着享誉全球的佛山市联合图书馆体系建设迈入了更高起点、更高层次、更高水平的高质量发展新时代，这将为佛山市继续引领我国构建覆盖城乡的公共图书馆服务体系和保障民众的基本文化权益提供持续的强劲动力。

二、和而不同：公共图书馆体系建设的高质量

高质量发展是2017年党的十九大首次提出的新表述，表明中国经济由高速增长阶段转向高质量发展阶段，逐渐实现从速度规模型向质量效益型转变。公共图书馆服务体系建设方向亦从"十三五"时期提出的加快现代公共文化服务体系建设转向"繁荣发展文化事业""提升公共文化服务水平"[②]。《管理办法》第一条开宗明义，提出立法的宗旨是"为了全面推进佛山市公共图书馆事业高质量发展，加强和规范佛山市公共图书馆管理，完善公共图书馆服务网络，保障公民基本文化权益"，把"全面推进佛山市公共图书馆事业高质量发展"作为《管理办法》中具有首要地位的内容，并"结合本市定位和发展实际"，从以下三个方面予以具体实施。

第一，坚持政府责任。联合国教科文组织和国际图书馆协会联合会共同拟定的《联合国教科文组织公共图书馆宣言（1994）》明确规定发展公共图书馆事业是各级政府的责任。《公共文化服务保障法》对各级人民政府的公共文化责任做了具体规定。《管理办法》全面贯彻落实了公共图书馆的政府主体责任。《管理办法》第十条第一款规定"市人民政府负责在全市行政区域内统筹建立覆盖城乡、便捷实用的公共图书馆服务网络"，第二款规定"区人民政府

---

① 参见佛山市文化广电旅游体育局《佛山市联合图书馆15周年：建设成果集中展示，佛山经验国际领先》，见广东省文化和旅游厅网站：http://whly.gd.gov.cn/news_newdsxw/content/post_3134449.html，最后访问时间：2021年4月8日。
② 《中共中央关于制定国民经济和社会发展第十四个五年规划和二〇三五年远景目标的建议》，见中华人民共和国中央人民政府网站：http://www.gov.cn/zhengce/2020-11/03/content_5556991.htm，最后访问时间：2021年4月8日。

负责本行政区域内公共图书馆服务网络建设，接受市人民政府的监督与工作指导"，明确规定了政府在公共图书馆事业方面的主体责任，充分贯彻落实了《公共文化服务保障法》《公共图书馆法》的政府责任精神。

佛山市公共图书馆服务体系建设之所以能够成为"佛山模式"，原因在于"其表"在"联合图书馆"，"其实"在"政府主体责任"。从2005年开始全面启动联合图书馆建设至今，佛山市人民政府一直担当着主体责任。如今《管理办法》把这种政府主体责任的担当和联合图书馆的成功经验以立法的形式进一步制度化，如第十二条规定，"市人民政府应当建立完善以市图书馆为中心馆，区图书馆为区总馆，镇（街道）图书馆为分馆，村图书馆、社区图书馆以及其他类型的基层图书馆或者图书室为基层服务点的联合图书馆体系"。

第二，坚持各方联动。2012年颁布的《国家"十二五"时期文化改革发展规划纲要》首次提出"加快构建公共文化服务体系"要"坚持政府主导、社会参与"的原则，2016年颁布的《公共文化服务保障法》正式确立了"政府主导、社会力量参与"的公共文化服务体系建设原则。《管理办法》第十条规定"公共图书馆服务网络建设遵循政府主导、社会参与、各方联动的原则"，在"政府主导、社会参与"的基础上创造性地增加了"各方联动"。

"各方联动"既是联合图书馆体系建设的经验特色，又使自上而下的"政府主导、社会参与"公共图书馆服务体系建设具有了由下向上汇聚各方力量，上下结合、同心同德、同向同行、同频共振的时代力量。这种力量是佛山力量，更是人民力量，体现了习近平总书记提出的坚持以人民为中心的思想和党的十九大确立的坚持以人民为中心的基本方略。

联合图书馆"之要"在于"联合"，"联合之要"在于在政府建设公共图书馆服务体系的同时调动社会各方力量建设图书馆，并将其纳入公共图书馆服务体系之中，体现的正是"功成不必在我，功成必然有我"的政府责任和政府主导。《管理办法》第十条规定"统一规划、统一标准、统筹管理、分级保障、分类建设、分众服务"的"三统三分"管理方法正是对这种成功实践的时代肯定。

第三，坚持融合发展。从"联合建设"到"融合发展"是佛山市联合图书馆发展的必然之路。以"图书馆＋"为特征的公共图书馆建设与服务融合发展是 21 世纪中国公共图书馆的十大创新之一。① 佛山市联合图书馆在"图书馆+"的融合发展上一直走在全国公共图书馆的前列,如今风靡全国的"你选书,我买单"活动就是佛山市联合图书馆的创新发明。《管理办法》将公共图书馆融合发展的理念进一步制度化,确立了多项融合发展的方向。

一是文化融合。《管理办法》第三十七条规定,"鼓励公共图书馆与博物馆、文化馆(站)、美术馆、科技馆、工人文化宫、青少年宫等各类型公共文化机构建立交流与合作机制,联合开展阅读推广与社会教育活动,合作推进文献信息的研究利用,并探索服务场地共用、数字信息共享等创新举措"。

二是广佛融合。《管理办法》第三十八条第一款规定,"市、区人民政府应当推动建设广佛公共图书馆通借通还机制,推动广佛文献信息共享,促进广佛公共图书馆服务标准统一"。

三是湾区融合。《管理办法》第三十八条第二款规定,"市人民政府应当推动中心馆与粤港澳大湾区其他城市图书馆建立文献交流与文化合作机制,加强人文湾区建设"。

四是民众融合。《管理办法》第四十二条规定,"全市公共图书馆应当联合各界力量,打造阅读品牌,推动、引导、服务全民阅读。鼓励公共图书馆与个人、家庭、民间读书会等社会力量合作,共同提供阅读服务"。

五是文旅融合。《管理办法》第四十五条第二款规定,"鼓励公共图书馆与旅游景区、酒店和民宿等单位开展合作,探索科学、合理的文化旅游协同发展模式"。

三、普遍均等:民众图书馆权利保障的高水平

2005 年 11 月 7 日发布的《中共中央办公厅 国务院办公厅关于进一步加强农村文化建设的意见》(中办发〔2005〕27 号)首次提出"实现和保障农民群众的基本文化权益"。2006 年 9 月 13 日发布的《国家"十一五"时期文化发展规划纲要》提出"完善公共文化服务网络","以实现和保障公民基本文化权益、满足广大人民群众基本文化需求为目标,坚持公共服务普遍均等原则,兼顾城乡之间、地区之间的协调发展,统筹规划,合理安排,形成实用、便捷、高效的公共文化服务网络"。从此,"实现和保障公民基本文化权

---

① 参见程焕文、彭嗣禹、高雅等《改变 21 世纪中国公共图书馆进程的十大创新》,载《图书馆杂志》2018 年第 11 期,第 26~34 页。

益、满足广大人民群众基本文化需求"便成为公共文化服务体系建设的目标,"普遍均等"成为公共图书馆服务体系建设必须坚持的原则。①

坚持"普遍均等"原则是构建覆盖城乡的公共图书馆服务体系,实现和保障公民基本文化权益的前提和保障,其重点、难点和关键点在镇(街道)及以下基层图书馆的建设。离开了基层图书馆的建设,公共图书馆服务体系建设就背离了"普遍均等"的建设原则,就不可能实现和保障公民的基本文化权益。《管理办法》特别强调镇(街道)图书馆分馆和村图书馆、社区图书馆以及其他类型的基层图书馆的基层服务点建设,在经费、空间和文献三个方面做了详细的规定,全面落实了"普遍均等"的公共图书馆服务体系建设原则。

第一,经费资源保障。《管理办法》第四条第一款规定,"镇人民政府(街道办事处)应当按照公共图书馆领域的事权和支出责任,加大对政府设立的公共图书馆的投入,将设施设备、文献信息、人员、服务、运行与维护等方面的费用列入本级财政预算,并及时、足额拨付";第四条第二款规定,"镇人民政府(街道办事处)应当统筹使用相关资金,重点加大对基础条件相对薄弱和发展不平衡的政府设立的公共图书馆在馆舍改造、文献信息购置、用户活动开展等方面的支持";第四条第三款规定,"镇人民政府(街道办事处)应当在社区公共文化设施建设经费中保留一定比例用于社区的公共图书馆建设"。这些关于镇(街道)图书馆分馆和基层服务点建设经费的规定在我国现有的公共文化和公共图书馆法规中是绝无仅有的。

第二,空间资源保障。《管理办法》第十一条第三款规定,"镇人民政府(街道办事处)应当至少设立1家公共图书馆,常住人口超过20万的镇(街道)应当根据实际情况增设公共图书馆。村、社区可以根据实际情况设立村图书馆、社区图书馆以及其他类型的基层图书馆或者图书室,服务村(居)民";第十五条第二款规定,镇(街道)"分馆及基层服务点每千人建筑面积合计不得低于23平方米";第十五条第三款规定,"基层综合性文化服务中心的图书室建筑面积不得低于30平方米";第十五条第五款规定,"社会力量设立或者参与举办的公共图书馆,建筑面积高于640平方米的,可以作为分馆;建筑面积不高于640平方米的,可以作为基层服务点"。这些有关基层图书馆面积指标的规定既远远高于又极大地拓展了国家有关公共图书馆建设和服务的相关标准规范,体现了地方标准必须高于国家标准的标准制定要求,展示

---

① 参见程焕文《普遍均等惠及全民——关于公共服务普遍均等原则的阐释》,载《图书与情报》2007年第5期,第4~7页。

了佛山市未来引领基层图书馆服务体系建设的宏伟蓝图。

第三，文献资源保障。《管理办法》第二十七条第一款规定，"公共图书馆应当制定馆藏发展目标和年度采购计划"；第二十七条第二款规定，以服务范围内常住人口为基数计算，镇（街道）"分馆年人均新增纸质文献信息合计不少于 0.1 册（件）。基层服务点藏书量不得少于 1000 种、1500 册，年新增藏书不得少于 50 种、100 册"。这些最低限度标准的规定是确保基层图书馆和服务网点具备可利用性、便利性的有力保障。

"普遍均等"是构建覆盖城乡的公共图书馆服务体系的基本原则，"普遍服务"则是发挥公共图书馆服务体系效能的基本原则。由于当前我国社会的主要矛盾是人民日益增长的美好生活需要和不平衡不充分的发展之间的矛盾，因此，构建普遍均等覆盖城乡的公共图书馆服务体系的进程仍然任重道远，实现公共图书馆"普遍服务"目前还停留在一种远大理想的层面。正因为如此，《公共图书馆法》仅规定"公共图书馆应当按照平等、开放、共享的要求向社会公众提供服务"（第三十三条），没有把"普遍服务"列入其中。

《管理办法》第四十条规定，"公共图书馆应当坚持普遍、平等、开放、共享和便利的服务原则"。在公共图书馆服务原则上，其一方面延续了《公共图书馆法》规定的公共图书馆服务"共享"原则，另一方面又借鉴了《广州市公共图书馆条例》"公共图书馆应当坚持普遍、平等、免费、开放和便利的服务原则"（第三十四条）中的"普遍"服务原则，进一步体现了广东作为我国改革开放前沿地带的先行示范和引领作用。

"建立一个强大的联合图书馆界，为社会发展提供文化、信息和参与动力"①，是全球图书馆人的共同愿景。在我国迈入中国特色社会主义新时代的今天，《管理办法》将为佛山构建覆盖城乡的公共图书馆服务体系，全面推进佛山市公共图书馆事业高质量发展，提供有力的立法保障。

专家简介 程焕文，中山大学信息管理学院二级教授，图书馆学专业与历史文献学专业博士研究生导师，国家文化遗产与文化发展研究院院长，中国图书馆学会副理事长，国务院学位委员会全国图书情报专业硕士教育指导委员会委员，教育部高等学校图书情报工作指导委员会副主任委员，广东省高等学校图书情报工作指导委员会主任委员。

---

① IFLA Strategy 2019—2024 见 IFLA 网站：https://www.ifla.org/strategy/，最后访问时间：2021 年 4 月 8 日。

第四部分

专题研究

地方立法促进公共图书馆事业高质量发展的佛山智慧[①]

张　靖　陈　艳　杨乃一

2021年2月10日，《佛山市公共图书馆管理办法》（本文中简称《佛山办法》）经十五届佛山市人民政府第83次常务会议审议通过，自2021年5月1日起施行。[②]《佛山办法》是佛山市文化领域第一部行政规章，也是《中华人民共和国公共图书馆法》（本文中简称《公共图书馆法》）实施后出台的我国第一部市级层面的公共图书馆地方立法，是公共图书馆岭南模式[③]在新时期的又一次引领示范。其出台有着时代发展、行业建设和地方实践的三重新发展阶段背景，依托《中华人民共和国公共文化服务保障法》（本文中简称《公共文化服务保障法》）、《公共图书馆法》（本文中合称"两法"）两大国法框架，贯彻协调发展、开放发展和融合发展三大新发展理念，为如何在国法框架下结合地情完善图书馆法治建设、进一步落实国法，[④]如何通过地方立法促进公共图书馆事业高质量发展贡献了佛山智慧。

---

① 本文刊于《图书馆建设》2021年第6期，经作者和刊物授权收录。
② 参见《佛山市公共图书馆管理办法》，见佛山市人民政府网站：http://www.foshan.gov.cn/zwgk/zfgb/srmzfwj/content/post_4756230.html，最后访问时间：2021年8月11日。
③ 参见程焕文《岭南模式：崛起的广东图书馆事业》，载《中国图书馆学报》2007年第3期，第15~25页。
④ 参见张靖《把握新发展阶段、贯彻新发展理念、构建新发展格局，全面推进公共图书馆事业高质量发展——〈佛山市公共图书馆管理办法〉笔谈》，载《图书馆论坛》2021年第7期，第25~26页。

一、《佛山办法》的三重背景

（一）时代发展背景

2020年10月，党的十九届五中全会提出我国转向了高质量发展阶段。① 2021年1月，习近平总书记在省部级主要领导干部学习贯彻党的十九届五中全会精神专题研讨班上做出了"准确把握新发展阶段，深入贯彻新发展理念，加快构建新发展格局"② 的明确指示。公共图书馆事业也必须准确把握新发展阶段、深入贯彻新发展理念、加快构建新发展格局。③ 随后，《中华人民共和国国民经济和社会发展第十四个五年规划和2035年远景目标纲要》正式发布，④ 其中第五篇第十六章，第十篇第三十四章、第三十五章和第三十六章，明确阐明了国家文化战略意图，明确了政府在公共文化建设方面的重点，开启了全面建设社会主义"文化强国"新征程的宏伟蓝图。

（二）行业建设背景

在时代背景下，文旅融合发展、公共文化服务高质量发展和公共图书馆专业性发展为《佛山办法》的起草提供了重要的行业建设背景。2021年，全国文化和旅游厅局长会议召开，确定了"十四五"时期文化和旅游发展思路，提出了"要着力构建新发展格局，推进文旅融合、推动创新发展"⑤。2021年3月，《文化和旅游部 国家发展改革委 财政部关于推动公共文化服务高质量发展的意见》（文旅公共发〔2021〕21号）发布，明确了公共

---

① 参见柯平《地方公共图书馆事业高质量发展的引擎——〈佛山市公共图书馆管理办法〉的作用》，载《图书馆论坛》2021年第7期，第29～30页。
② 习近平：《把握新发展阶段，贯彻新发展理念，构建新发展格局》，见中华人民共和国中央人民政府网站：http://www.gov.cn/xinwen/2021-04/30/content_5604164.htm，最后访问时间：2021年8月11日。
③ 参见张靖《把握新发展阶段、贯彻新发展理念、构建新发展格局，全面推进公共图书馆事业高质量发展——〈佛山市公共图书馆管理办法〉笔谈》，载《图书馆论坛》2021年第7期，第25～26页。
④ 参见《中华人民共和国国民经济和社会发展第十四个五年规划和2035年远景目标纲要》，见中华人民共和国中央人民政府网站：http://www.gov.cn/xinwen/2021-03/13/content_5592681.htm，最后访问时间：2021年8月11日。
⑤ 《全国"十四五"文旅发展思路与2021工作任务》，见腾讯网：https://new.qq.com/omn/20210125/20210125A0EHR400.html，最后访问时间：2021年8月11日。

文化服务建设应以高质量发展为主题。[①] 2021年4月，文化和旅游部发布了《"十四五"文化和旅游发展规划》，系统阐明了"十四五"时期实现文化和旅游高质量发展的总体要求和具体任务，[②] 并在此基础上，发布了《"十四五"公共文化服务体系建设规划》《"十四五"文化和旅游科技创新规划》和《"十四五"非物质文化遗产保护规划》等重要专项发展规划，进一步明确了公共文化服务高质量发展的时间表和路线图。

2021年，以"新阶段图书馆再发现"为主题的第二届中国图书馆馆长高级论坛在北京大学信息管理系举办，会议围绕"十四五"时期图书馆的高质量发展、专业化与社会化、服务体系建设等[③]当下现实问题展开探讨。此外，以"图书馆再发现——新时代图书馆专业化发展之路"为主题的"广东图书馆学会-广东省高校图工委联合学术年会"即将召开，聚焦于公共图书馆专业性提升。

国际方面，张靖等通过对77份国际研究报告进行内容分析，提出了当前公共图书馆事业的九个发展态势：公共图书馆所面临的外部环境更加复杂、所秉持的公平正义更加重要、所能获得的公共财政保障力度持续减弱、主动彰显价值的必要性更加紧迫、更加关注空间资源投入、更加重视21世纪素养培育、更加注重运用新兴科技、更加注重跨界合作、更加关注馆员专业性提升。[④] 国内方面，已有不少公共图书馆完成了"十四五"发展规划编制并在其官网发布，[⑤] 其重点任务可归纳为十类：服务体系、服务格局，服务质量、服务效能，科技赋能、智慧转型，开放融合、文化赋能，地方文化、文脉传承，全民阅读、阅读生态，资源建设、馆藏开发，管理变革、现代治理，专业建设、队伍建设，职业价值、社会形象。[⑥]

---

① 《文化和旅游部 国家发展改革委 财政部关于推动公共文化服务高质量发展的意见》，见中华人民共和国中央人民政府网站：http://www.gov.cn/zhengce/zhengceku/2021-03/23/content_5595153.htm，最后访问时间：2021年8月11日。

② 《文化和旅游部关于印发〈"十四五"文化和旅游发展规划〉的通知》，见中华人民共和国文化和旅游部网站：http://zwgk.mct.gov.cn/zfxxgkml/ghjh/202106/t20210602_924956.html，最后访问时间：2021年8月11日。

③ 参见《图书馆界共同倡议：以专业化推进新阶段图书馆事业发展》，见图书馆报微信公众号：https://mp.weixin.qq.com/s/7Hrk_5L8HDEMf6gJyhvRsQ，最后访问时间：2021年8月15日。

④ 参见汪超敏、杨乃一、陆思晓等《国际专业报告视域下的公共图书馆发展态势》，载《图书馆论坛》2021年第11期，第1~9页。

⑤ 例如，《广州图书馆2021—2025发展规划》《深圳图书馆"十四五"发展规划》《东莞图书馆"十四五"战略规划》《佛山市图书馆2021—2025年发展规划》等。

⑥ 参见张靖《行业"十四五"规划视角下的图书馆学发展战略初步思考》，2020年中国信息资源管理论坛，2020年12月19日举办。

(三) 地方实践背景

2004 年,佛山市图书馆牵头制定了《佛山市联合图书馆实施方案》;2005 年,佛山市联合图书馆建设全面启动,至 2021 年,"佛山市联合图书馆"已建设了 16 年。截至 2021 年 4 月,联合图书馆成员馆达到了 373 家,建成了"市中心馆—区总馆—镇(街)分馆—村(社区)馆基层服务点"四级公共图书馆服务体系,囊括了智能图书馆、学校图书馆、企业图书馆、新书借阅点、民宿图书馆、粤书吧等多种形式的图书馆,真正实现了互通互联、优势互补、资源共享、协同服务。为进一步加强科学管理,《佛山市联合图书馆标准体系》于 2018 年正式发布。①

同时,基于"联合图书馆体系",佛山市积极推进县域图书馆总分馆制建设,以禅城区、南海区和顺德区为试点,建设经验已向广东省乃至全国辐射。此外,佛山市还积极创新社会力量参与模式,建设邻里图书馆②、佛山阅读联盟③及佛山市公共文化设施联盟④等多个社会化创新项目,为公共文化服务社会化建设输送优质创新案例。

《佛山办法》正是在上述全新的时代发展、行业建设以及地方实践三重背景之下,呼应时代发展、行业建设和地方实践对佛山市公共图书馆事业提出的新要求进行设计和完成的。

二、《佛山办法》的立法框架

自从《公共文化服务保障法》和《公共图书馆法》颁布实施,我国公共图书馆事业的法治建设便开启了全新篇章,"两法"同时也奠定了《佛山办法》的立法基础和立法框架。

(一) 国法之基础

"两法"指引了我国公共图书馆事业的发展方向,呼应了新时代社会主

---

① 参见《〈佛山市联合图书馆标准体系〉正式发布实施》,载《国家图书馆学刊》2018 年第 5 期,第 43 页。
② 参见屈义华、黄佩芳《佛山市邻里图书馆项目:缘起、路径与成效》,载《图书馆论坛》2021 年第 4 期,第 5~9 页。
③ 参见贾磊《公共图书馆与社会阅读力量联动发展实践探索——以"佛山阅读联盟"为例》,载《河南图书馆学刊》2018 年第 6 期,第 36~38 页。
④ 参见柯静《公共文化设施联盟:党建引领文群共建》,载《图书馆论坛》2018 年第 6 期,第 5~6 页。

要矛盾转化的历史要求,①为地方贯彻落实基本制度和建立适合地情的实施细则、配套规章②搭建了基础框架。"两法"形成了具有中国特色的公共图书馆法律界定,③确立了"普遍均等"的建设原则,④规定了国家和地方政府建设公共图书馆的责任,⑤创新了公共图书馆服务体系运行机制,⑥推动了现代科技在公共图书馆服务中的应用,推动了公共图书馆的社会化建设,⑦关注了专业人才队伍的建设。⑧

(二)国法之落实

在国法的基础上,佛山市明确将"进一步落实国法"和"结合地情完善法治"作为立法宗旨和定位。在"两法"确定的基础框架之下,《佛山办法》厘清了佛山市联合图书馆与总分馆制之间多个交叉的概念;根据佛山市的实际,在图书馆建筑面积、馆藏、人员及服务方面设置了符合佛山市地方情况,部分略高于国家或行业标准的定量指标;将图书馆服务体系建设细化到村居(社区),细化各级政府职责,聚焦基层图书馆建设问题,并在条款里给予帮助和解决;研判数字化、智能化的时代趋势,支持现代信息技术和传播技术在公共图书馆事业中的应用;关注图书馆服务专业性的提升,搭建人力资源采购机制与人才队伍建设机制,建设"教育、培训、交流"三位一体的专业人才提升路径。

《佛山办法》努力将"两法"及相关国家政策确立的原则性、普遍性和概括性的规定落到实处,勇于承担在推动公共图书馆事业高质量发展中的时

---

① 参见李国新《〈中华人民共和国公共图书馆法〉的历史贡献》,载《中国图书馆学报》2017年第6期,第4~15页。

② 参见李国新《公共文化服务保障法的制度构建与实现路径》,载《图书情报工作》2017年第16期,第8~14页。

③ 参见贾磊《公共图书馆与社会阅读力量联动发展实践探索——以"佛山阅读联盟"为例》,载《河南图书馆学刊》2018年第6期,第36~38页。

④ 参见肖希明、沈玲《中国特色图书馆学基础理论体系的历史发展与当代构建》,载《中国图书馆学报》2021年第3期,第4~22页。

⑤ 参见程焕文《论〈公共文化服务保障法〉立法精神——国家和政府的公共文化服务责任解析》,载《图书馆论坛》2017年第6期,第1~9页。

⑥ 参见陈丽纳《〈中华人民共和国公共图书馆法〉法制框架下的总分馆体系建设研究》,载《图书馆建设》2018年第2期,第29~34页。

⑦ 参见李国新《公共文化服务保障法律制度的完善与细化》,载《中国图书馆学报》2021年第2期,第29~39页。

⑧ 参见郑建明《守正创新——新时代图书馆学人才培养》,载《图书馆建设》2020年第6期,第6~7页。

代使命和社会责任。

三、《佛山办法》的三大理念

在三重背景和"两法"框架之下,《佛山办法》切实贯彻了协调发展、开放发展和共享发展三大发展理念。

(一)协调发展理念

协调是持续健康发展的内在要求,党的十八届五中全会明确指出,"重点促进城乡区域协调发展,促进经济社会协调发展,促进新型工业化、信息化、城镇化、农业现代化同步发展,在增强国家硬实力的同时注重提升国家软实力,不断增强发展的整体性"[①]。协调发展要求发展过程更加体现全面性、整体性、平衡性、可持续性。[②]《佛山办法》在联合图书馆体系、全民阅读等方面充分考虑了整体与部分的关系、区域平衡关系及可持续发展,体现了协调发展理念。

1. 联合图书馆体系

协调发展要着力增强发展的整体性、协调性。《佛山办法》明确提出"建立完善以市图书馆为中心馆,区图书馆为区总馆,镇(街道)图书馆为分馆,村图书馆、社区图书馆以及其他类型的基层图书馆或者图书室为基层服务点的联合图书馆体系",确立了"联合图书馆体系"的法定地位,将这一"佛山模式"确定为全市公共图书馆体系建设的发展模式。《佛山办法》还提出了"统一规划、统一标准、统筹管理、分级保障、分类建设、分众服务"的新"三统三分"建设原则,明确了体系内中心馆、区总馆、分馆、各基层服务点的职责,明确了社会力量参与建设的公共图书馆纳入"联合图书馆体系"的路径。通过地方立法的采纳和推广,"联合图书馆体系"这一"佛山模式"已然上升为"佛山智慧"。《佛山办法》贯彻落实协调发展理念,将佛山首创、独具特色的"联合图书馆体系"作为全市公共图书馆体系建设的发展模式,以发挥该机制在区域图书馆事业协调发展方面的作用,统筹兼顾佛山五区图书馆事业的平衡发展。

2. 全民阅读

协调发展也要注重增强发展的全面性、可持续性。"全民阅读"一词在

---

① 《中国共产党第十八届中央委员会第五次全体会议公报》,人民出版社2015年版,第6页。
② 参见钟利红、郑伟亮《深圳践行协调发展的路径研究》,载《特区实践与理论》2021年第1期,第89~93页。

《佛山办法》的3个条款中出现了4次,明确了公共图书馆在全民阅读中的专业担当和主导地位:一是明确提出"每年8月为佛山全民阅读月",通过设置法定读书月倡导阅读;二是要求相关行政管理部门和单位"通过各种形式组织开展本市全民阅读推广活动",强调政府主体责任;三是注重联合各界力量共同开展全民阅读,提出"全市公共图书馆应当联合各界力量,打造阅读品牌,推动、引导、服务全民阅读。鼓励公共图书馆与个人、家庭、民间读书会等社会力量合作,共同提供阅读服务",强调了公共图书馆协调推广"全民阅读"的担当和责任。这种协调发展的机制充分调动了社会资源,为全民阅读活动的可持续开展提供了保障,也形成了政府、社会、公众多赢的公共文化可持续发展机制。

(二)开放发展理念

开放发展理念包含主动开放、双向开放、公平开放、全面开放、共赢开放等重要思想。[①]《佛山办法》秉着开放发展的理念,一是通过社会化合作拓展服务供给主体、决策参与主体;二是推动跨域融合,以开放的姿态连接各界力量共同推动图书馆事业发展,如社会阅读组织、公共文化设施、不同地域的图书馆等;三是鼓励图书馆加大宣传力度,以开放发展理念树立、展示良好的社会形象。

1. 社会化

开放发展要着力形成对外开放新体制,《佛山办法》的多项内容都体现了开放发展理念:一是强调社会力量参与,"鼓励公民、法人和其他组织自筹资金设立公共图书馆",明确学校图书馆、科研机构图书馆以及其他类型图书馆和社会力量设立或者参与举办的公共图书馆应根据具体面积作为分馆或基层服务点加入联合图书馆网络,统一管理、共同发力,推动社会主义文化建设,并明确要求公共图书馆应该联合各界力量推广全民阅读;二是要求实施法人治理结构改革,"建立健全法人治理结构,吸收有关方面代表、专业人士和公众参与管理",通过不同方式将不同层次的社会力量纳入联合图书馆体系,提升公共图书馆现代治理能力;三是强调志愿服务,鼓励公共图书馆加强与志愿服务组织的合作,建立常态化志愿服务机制。《佛山办法》通过建立社会化参与机制、治理机制、志愿服务机制,为图书馆开放发展提供制度保障。

---

① 参见任理轩《坚持开放发展——"五大发展理念"解读之四》,载《人民日报》2015年12月23日,第7版。

2. 跨域融合

多年来，佛山市联合图书馆在跨域融合方面进行了卓有成效的实践，发挥桥梁和纽带作用，聚焦社会阅读力量，成立了佛山阅读联盟；突破公共文化服务单位合作壁垒，与市文化馆、市博物馆、市工人文化宫、市青少年宫、市科学馆等几个单位组建了佛山市公共文化设施联盟，围绕机制共建、阵地共享、信息互通、品牌共创、人才共育五个方面开展共建共享；推动多元主体合作，打造了智能文化家、读书驿站、阅读坊、顺图书房、邻里图书馆、粤书吧、民宿图书馆等新型阅读空间；推出《港澳读者服务指南》，促进湾区公共图书馆合作；共建共享，推出"公共图书馆广佛通"项目，开展"广佛同城共读"活动。《佛山办法》让行业实践上升为制度设计，明确提出"鼓励公共图书馆与博物馆、文化馆（站）、美术馆、科技馆、工人文化宫、青少年宫等各类型公共文化机构建立交流与合作机制"，"推动建设广佛公共图书馆通借通还机制，推动广佛文献信息共享，促进广佛公共图书馆服务标准统一"，"推动中心馆与粤港澳大湾区其他城市图书馆建立文献交流与文化合作机制，加强人文湾区建设"，以主动融合、开放创新助推图书馆事业高质量发展。

3. 宣传推广营销

公共图书馆树立良好的社会形象、赢得公众信赖也是开放发展理念的体现。《佛山办法》在提高公共图书馆的社会认知度和认可度方面做出了明确要求：一是强调开展针对公共图书馆本身及服务的宣传活动，如"中心馆、区总馆应当联合分馆和基层服务点采取多种方式，主动、积极开展对联合图书馆体系与公共图书馆服务的宣传活动"，这既是佛山地区公共图书馆事业多年宣传推广与营销的成果总结，也是对公共图书馆以更开放的思路营销自身形象提出的要求。二是建立年报制度，并强调对公众公开，如"中心馆、区总馆应当建立年报制度，对上一年度公共文化服务开展情况进行总结。编制的年度报告应当及时对外发布，接受社会监督"。全面、准确地呈现图书馆服务、管理和运行情况，能帮助公众了解图书馆的工作规划和执行情况，对保障公众文化权益、树立公益公开的整体形象具有积极意义。

（三）共享发展理念

全民共享、全面共享、共建共享、渐进共享是共享发展理念的主要内涵，强调着力践行以人民为中心的发展思想。《佛山办法》通过压实政府责任、加大经费保障力度、突出效能导向、强调专业保障，推动全市公共图书馆服务的统筹开展与共享发展。

1. 政府保障

《佛山办法》尤其强调地方政府责任、保障经费投入，以效能提升为导向，全市一盘棋统筹发展。一是明确提出"市人民政府负责在全市行政区域内统筹建立覆盖城乡、便捷实用的公共图书馆服务网络""区人民政府负责本行政区域内公共图书馆服务网络建设，接受市人民政府的监督与工作指导"，并明确提出了公共图书馆服务网络建设遵循"政府主导、社会参与、各方联动"的原则，统筹全市公共图书馆服务网络的建设与发展，也呼应了"两法"对地方政府责任的要求。二是加大经费保障力度，着力解决五区发展不平衡的短板，明确提出"市、区、镇人民政府（街道办事处）应当按照公共图书馆领域的事权和支出责任，加大对政府设立的公共图书馆的投入"，在经费保障方面的条款为佛山市公共图书馆事业的发展提供了政策支持和保障。三是设定定量指标，把服务效能提升作为核心任务，对图书馆馆舍、馆藏、人员及服务等提出了适宜佛山市实际情况、部分略高于国家或行业标准的定量指标，如"建筑面积应当依据服务范围内的常住人口数量并适当考虑人口增长因素确定。中心馆每千人建筑面积不得低于6平方米。区总馆、分馆及基层服务点每千人建筑面积合计不得低于23平方米。基层综合性文化服务中心的图书室建筑面积不得低于30平方米"，"中心馆年人均新增纸质文献信息不得少于0.05册（件），各区总馆及其分馆年人均新增纸质文献信息合计不少于0.1册（件）。基层服务点藏书量不得少于1000种、1500册，年新增藏书不得少于50种、100册"，并在第四十六条明确提出"提高公共图书馆的服务效能"。

2. 专业保障

《佛山办法》通过引入专家队伍、保障人员投入、加强专业人才教育和培训、制定业务标准等措施推进了新阶段公共图书馆事业的发展。其在专家队伍方面，要求成立公共图书馆专家委员会，吸收专业人士参与决策咨询；在人才队伍配备方面，要求"建立本市公共图书馆人力资源采购机制，建设结构合理、具备相关专业知识的图书馆管理队伍"；在人才教育方面，明确"公共图书馆应当加强多层次专业人才教育和培训"；在业务标准化方面，明确提出"市文化主管部门应当制定联合图书馆业务标准，并根据国家和省的规定制定联合图书馆服务规范"；在业务规范化方面，对馆长资质要求、馆藏结构与新增、统一标志、市区两级公共图书馆开放时间等佛山市公共图书馆管理中的相关事务进行了规范，如"中心馆馆长应当具有相关专业正高级专业技术职称，或者具有相关专业副高级专业技术职称且具有5年以上图书馆工作经验。区总馆馆长应当具有相关专业副高级及以上专业技术职称,或者具有相关专业中级专业技术职称且具有 3 年以上文化行业工作经验"。《佛山办法》为图书馆事业的专业化、规范化、标准化制定了硬性的量化指标,为促进基本公共文化服务标准化和均等化建设提供了有力支持。

《佛山办法》立法项目作为"十四五"开局后出台的我国第一部文化领域地方立法及《公共图书馆法》实施后出台的我国第一部市级层面的公共图书馆地方立法,客观上使得《佛山办法》具有了不可比拟的时代意义。而《佛山办法》也确实充分地体现了时代特点,切实贯彻了协调发展、开放发展和共享发展的理念。《佛山办法》首条首句对于"全面推进佛山市公共图书馆事业高质量发展"立法目的的明确,内容上对于联合图书馆体系、全民阅读、社会化、跨域融合、宣传推广营销、政府保障、专业保障等议题的制度设计,充分体现了包括佛山市在内的广东图书馆界推动公共图书馆事业和公共文化服务高质量发展,推进公共文化治理体系和治理能力现代化,推进社会主义文化强国建设的政治自觉、使命担当和实践智慧。①

---

① 参见张靖《把握新发展阶段、贯彻新发展理念、构建新发展格局,全面推进公共图书馆事业高质量发展——〈佛山市公共图书馆管理办法〉笔谈》,载《图书馆论坛》2021 年第 7 期,第 25～26 页。

我国公共图书馆地方立法比较研究[①]

苏钰雯 汤子珺 刘 菡

地方公共图书馆法律法规作为图书馆法律体系的组成部分，是地方政府在文化领域依法行政的重要内容，在衔接、落实和补充国法，保障并推动地方特色图书馆事业发展等方面具有不可替代的作用。有关图书馆地方立法的整体研究如王艳敏[②]、田梦妮[③]、伍丹[④]对我国公共图书馆现有地方立法进行的调查分析和总结，姚明等[⑤]指出现有地方立法存在有悖上位法、立法语言不规范、难以适应时代等问题并提出建议，徐磊等[⑥]从图书馆地方立法发展历程、分布、内容等方面进行分析，总结特点并提出问题和完善建议；比较研究如陈福英[⑦]、朱旬等[⑧]、居晓轩等[⑨]关注立法内容、成效等的不同；历史研究如申晓娟[⑩]结合领域标志性事件将我国图书馆法治建设划分为五个阶

[①] 本文刊于《图书馆建设》2021年第6期，经作者和刊物授权收录。
[②] 参见王艳敏《我国地方图书馆立法研究》（硕士学位论文），郑州大学2009年。
[③] 参见田梦妮《我国图书馆地方法规调查比较研究》（硕士学位论文），福建师范大学2017年。
[④] 参见伍丹《我国地方图书馆立法研究》（硕士学位论文），湘潭大学2017年。
[⑤] 参见姚明、赵建国《我国图书馆地方立法实证研究：反思与超越——基于14部地方性法律规范的考察》，载《图书馆建设》2020年第5期，第107～114页。
[⑥] 参见徐磊、郭旭《我国公共图书馆地方立法：回顾与展望》，载《图书馆工作与研究》2021年第3期，第15～22、40页。
[⑦] 参见陈福英《中国地方性图书馆法规比较》，载《图书馆学研究》2006年第9期，第86～90页。
[⑧] 参见朱旬、魏成刚《我国地方性图书馆立法内容与效果研究》，载《图书馆建设》2008年第7期，第18～23页。
[⑨] 参见居晓轩、高波《我国14部地方公共图书馆法规及规章比较研究》，载《图书情报工作》2016年第8期，第29～37页。
[⑩] 参见申晓娟《新中国图书馆法治建设70年》，载《图书馆杂志》2020年第1期，第4～25页。

段;还有聚焦具体的规定,如对地方文献①、量化规定②、读者权利③、出版物呈缴制度④、信息伦理⑤等的研究。整体而言,现有研究在时间跨度上主要关注改革开放后的立法实践;相应历史考察和比较研究缺乏对同期文化事业发展阶段和地方图书馆事业状况的参照,未能充分顾及立法的时代性和地方特殊性;缺少对地方立法实践应如何完善和细化国法以构筑图书馆法律体系等的相关阐述。据此,本文对1949年以来的地方立法实践进行全面调研,从地域分布、阶段演进及立法特色方面进行比较分析,可以为新时期我国公共图书馆法律体系的健全和完善提供参考。

一、1949年以来的公共图书馆地方立法实践调查

我们通过中国知网数据库、北大法宝数据库以及网络检索查找相关法律法规,结合《图书馆法规文件汇编》《我国图书馆事业发展政策文件选编(1949—2012)》《地方文化法规汇编》《图书馆工作相关法律法规选编》等工具书以及《十八大以来中国文化政策与法规研究》等专著,整理出的1949年以来我国公共图书馆地方立法实践情况如下:地方政府规章10部(8部现行有效)、地方性法规7部(均现行有效)。此外,还有地方规范性文件20部(2部现行有效)。(见表1)

---

① 参见陈汝模《我国地方性公共图书馆法规中有关地方文献条款内容分析与启示》,载《图书馆理论与实践》2019年第4期,第28~33页。

② 参见陈丽纳《我国地方性图书馆立法中的量化规定》,载《图书馆论坛》2016年第8期,第91~97页。

③ 参见李艳丽《我国图书馆地方性法规之读者权利保护研究》,载《图书馆建设》2016年第9期,第10~13页。

④ 参见周淑云、伍丹《论我国地方性图书馆立法关于出版物呈缴制度的规定》,载《图书馆建设》2016年第5期,第35~39页。

⑤ 参见王少薇、高波《我国地方性图书馆法规有关信息伦理的考察与分析》,载《图书情报工作》2013年第11期,第19~25页。

表1 1949年以来中国内地公共图书馆地方立法及
规范性文件概览①②③④⑤⑥⑦⑧⑨⑩⑪⑫⑬⑭⑮⑯⑰

类型	序号	名称	发布时间	发布部门
地方政府规章	1	贵州省县级图书馆工作条例	1985年	贵州省人民政府
	2*	上海市公共图书馆管理办法	1996年（2002年、2004年、2010年、2015年修正）	上海市人民政府

---

① 参见国家图书馆研究院《我国图书馆事业发展政策文件选编：1949—2012》，国家图书馆出版社2014年版，第434~437、453、457~459、465~467、486~493、513~514、516~519、532~536、551~553、557~563、568~571、603~609、639~643、664~666、676~679页。

② 参见《吉林省文化局制定的〈县（市）图书馆条例〉》，载《图书馆学研究》1982年第5期，第9~12页。

③ 参见金则恭《湖南省公共图书馆事业五十年》，湖南人民出版社2000年版，第134~135页。

④ 参见《湖南省乡镇图书馆（室）管理暂行办法（征求意见稿）》，载《图书馆》1990年第5期，第43~44页。

⑤ 参见《辽宁省乡、镇图书馆工作管理办法》，载《图书馆学刊》1992年第5期，第1~3页。

⑥ 参见《上海市公共图书馆管理办法》，见上海人大网站：http://www.spcsc.sh.cn/n1939/n1948/n1949/n2329/u1ai134081.html，最后访问时间：2021年7月3日。

⑦ 参见《深圳经济特区公共图书馆条例》，见深圳政府在线：http://www.sz.gov.cn/zfgb/2020/gb1148/content/post_7256112.html，最后访问时间：2021年7月3日。

⑧ 参见《北京市图书馆条例》，见北京市人民政府网站：http://www.beijing.gov.cn/zhengce/zhengcefagui/202012/t20201218_2168267.html，最后访问时间：2021年7月3日。

⑨ 参见《四川省公共图书馆条例》，见四川人大网站：http://www.scspc.gov.cn/html/cwhgb_44/201304/2013/1219/73391.html，最后访问时间：2021年7月3日。

⑩ 参见《广州市公共图书馆条例》，见广东省人民政府网站：http://www.gd.gov.cn/zwgk/wjk/zcfgk/content/post_2531782.html，最后访问时间：2021年7月3日。

⑪ 参见《广州市人民代表大会常务委员会关于修改〈广州经济技术开发区条例〉等三十二件地方性法规的决定》，见广州人大网站：https://www.rd.gz.cn/rdhy/cwhhy/cwhgg/content/post_201470.html，最后访问时间：2021年7月3日。

⑫ 参见《东莞市公共图书馆管理办法》，见东莞市人民政府网站：http://www.dg.gov.cn/zwgk/zfxxgkml/szfbgs/zcwj/gz/content/post_591193.html，最后访问时间：2021年7月3日。

⑬ 参见《重庆市人民政府办公厅关于印发重庆市公共图书馆管理办法的通知》，见重庆市人民政府网站：http://www.cq.gov.cn/zwgk/zfxxgkml/szfwj/xzgfxwj/szfbgt/201709/t20170909_8837543.html，最后访问时间：2021年7月3日。

⑭ 参见《深圳市福田区公共图书馆管理办法》，见福田政府在线：http://www.szft.gov.cn/ftqwtzx/gkmlpt/content/6/6319/post_6319534.html#10582，最后访问时间：2021年7月3日。

⑮ 参见《贵州省公共图书馆条例》，见安顺市人民政府网站：http://www.anshun.gov.cn/zwgk/zdlyxx/whly/wh/202010/t20201010_63975112.html，最后访问时间：2021年7月3日。

⑯ 参见伍丹《我国地方图书馆立法研究》（硕士学位论文），湘潭大学2017年。

⑰ 参见《佛山市公共图书馆管理办法》，见佛山市人民政府网站：http://www.foshan.gov.cn/zwgk/zfgb/srmzfwj/content/post_4756230.html，最后访问时间：2021年7月3日。

续表1

类型	序号	名称	发布时间	发布部门
地方政府规章	3*	河南省公共图书馆管理办法	2002年	河南省人民政府
	4*	广西壮族自治区公共图书馆管理办法（修订稿）	2002年	广西壮族自治区人民政府
	5*	浙江省公共图书馆管理办法	2003年	浙江省人民政府
	6*	乌鲁木齐市公共图书馆管理办法	2008年	乌鲁木齐市人民政府
	7*	山东省公共图书馆管理办法	2009年	山东省人民政府
	8	江苏省公共图书馆管理办法（征求意见稿）	2009年	江苏省人民政府
	9*	东莞市公共图书馆管理办法	2016年	东莞市人民政府
	10*	佛山市公共图书馆管理办法	2021年	佛山市人民政府
地方性法规	1*	深圳经济特区公共图书馆条例（试行）	1997年（2019年修正）	深圳市人大（含常委会）
	2*	内蒙古自治区公共图书馆管理条例	2000年	内蒙古自治区人大（含常委会）
	3*	湖北省公共图书馆条例	2001年	湖北省人大（含常委会）
	4*	北京市图书馆条例	2002年（2016年修正）	北京市人大（含常委会）
	5*	四川省公共图书馆条例	2013年	四川省人大（含常委会）
	6*	广州市公共图书馆条例	2015年（2020年修正）	广州市人大（含常委会）
	7*	贵州省公共图书馆条例	2020年	贵州省人大（含常委会）

续表1

类型	序号	名　　称	发布时间	发布部门
地方规范性文件	1	上海市街道里弄图书馆工作条例	1962年	上海市文化局
	2	山西省县、市图书馆工作条例（草案）	1979年	山西省文化局
	3	陕西省县（市）图书馆工作试行条例	1979年	陕西省文化厅
	4	黑龙江省市、县图书馆工作暂行条例	1979年	黑龙江省文物管理委员会
	5	广西壮族自治区县、市图书馆工作条例（草案）	1979年	广西壮族自治区文化局
	6	湖北省县图书馆工作条例（试行草案）	1979年	湖北省文化局
	7	浙江省市、县图书馆工作条例（试行草案）	1980年	浙江省文物事业管理委员会
	8	安徽省县级图书馆工作暂行条例	1980年	安徽省文物管理局
	9	安徽省市级图书馆工作暂行条例	1980年	安徽省文物管理局
	10	县（市）图书馆条例	1982年	吉林省文化局
	11	天津市区、县图书馆工作条例	1986年	天津市文化局
	12	河南省市、县（区）图书馆工作条例（试行）	1986年	河南省文化厅
	13	上海市区县图书馆管理办法	1987年	上海市文化局
	14	广东省市、地（自治州）、县图书馆工作暂行条例	1987年	广东省文化厅
	15	福建省市、县（区）图书馆工作条例（修订试行）	1989年	福建省文化厅
	16	浙江省图书馆条例	1989年	浙江省文化厅
	17	湖南省乡镇图书馆（室）管理暂行办法	1990年	湖南省文化厅
	18	辽宁省乡、镇图书馆工作管理办法	1992年	辽宁省文化厅
	19*	深圳市福田区公共图书馆管理办法	2006年	深圳市福田区人民政府办公厅
	20*	重庆市公共图书馆管理办法	2017年	重庆市人民政府办公厅

注："*"表示此地方立法或规范性文件现行有效。

二、立法分布比较

现行有效的 15 部地方立法涉及省域（自治区）、直辖市和地市层面，如表 2 所示。省域（自治区）范围内，东北和西北地区均未有地方图书馆立法相关实践，华东、华中、西南地区各有 2 部法规。直辖市中，上海和北京较早颁布地方图书馆法。地市层面，主要集中在华南地区的珠三角城市群。立法时间方面，华东和华南地区起步早，华北和华中地区立法时间主要集中在 2000—2002 年间，西南地区起步较晚。在覆盖范围方面，目前仍有 16 个省、3 个自治区、2 个直辖市尚未出台相应地方图书馆法规。

表 2 15 部中国内地公共图书馆地方立法实践分布情况

地理区划	省域（自治区）立法数量	直辖市立法数量	地市立法数量	地方性法规数量	立法时间段
东北地区	0	—	0	0	—
华北地区	1	1	0	2	2000—2002 年
西北地区	0	—	1	0	2008 年
华东地区	2	1	0	0	1996—2009 年
华中地区	2	—	0	1	2001—2002 年
华南地区	1	—	4	2	1997—2021 年
西南地区	2	0	0	2	2013—2020 年
合计	8	2	5	7	—
立法覆盖率	29.63%①	50%	1.71%②	—	—

三、立法的阶段性差异及其演进

参考改革开放以来我国文化体制改革分期，如以 1992 年、1996 年、

---

① 因表 2 标题限内地地区，故只计算了内地省域和自治区数量，得出此数。
② 截至 2019 年年底，全国地级市数量为 293 个，数据来源于：《1-1 全国行政区划（2019 年底）》，见国家统计局网站：http://www.stats.gov.cn/tjsj/ndsj/2020/indexch.htm，最后访问时间：2021 年 7 月 3 日。

2002 年为分界的"四阶段"论,以 1992 年、2002 年为分界的"三阶段"论,以 2005 年为分界的"两阶段"论,[①][②] 本文结合中国公共文化事业进程中的重要事件并聚焦地方立法实践情况,以 1992 年社会主义市场经济体制的改革方向确立为分界(见图 1、图 2)。

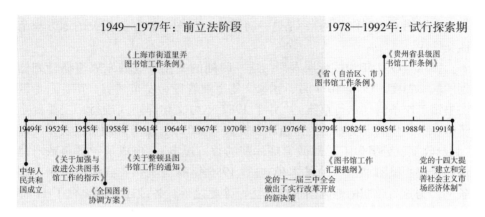

图 1 国家传统文化事业体系下的地方图书馆立法实践及相关政策

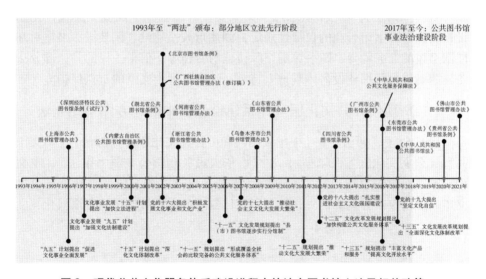

图 2 现代公共文化服务体系建设进程中的地方图书馆立法及相关政策

---

① 参见王晓刚《文化体制改革研究》(博士学位论文),中共中央党校 2007 年。
② 参见傅才武、陈庚《我国文化体制改革的过程、路径与理论模型》,载《江汉论坛》2009 年第 6 期,第 112~118 页。

（一）国家传统文化事业体系下的地方图书馆立法实践

1949—1977 年为前立法阶段。这一时期为社会主义制度确立初期的图书馆事业恢复发展阶段。1953 年，文化部曾制定《省（市）级图书馆试行条例（草案）》，但并未正式出台。上海市文化局于 1962 年发布的《上海市街道里弄图书馆工作条例》，是这一时期唯一与图书馆立法相关的地方规范性文件。①

1978—1992 年为试行探索期。这一时期的文化事业的发展遵循计划体制的基本制度。1978 年 11 月，国家文物事业管理局发布《省、市、自治区图书馆工作条例（试行草案）》并于 1982 年由文化部正式颁行，主要规定了省、市、自治区图书馆的角色和职责。② 1980 年，国务院颁发《关于实行"划分收支、分级包干"财政管理体制的暂行规定》，形成了"各级政府建设并管理一级图书馆"的基本模式。③ 1985 年的《贵州省县级图书馆工作条例》为这一时期的地方图书馆立法。除此之外，各地还先后出台了 17 部与公共图书馆相关的工作暂行、试行条例或工作条例（草案）：多为地方文化局（厅）颁布的地方规范性文件；以关注市、县级图书馆为主；内容上以"宣传马列主义、毛泽东思想"为重要任务、服务于社会主义现代化建设；侧重于图书馆行业的自律性规定，如注重藏书建设、区县级图书馆对基层图书馆的业务辅导、图书馆的馆际协调与合作等。值得一提的是，部分法条已明确提出藏书建设需体现地方特色，注重对地方文献的重点保护。

（二）现代公共文化服务体系建设进程中的地方图书馆立法

1993 年至"两法"[《中华人民共和国公共文化服务保障法》（本文中简称《公共文化服务保障法》）和《中华人民共和国公共图书馆法》（本文中简称《公共图书馆法》）]的颁布为部分地区立法先行阶段。随着社会主义市场经济改革方向的确立，计划经济体制下的文化统治逻辑逐渐淡化，文

---

① 参见《上海市街道里弄图书馆工作条例》，见国家图书馆研究院《我国图书馆事业发展政策文件选编：1949—2012》，国家图书馆出版社 2014 年版，第 353～355 页。

② 参见《省（自治区、市）图书馆工作条例》，见国家图书馆研究院《我国图书馆事业发展政策文件选编：1949—2012》，国家图书馆出版社 2014 年版，第 359～360 页。

③ 参见金武刚、李国新《中国公共图书馆总分馆制建设：起源、现状与未来趋势》，载《图书馆杂志》2014 年第 5 期，第 4～15 页。

化法治建设被提上日程。①② 从"九五"时期到"十二五"时期,③④⑤⑥ 图书馆事业显示了自上而下、由城市到村镇、从点到面至体系的整体发展态势。20世纪90年代,上海和深圳作为城市化建设的先行城市,积极发挥公共图书馆在社会主义物质文明和精神文明建设中的重要作用,率先颁布施行(更新)地方公共图书馆法规,阐明公共图书馆的公益性,明确免费服务内容,逐渐重视对政府职责的规定、对违法者的惩戒。2000年以后,内蒙古、湖北、河南、广西、北京、浙江、新疆乌鲁木齐、山东8部地方图书馆法规相继颁布,章节设置主要包括图书馆设置与发展、文献资源建设、读者服务、工作人员以及法律责任,不再独立设置前一阶段主要关注的业务辅导和协作等章节,立法亮点体现在"读者权利"意识的觉醒:多地立法中明确了读者所享有的图书馆权利,包括免费服务和其他内容;提出政府对边远、贫困、欠发达及少数民族地区图书馆事业发展的扶持;逐渐增加对特殊群体的服务;重视图书馆数字资源的组织建设及发展数字图书馆。2010年以后,四川、广州、东莞三地的法规中,逐渐将保障公众基本文化权益放在首要位置,重视对公共图书馆服务体系的建设,章节逐渐调整为总则、设置、管理、服务、法律责任,基本与后来的《公共图书馆法》一致。这些法规在立法内容上创新提出构筑公共图书馆服务体系,关注古籍保护、研究与利用,保护读者个人隐私,推行公共图书馆法人治理结构,公共图书馆提供政府公开信息查询和为立法决策服务,开展全民阅读推广,政府购买服务,等等。

2017年至今为"两法"颁布后的公共图书馆事业法治新阶段。"两法"的出台是我国文化领域立法的重大突破,对于推进全面深化改革、提高文化

---

① 参见刘德有《适应市场经济的新形势深化图书馆事业的改革——在全国"市场经济与图书馆建设"馆长研讨班开幕式上的讲话》,载《中国图书馆学报》1994年第2期,第23~29页。

② 参见《文化部文化立法纲要》,见中华人民共和国文化部《中华人民共和国文化法规全书》,见文化艺术出版社2008年版,第792~794页。

③ 参见《文化部关于印发〈文化事业发展"九五"计划和2010年远景目标纲要〉的通知》,见国家图书馆研究院《我国图书馆事业发展政策文件选编:1949—2012》,国家图书馆出版社2014年版,第353~355页。

④ 参见《文化事业发展第十个五年计划纲要》,国家图书馆研究院《我国图书馆事业发展政策文件选编:1949—2012》,国家图书馆出版社2014年版,第359~360页。

⑤ 参见《国家"十一五"时期文化发展规划纲要(全文)》,见中华人民共和国中央人民政府网站:http://www.gov.cn/jrzg/2006-09/13/content_388046_3.htm,最后访问时间:2021年6月30日。

⑥ 参见《文化部发布"十二五"时期文化改革发展规划纲要》,见中华人民共和国中央人民政府网站:http://www.gov.cn/gzdt/2012-02/16/content_2068848.htm,最后访问时间:2021年6月30日。

治理能力、保障和促进图书馆事业发展具有重要意义。地方性图书馆法规作为图书馆法律体系中的重要组成部分，为主流政策所鼓励和支持。①②《贵州省公共图书馆条例》和《佛山市公共图书馆管理办法》分别是"两法"背景下出台的我国首部省域和地市层面的公共图书馆立法。它们在体例上与《公共图书馆法》保持一致而又突出了地方侧重点，形成了对国法的地方衔接及补充。

四、不同地方立法的特色实践：内容及问题

本研究着重从保障、管理体制、人才队伍建设、民族文化遗产保护和传承四个方面，比较现行地方图书馆法规在内容设置上的特色，并结合《公共图书馆法》探讨潜在问题。

（一）定量指标的设定

省域立法中，定量指标主要聚焦于图书馆的建筑面积、馆藏、开放时间和阅览座位四个方面。整体而言，除了大多数对开放时间进行定量规定外，一般不涉及定量指标或只提出遵照国家相关标准。具体情况见表3。

---

① 参见《中共中央办公厅 国务院办公厅印发〈国家"十三五"时期文化发展改革规划纲要〉》，见中华人民共和国中央人民政府网站：http://www.gov.cn/zhengce/2017-05/07/content_5191604.htm，最后访问时间：2021年6月28日。

② 参见《文化部关于印发〈"十三五"时期全国公共图书馆事业发展规划〉的通知》，见中华人民共和国文化和旅游部网站：https://www.mct.gov.cn/whzx/bnsj/ggwhs/201712/t20171204_829824.htm，最后访问时间：2021年6月28日。

表3 省域层面地方法规定量指标对比

核心定量指标		内蒙古	湖北	河南	广西	浙江	山东	四川	贵州	评估指标①
建筑面积（m²）	省级馆	2万	※	※	※	※	※	※	※	基本值1.5万 良好值3.5万
	市/州级馆	4000								基本值2000 良好值1万
	区县级馆	1000								基本值800 良好值3000
馆藏（册、件）	总量 省级馆		—	※	250万	※	—	—	※	※	基本值150万 良好值450万
	总量 市/州级馆				40万						基本值20万 良好值60万
	总量 区县级馆				8万						基本值3万 良好值20万
	年新增量 省级馆		—	10万	—	—	—	—	※	人均0.01	基本值1万种 良好值3.5万种
	年新增量 市/州级馆			2万							基本值2000种 良好值6000种
	年新增量 区县级馆			5000						人均0.06	基本值500种 良好值2500种
开放时间（h/周）	省级馆		※	—	80	64	74	70	70	72	基本值64 良好值72
	市/州级馆			—	63	56	64	63	63	63	基本值60 良好值68
	区县级馆				56	48	56	56	56	56	基本值56 良好值60
	镇街馆			—	—	—	48	—	48	48	—
	少儿图书馆			—	40	36	43	—	40	—	—

① 依据为《公共图书馆评估指标 第1部分：省级公共图书馆》（WH/T 70.1—2015）、《公共图书馆评估指标 第2部分：市级公共图书馆》（WH/T 70.2—2015）和《公共图书馆评估指标 第3部分：县级公共图书馆》（WH/T 70.3—2015）。

续表3

核心定量指标		内蒙古	湖北	河南	广西	浙江	山东	四川	贵州	评估指标
阅览座位（个）	省级馆									基本值800 良好值1400
	市/州级馆	—	※	※	※	—	※	—	—	基本值100 良好值500
	区县级馆									基本值60 良好值240

注："※"表示按照或符合国家有关规定/标准。

而在直辖市、地市层面，量化指标增加了一项。（见表4）其中，上海和北京在保障上远远高出国家标准；珠三角地区除较早立法的深圳外，均提出了较为细致的人均指标规定，且将市级馆与区域合计分开。

表4 直辖市、地市层面地方法规定量指标对比

核心定量指标		上海	深圳	北京	乌鲁木齐	广州	东莞	佛山	评估指标①
建筑面积（m²）	市级馆	另行规定		2万		10 m²/千人	10 m²/千人	6 m²/千人	基本值2000 良好值1万
	区县级馆	5000	※	区：5000 县：3000	※	区域合计37.5 m²/千人	镇（街）合计30 m²/千人	区域合计23 m²/千人	基本值800 良好值3000
	镇（街）馆	100		100					—
	少儿服务面积	—	—	—	—	20%	20%	20%	—
工作人员（人）	市级馆	—	—	—	—	市域合计1人/（1万～1.5万人）	※	※	
	区县级馆								
	镇（街）馆								

① 依据为《公共图书馆评估指标 第1部分：省级公共图书馆》（WH/T 70.1—2015）、《公共图书馆评估指标 第2部分：市级公共图书馆》（WH/T 70.2—2015）和《公共图书馆评估指标 第3部分：县级公共图书馆》（WH/T 70.3—2015）。

续表4

核心定量指标		上海	深圳	北京	乌鲁木齐	广州	东莞	佛山	评估指标
馆藏（册、件）	总量 市级馆	另行规定	※	—	※	1册/人	0.6册/人		基本值20万 良好值60万
	总量 区县级馆	50万				区域合计2册/人	镇（街）合计1册/人	—	基本值3万 良好值20万
	总量 镇（街）馆	1万							—
	年新增量 市级馆			10万		0.06册/人	0.02册/人	0.05册/人	基本值2000种 良好值6000种
	年新增量 区县级馆	—	—	2万	—	区域合计0.14册/人	镇（街）合计0.04册/人	区域合计0.1册/人	基本值500种 良好值2500种
	年新增量 镇（街）馆			1000				基层服务点100册	—
开放时间（h/周）	市级馆	70	64	70	※	70	72	60	基本值60 良好值68
	区县级馆	63	56	63		63	镇（街）56 村（社区）36	60	基本值56 良好值60
	镇（街）馆	49	48	—		40		40	
	少儿馆	36	—	43	—	48	48	—	
阅览座位（个）	市级馆	—	※	1200	※	—	—	—	基本值100 良好值500
	区县级馆	500		区:500 县:300		—	—	—	基本值60 良好值240
	镇（街）馆	50		30					

注："※"表示按照或符合国家有关规定/标准。

值得关注的是：①《国家"十一五"时期文化发展规划纲要》首次提出"编制图书馆、博物馆、文化馆（站）等公共文化设施建设的国家标准"。与建筑面积、馆藏总量、阅览座位相关的政府规范性文件如《公共图书馆建设用地指标》、《公共图书馆建设标准》（本文中简称《建标》）发布于 2008 年；与工作人员配备、开放时间相关的《公共图书馆服务规范》（GB/T 28220—2011）发布于 2011 年；另外，2015 年发布的《公共图书馆评估指标》（WH/T 70.1～70.3—2015）分别对省、市、县三级图书馆的建筑面积、馆藏总量、阅览座位进行了评估规定。换言之，在此之前的地方立法中符合国家有关规定或标准的有关表述一定程度上体现了对公共图书馆事业标准化建设的呼吁。②现有国家标准或规范，如《建标》按常住人口、区域面积设置不同数值，与按行政级别设置图书馆不同，意味着对数据的测算应具有发展的眼光、应追踪数据更新。③国家标准或规范的法律约束力有限，且通常为最基准的规定，对于很多地方政府来说可操作性不强。结合《公共图书馆法》中无量化指标的特点，其在地方的落实，指向了更为具体的、可考核、可裁量的配套地方性法规或规章等。④2020 年版《公共图书馆评估指标 第 2 部分：省、市、县级公共图书馆》（WH/T 70.2—2020）逐渐取消了明确的数值规定，如在建筑面积方面写明"本指标取值没有上限。通常认为指标值越高，说明一个馆的建筑设置保障水平越高"，随着图书馆事业及地方经济的发展，已经设置定量指标的法条有必要重新测算并更新数值。

（二）"图书馆之城"建设与立法中的图书馆事业管理体制规定

随着"以县级公共图书馆为总馆，乡镇（街道）综合文化站、村（社区）图书室等为分馆或者基层服务点的总分馆制"在政策及《公共图书馆法》中的确立，结合地方图书馆服务体系或"图书馆之城"建设（见表 5），可发现如下情况。

表5 "图书馆之城"建设及其在相应地方立法中的规定比较

城市	"图书馆之城"建设		地方立法		主要相关政策
	模式	起步时间	立法时间	相应制度设计	
上海	中心图书馆体系	2000年	1996年	无	—
深圳	垂直总分馆体系	2003年	1997年	无	《深圳市建设"图书馆之城"（2003—2005）三年实施方案》（2003年） 《深圳市建设"图书馆之城"（2006—2010）五年规划》（2007年） 《深圳市公共图书馆总分馆体系建设指导意见》（2012年）
北京	中心馆—分中心—基层馆服务网络	2002年	2002年	无	《北京市图书馆条例实施办法》（2003年） 《北京市文化局关于印发〈北京市公共图书馆文明服务规范（试行）〉的通知》（2007年）
嘉兴	城乡一体化总分馆体系	2005年	2003年	无	《嘉兴市图书馆乡镇分馆管理暂行办法》（2008年） 《浙江省文化厅关于推进全省城乡一体化公共图书馆服务体系实施意见的通知》（2011年） 《关于进一步完善全省公共图书馆服务体系建设的指导意见》（2018年）
苏州	以合作为基础的全委托总分馆体系	2005年	—	无	《苏州市城区公共图书馆网络建设方案》（2005年） 《苏州市公共图书馆总分馆体系建设实施方案》（2011年） 《关于推进现代公共文化服务体系建设的实施意见》（2015年）

续表 5

城市	"图书馆之城"建设		地方立法		主要相关政策
	模式	起步时间	立法时间	相应制度设计	
广州	中心馆—区域总分馆体系	2015 年	2015 年	有	《广州市"图书馆之城"建设规划（2015—2020）》（2015 年） 《广州市公共图书馆总分馆服务体系建设试点方案》（2016 年） 《关于全面推进我市公共图书馆总分馆制建设的实施意见》（2018 年） 《广州市公共图书馆与社会力量合建分馆工作指引》（2019 年）
东莞	市、镇（街）、村（社区）三级架构	2002 年	2016 年	有	《东莞地区图书馆总分馆制实施方案》（2004 年） 《东莞市建设图书馆之城实施方案》（2005 年） 《关于贯彻落实〈东莞市建设图书馆之城实施方案〉的意见》（2005 年）
佛山	联合图书馆体系	2002 年	2021 年	有	《关于佛山市禅城区"联合图书馆"建设方案》（2002 年） 《佛山市联合图书馆实施方案——第一期（2004—2008 年）》（2004 年） 《佛山市联合图书馆建设方案》（2008 年） 《佛山市关于推进区级文化馆图书馆总分馆制建设的实施方案》（2017 年） 《佛山市联合图书馆标准体系》（2018 年）

（1）地方图书馆立法实践走在"图书馆之城"建设之前，如上海、深圳，其总分馆的制度设计并未在法条中明确。上海中心图书馆建设始于 2000 年，是我国总分馆体系探索的先行者，其以上海图书馆为总馆，其他区图书馆、高校图书馆以及专业图书馆为分馆，街道（镇）图书馆等为基

层服务点的总分馆服务体系,① 以"一城、一网、一卡、一系统"为目标,② 主要解决文献通借通还问题;深圳则是以市、区两级公共图书馆总分馆为架构的一体化垂直型总分馆体系。③ 此外,"嘉兴模式"具有"三级投入,一级管理"、推动总分馆建设的城乡一体化特征,④⑤ "苏州模式"起步于以合作为基础的全委托总分馆模式并进行了突出政府主导作用的制度设计。⑥⑦ 这些制度设计均未上升或更新到地方立法层面。

(2) 地方图书馆立法实践与"图书馆之城"建设同时起步,如北京、广州。值得关注的是,北京"图书馆之城"制度设计⑧在相应地方立法中的规定并不明晰,主要是在文献资源建设中突出了中心馆的职责和角色,如《北京市图书馆条例》第三十二条规定,"构建现代化的图书文献信息资源收集、加工整序体系和服务体系";第三十三条规定,"以首都图书馆为信息网络中心"。广州"图书馆之城"建设将"中心馆—区域总馆—分馆—服务网点"的四级网络写进了地方立法,构成了以"一个体系、两级主体、三级设施、四级服务"为特征的体系化建设、管理与服务模式,⑨ 与国家政策推行的县域总分馆建设精神相符且与本地实际相适应,并出台了系列配套政策,有规划、有试点、有步骤,有力保障和推进了城市图书馆服务体系的建设。

(3) 地方图书馆立法实践晚于"图书馆之城"建设,其结合国家政策精神,将总分馆制度设计在地方图书馆法中进行规定。如东莞市"图书馆

---

① 参见上海图书馆《覆盖城乡的公共图书馆服务体系——上海市中心图书馆建设十周年》,上海社会科学院出版社2010年版,第181页。

② 参见王世伟《上海市中心图书馆的十年发展与未来愿景》,载《图书馆杂志》2011年第1期,第47~52页。

③ 参见张岩、王洋《从探索实践到先行示范——"图书馆之城"的深圳模式》,载《图书馆论坛》2021年第1期,第64~70页。

④ 参见李超平《嘉兴模式的延伸与深化:从总分馆体系到图书馆服务体系》,载《中国图书馆学报》2012年第3期,第12~19页。

⑤ 参见李超平《中国公共图书馆服务体系"嘉兴模式"研究》,载《中国图书馆学报》2009年第6期,第10~16页。

⑥ 参见邱冠华《示范区创建中深化"苏州模式"的制度设计研究》,载《中国图书馆学报》2012年第3期,第20~25页。

⑦ 参见许晓霞《"苏州模式"的演进及价值再挖掘——写在苏州图书馆服务体系建设十周年之际》,载《国家图书馆学刊》2015年第3期,第16~23页。

⑧ 参见吴洪珺、倪晓建《面向普遍均等服务的公共图书馆管理体制探析——以北京市公共图书馆为例》,载《图书情报工作》2011年第1期,第47~50页。

⑨ 参见方家忠《保障 促进 规范 提升——论地方立法对广州市公共图书馆事业的作用》,载《图书馆论坛》2015年第8期,第14~21页。

之城"构想始于 2002 年新馆建设，其借鉴国外集群管理模式，结合已有事业发展基础和地方实际，形成总分馆建设方案，① 后在地方立法中明确其"市、镇（街）、村（社区）"三级架构的总分馆体系，并辅以图书流动车，将少年儿童图书馆作为市总馆的专业性分馆。佛山市则将 2002 年前后起步于禅城区而后在全市推广开来的"联合图书馆模式"②③ 在地方立法层面进行规定。此外，深圳市福田区公共图书馆事业发展也归入了此类。

（三）工作人员队伍建设和职业发展

内蒙古、广西、广州、东莞、贵州和佛山等的地方图书馆立法实践中对工作人员队伍建设做出了相对较多（不少于 6 款）的规定，内容主要围绕实行馆长负责制，馆长及工作人员的数量与资质，工作人员结构，考核、培训或继续教育，志愿者队伍建设，等等，具体情况见表 6。

表6　6部地方立法中与工作人员相关的主要内容分析

项目		内蒙古 5条6款	广西 3条6款	广州 3条7款	东莞 3条7款	贵州 3条6款	佛山 5条11款
馆长资质	省、自治区级	√	√	—	—	不分级	—
	市级		√	√	√		√
	区县级	√	√	√	—		√
	镇（街）级	—	—	—	√		—
馆长数量	馆长		√				
	副馆长		√				
实行馆长负责制		√	√	√	√	√	—

---

① 参见冯玲《城市图书馆集群管理的路径选择与实现方式——以东莞图书馆总分馆为例》，载《图书馆建设》2007 年第 3 期，第 3～7 页。
② 平玉娜：《佛山市联合图书馆建设构想》，载《图书馆论坛》2005 年第 3 期，第 132～134 页。
③ 屈义华：《公共图书馆服务创新——佛山市禅城区"联合图书馆"的实践与思考》，载《图书馆论坛》2005 年第 6 期，第 305～307 页。

续表6

项目		内蒙古 5条6款	广西 3条6款	广州 3条7款	东莞 3条7款	贵州 3条6款	佛山 5条11款
工作人员资质	省、自治区级	√ 不分级	√	—	—	√ 不分级	—
	市级		—	√ 不分级	√		√ 不分级
	区县级		—		√		
	镇（街）级		—		√		
工作人员数量	省、自治区级	√ 不分级	√ 不分级	—	—	√ 不分级	—
	市级			√	√		√
	区县级			√	√		
	镇（街）级			—	√		
工作人员结构		√	√	—	—	—	√
考核、培训或继续教育		√	√	√	√	√	√
志愿者队伍建设		—	—	√	√	√	√

注："√"表示有涉及相关内容，"—"则表示无涉及相关内容。

我们可以发现这些法规具有以下特征：①工作人员的准入条件并不统一，但整体而言，对工作人员的资质和专业素养要求呈现日益提高的趋势，如广西（2002年）提出"专业工作人员必须具备中专以上水平"，而广州（2020年）则规定"新进管理人员和专业技术人员应当具备大学本科以上学历"。②通过分级、分类、量化规定等落实保障，如多地明确馆长负责制、提出工作人员的"多形式、多类型配备"，东莞对市级、镇（街）级的馆长和馆员资质分别进行了规定，广州对工作人员的数量、馆长的资质等均进行了相对具体的规定，佛山创新性地提出了建立"公共图书馆人力资源采购机制"。③重视人员培训或继续教育制度建设，多地规定了工作人员考核、培训与继续教育的制度，佛山创新性地提出了建立中心馆与区总馆、分馆的双向人才交流机制。④持续推进志愿者队伍建设，如广州提出应"建立常态化志愿服务机制"，贵州提出应对公共图书馆志愿服务"给予必要的指导和支持"，佛山明确应"建立管理评价、教育培训和激励保障机制"，等等。此外，现有立法也突出体现了偏远地区及基层专业人才存在的问题。然而，在持续推进事业单位人事制度深化改革的政策背景和现实下,①②《公共图书馆法》中关于工作人员数量、配备和馆长资质等的规定缺乏实质约束力,有待地方立法结合实际进一步规定。

(四)民族文化遗产保护和传承

部分少数民族聚居地的地方图书馆立法实践,如内蒙古、贵州、四川,在文献资源建设、工作人员配备、空间与服务等方面体现出了鲜明的民族特色,具体如表7所示。《公共图书馆法》中提出"国家扶持革命老区、民族地区、边疆地区和贫困地区公共图书馆事业的发展",其中,民族地区图书馆事业在民族特色文化保护与传承中具有重要意义,且更具交叉特点,尤其值得关注,应为相应地方立法进行探索完善预留空间。

表7 部分少数民族聚居省区立法实践中有关民族文化遗产保护和传承的规定

地方立法	文献资源建设	工作人员配备	空间与服务
《内蒙古自治区公共图书馆管理条例》	建立具有地方特色和民族特点的藏书体系(第十条)	配备熟悉少数民族语言文字的专业人员(第十条)	对民族地方文献要设立专库和专架管理(第十条)
《贵州省公共图书馆条例》	建设具有民族特点、地域特色的数字信息资源体系(第二十九条)支持公共图书馆改善民族文化古籍的保护措施(第三十一条)	配备通晓当地语言文字的工作人员(第二十三条)	设置民族文献分馆或者民族文献阅览室(第十条)根据民族特点等来配置文献信息、开展阅读指导和社会教育活动(第三十三条)

---

① 参见《中共中央办公厅 国务院办公厅印发〈关于进一步深化事业单位人事制度改革的意见〉的通知》,见广东省人民政府网站:http://www.gd.gov.cn/zwgk/wjk/zcfgk/content/post_2724770.html,最后访问时间:2021年7月1日。

② 参见张靖、谭丽琼、李思雨等《现代公共图书馆服务体系人力资源保障研究(二):路径探索》,载《图书馆论坛》2019年第2期,第48～57、101页。

续表7

地方立法	文献资源建设	工作人员配备	空间与服务
《四川省公共图书馆条例》	—	—	设置民族文献分馆或者民族文献阅览室（第十六条）

五、国法之后的地方立法探讨

在"两个一百年"奋斗目标的历史交汇期，在"完善公共文化服务体系""优化城乡文化资源配置，推进城乡公共文化服务体系一体建设""完善文化管理体制和生产经营机制，提升文化治理效能"[①]等要求下，地方公共图书馆立法对于推动地方政府在文化领域依法行政，以法治化促进地方公共图书馆事业向基层纵深发展至关重要。

从对前述15部现行有效的地方立法分布的比较分析可发现，地方立法呈现出区域间、区域内部均不平衡的特点，这在很大程度上与地方政府的重视程度相关，有必要进行适当的对标看齐。

公共图书馆事业发展置身于当前文化体制改革进程之中，逐渐转变为由政府主导。《公共文化服务保障法》《公共图书馆法》的颁布，为公共图书馆事业从传统"政府—公共文化单位"关系向"政府—社会—公共文化单位"关系演变奠定了基本法律依据。按照到2035年基本实现社会主义现代化，基本实现基本公共服务均等化的要求，自2015年中共中央办公厅、国务院办公厅《关于加快构建现代公共文化服务体系的意见》发布，构建现代公共图书馆服务体系便成为这一阶段的重要任务，而公共图书馆县域总分馆建设则是重构基层文化治理的重要内容。尽管各地"图书馆之城"建设、公共图书馆立法进程不一，但结合本地事业基础和地方特色，推动地方公共图书馆事业法治发展，落实《公共图书馆法》中有关县级人民政府应当因地制宜建立符合当地特点的总分馆制的规定，理顺地方各级政府职责、强化保障，发挥图书馆行业作用，并为社会力量参与开放通道，是推动区域图书馆事业整体发展的重要内容，是各地推行依法行政的必要手段，是实现图书馆实践与制度设计、成熟模式三者之间相互促进的有效举措。

[①]《中华人民共和国国民经济和社会发展第十四个五年规划和2035年远景目标纲要》，见中华人民共和国中央人民政府网站：http://www.gov.cn/xinwen/2021-03/13/content_5592681.htm，最后访问时间：2021年6月28日。

此外，鉴于立法的时代性，体现在立法语言、文化体制改革的阶段性及主要矛盾的变化、图书馆事业发展所处阶段及其时代要求等方面，已有地方立法的修改也不容忽视。

地方立法视角下的图书馆总分馆制建设制度设计[①]

陈哲彦

总分馆制被认为是公共图书馆实现普遍均等无差别服务的有效途径，从 21 世纪初部分地区先行试点建设公共图书馆总分馆制，到近年来国家层面出台法律政策大力提倡，总分馆制建设已成为我国公共图书馆事业的重要议题。完善的法治体系是公共图书馆事业高质量发展的强有力保障，作为国家法补充和细化的地方立法，为地方公共图书馆总分馆制建设提供了基本规范及法律保障。[②]

笔者在"中国知网"上检索有关公共图书馆地方立法的文献，发现相关研究主要分为法规解读、立法效果及法规对比研究等。山东省[③]、广州市[④]、佛山市[⑤]等地的公共图书馆地方立法引发了一系列针对单部法规的评析和解读研究；学者们在深圳市[⑥]、浙江省[⑦]、上海市[⑧]等地的公共图书馆立

[①] 本文刊于《图书馆建设》2021 年第 6 期，经作者和刊物授权收录。
[②] 参见方家忠《试论推进地方图书馆立法的三个"必要性"问题》，载《图书馆》2010 年第 6 期，第 75～78 页。
[③] 参见姚柏年《谈〈山东省公共图书馆管理办法〉的出台》，载《图书馆学研究》2010 年第 23 期，第 18～25 页。
[④] 参见潘燕桃、方家忠《专题按语》，载《图书馆论坛》2015 年第 8 期，第 1 页。
[⑤] 参见张靖《把握新发展阶段、贯彻新发展理念、构建新发展格局，全面推进公共图书馆事业高质量发展——〈佛山市公共图书馆管理办法〉笔谈》，载《图书馆论坛》2021 年第 7 期，第 25～26 页。
[⑥] 参见何韵《〈深圳经济特区公共图书馆条例〉实施效果评价及启示》，载《图书馆论坛》2008 年第 4 期，第 137～140 页。
[⑦] 参见刘丽东《〈浙江省公共图书馆管理办法〉实施效果调查》，载《图书与情报》2010 年第 4 期，第 75～78 页。
[⑧] 参见何韵秋《〈上海市公共图书馆管理办法〉实施成效研究》，载《图书情报导刊》2018 年第 2 期，第 1～7 页。

法出台若干年后,分别结合了当地的图书馆服务现状评估当地公共图书馆地方立法的实施效果,对修改、制定法规提出建议;除了整部地方立法之间的对比,学者们还对比分析了已出台的公共图书馆地方立法中有关数字图书馆建设[①]、共建共享[②]、量化规定[③]、读者权利保护[④]、少儿服务[⑤]的条款。目前的一些研究对地方立法中的总分馆制建设相关条款关注较少,本文则对地方立法视角下的图书馆总分馆制建设侧重关注,通过时间轴对比、文本分析和案例分析,探讨我国图书馆地方性法规中总分馆制建设的现状及未来方向。本文所讨论的地方立法包括地方性法规及地方政府规章。

一、我国图书馆地方立法与图书馆总分馆制建设的时间比对

截至2021年,我国各地区出台的,且仍然具有法律效力的公共图书馆地方立法共有15部,其中7部为地方性法规,8部为地方政府规章。笔者通过文献调研,整理相应地区建设公共图书馆总分馆制及发布公共图书馆地方立法的时间,形成了表1。

表1 我国公共图书馆地方立法与总分馆制建设情况

省市	立法名称	总分馆制建设实践	地方立法发布日期	启动总分馆建设的时间
上海市	上海市公共图书馆管理办法	正式启动"上海中心图书馆"	1996年11月28日	2000年

---

① 参见袁淑琴《图书馆地方性法规之数字图书馆建设相关内容研究》,载《图书馆建设》2009年第5期,第9~11页。
② 参见王景《对图书馆地方法规和规章有关共建共享条款的研究》,载《四川图书馆学报》2016年第1期,第7~10页。
③ 参见陈丽纳《我国地方性图书馆立法中的量化规定》,载《图书馆论坛》2016年第8期,第91~97页。
④ 参见李艳丽《我国图书馆地方性法规之读者权利保护研究》,载《图书馆建设》2016年第9期,第10~13页。
⑤ 参见刘倩美、刘国平、王明《我国公共图书馆少儿服务立法研究》,载《图书馆建设》2020年第1期,第75~84页。

续表1

省市	立法名称	总分馆制建设实践	地方立法发布日期	启动总分馆建设的时间
深圳市	深圳经济特区公共图书馆条例（试行）	开始建设"深圳图书馆之城"	1997年7月15日	2003年
内蒙古自治区	内蒙古自治区公共图书馆管理条例	出台《内蒙古自治区全面推进文化馆图书馆总分馆制建设的实施意见》，确定呼伦贝尔市、通辽市、包头市三个盟（市）为自治区总分馆制试点单位	2000年8月6日	2016年
湖北省	湖北省公共图书馆条例	荆门市前沿分馆对外开放	2001年7月27日	2008年
北京市	北京市图书馆条例	西城区最早开始建设"区街共建模式"，丰台区、崇文区、海淀区、东城区陆续实施	2002年7月18日	2002年[①]
河南省	河南省公共图书馆管理办法	信阳市平桥区开始实施"平桥区乡镇图书馆建设工程"	2002年7月23日	2010年
广西壮族自治区	广西壮族自治区公共图书馆管理办法（修订稿）	南宁市开始推行联合图书馆第一阶段	2002年11月15日	2012年

---

① 经核实，北京市的立法时间早于总分馆制建设，但建设时间的月份无法确定。

续表1

省市	立法名称	总分馆制建设实践	地方立法发布日期	启动总分馆建设的时间
浙江省	浙江省公共图书馆管理办法	杭州市实施"一证通工程"，9个公共图书馆通过合作共建形成图书馆联盟	2003年8月6日	2004年
		嘉兴市图书馆与该市秀洲区政府合作建成第一家分馆		2005年
乌鲁木齐市	乌鲁木齐市公共图书馆管理办法	乌鲁木齐市图书馆设立首个社区分馆试点——黑甲山分馆	2008年3月21日	2012年
山东省	山东省公共图书馆管理办法	青岛市成为国家公共文化服务体系示范区首批创建城市	2009年4月23日	2011年
四川省	四川省公共图书馆条例	成都市龙泉驿区图书馆正式启动总分馆制建设	2013年7月26日	2005年
广州市	广州市公共图书馆条例	广州市图书馆在广州市番禺区沙湾开设了第一所分馆	2015年1月22日	2004年
东莞市	东莞市公共图书馆管理办法	《关于印发东莞地区图书馆总分馆制实施方案的通知》的发布标志着"东莞模式"的开启	2016年12月30日	2004年
贵州省	贵州省公共图书馆条例	分别在惠水县、施秉县、福泉市、锦屏县和贵阳市白云区五个县级公共图书馆率先启动建设"流动图书馆"分馆试点	2020年9月25日	2008年
佛山市	佛山市公共图书馆管理办法	"佛山市联合图书馆"工程正式启动	2021年2月18日	2004年

由表1可知，上海、广东深圳、内蒙古、湖北、北京、河南、广西、浙江、新疆乌鲁木齐、山东这些地方的图书馆地方立法时间均早于开始建设图书馆总分馆制的时间，然而除了上海、深圳、北京等地的图书馆总分馆制建设成效较为显著，其余地区的总分馆制仍不太成熟，内蒙古、湖北、河南、广西等地的公共图书馆地方立法进程处于我国前沿，却没能建设起完善的图书馆总分馆制体系。

地方立法对地方图书馆事业的整体发展有不可或缺的保障及促进作用，但具体到总分馆制建设方面，地方立法的有无并未对总分馆制的发展产生必然、直接的影响。原因是我国早期图书馆总分馆制建设大多数发起于行业创新行为，在经济较发达、文化事业发展较好的地区，图书馆能够更早且更好地建设起总分馆体系。

地方立法滞后于图书馆总分馆制建设的情况较为普遍。贵州、济南、广州、东莞和佛山的图书馆总分馆制建设早于地方立法出台的时间。自2002年起，天津、苏州、厦门、九江、长沙等地先后开始建设总分馆制，但这些地区至今仍未有市级或省级的图书馆地方立法。

经过上述比对可以发现，相较于我国建设图书馆总分馆制的实践，图书馆地方立法在时间上略有滞后，甚至呈现出一些空白。即便部分地区的图书馆立法领先于总分馆制实践，地方立法却未能充分发挥出保障和促进总分馆制建设的作用，说明"有地方立法"还远远不够，应进一步关注地方立法的内容与质量，才能切实保障图书馆总分馆制的发展。

二、地方立法文本中的图书馆总分馆制建设

（一）现行地方立法中总分馆制建设的相关内容

为了进一步探讨地方立法对图书馆总分馆制建设的作用，本文考察了现行地方立法的条文内容，通过内容分析整理出了15部地方立法中涉及图书馆总分馆制建设的相关条款内容，形成表2。其中河南、浙江、新疆乌鲁木齐、山东的公共图书馆地方立法均无涉及图书馆总分馆制建设的内容。

表2 公共图书馆地方立法的总分馆制条款

立法名称	条款	条款主要内容
上海市公共图书馆管理办法（2015年修正）	第三十一条	市和区（县）图书馆对本地区基层图书馆在业务上的辅导责任
深圳经济特区公共图书馆条例（2019年修正）	第四条	市人民政府建设现代化公共图书馆网络的职责
	第七条	深圳图书馆作为市公共图书馆网络的中心，应指导全市图书馆的业务工作
	第十四条	公共图书馆网络的成员组成
	第十五条	公共图书馆网络中各公共图书馆的协作关系及内容
内蒙古自治区公共图书馆管理条例（2000年发布）	第五条	自治区级图书馆是全区文献信息网络中心，下一级公共图书馆接受上一级公共图书馆的业务指导
湖北省公共图书馆条例（2001年发布）	第十七条	各级人民政府具有建立现代化图书馆网络的职责
	第十八条	省、市、州、县公共图书馆在公共图书馆网络中的中心地位及具体职责
北京市图书馆条例（2016年修正）	第九条	鼓励基层图书馆（室）的建设，规定加强对社区、村内图书馆（室）的业务指导
	第十四条	市和区公共图书馆有责任对本地区图书馆进行业务指导
广西壮族自治区公共图书馆管理办法（2002年发布）	第七条	明确广西壮族自治区图书馆和广西桂林图书馆作为广西公共图书馆事业网络中心馆的地位及其职责

续表2

立法名称	条款	条款主要内容
四川省公共图书馆条例（2013年发布）	第一条	制定条例的目的之一是构建覆盖城乡的公共图书馆服务体系
	第八条	县级以上地方人民政府负责建立公共图书馆服务网络
	第十三条	省、市（州）、县（市、区）级馆的业务内容
四川省公共图书馆条例（2013年发布）	第十四条	县（市、区）人民政府应以总分馆模式构建覆盖城乡的基层公共图书馆服务体系
	第十五条	县（市、区）公共图书馆实现区域内文献信息资源利用和服务最大化的职责
广州市公共图书馆条例（2020年修正）	第十二条	中心馆—总分馆体系的成员及其之间的关系，并明确总分馆体系的建设主体是区人民政府
	第十三条	区人民政府应推进图书室和服务网点建设
	第十四条	少年儿童图书馆为专业性分馆
	第十五条至第十九条、第四十二条	在独立馆舍、建馆面积、人均藏书量、年均入藏量、文献资源共建共享、开放时长等方面对中心馆、总馆、分馆分别提出指标要求
	第二十五条、第二十六条	中心馆及区域总馆的职责
	第三十八条	区域总馆改善图书室文献资源结构和阅读环境的职责
	第四十条	总分馆体系实现文献通借通还的目标
	第四十八条	中心馆和区域总馆提供无障碍服务的职责

续表2

立法名称	条款	条款主要内容
东莞市公共图书馆管理办法（2016年发布）	第十条	市、镇人民政府（街道办事处、园区管委会）是公共图书馆服务体系的建设主体
	第十三条	各级政府在总分馆体系中的职责，总分馆体系的三级架构
	第十四条	少年儿童图书馆为专业性分馆
	第十六条、第二十二条、第二十三条、第三十一条、第四十五条	市总馆和镇（街）分馆的建筑面积、藏书量、入藏数量、馆长任职要求、开放时长等指标要求
	第十九条、第二十条	市总馆及镇（街）分馆的职责
	第二十一条	市总馆在数字信息资源共建共享方面的职责
贵州省公共图书馆条例（2020年发布）	第九条	县级以上人民政府具有建立公共图书馆服务网络的职责
	第十条	各级图书馆在公共图书馆服务网络中的定位
	第十二条	中心馆设立直属分馆的权力，独立馆舍的要求，鼓励社会力量参与总分馆体系
	第十五条	县（市、区）公共图书馆实行总分馆制的具体职责

续表2

立法名称	条款	条款主要内容
佛山市公共图书馆管理办法（2021年发布）	第一条	完善公共图书馆服务网络被纳入立法目的
	第十条	人民政府建立公共图书馆服务网络的职责和原则
	第十二条	联合图书馆体系的成员构成及运行机制
	第十四条、第十七条、第十八条、第五十条	对各级图书馆提出独立馆舍、工作人员、馆长任职和开放时长的要求
	第二十一条至第二十三条	中心馆、区总馆、分馆的职责
	第二十四条	各级图书馆联合宣传的职责
	第二十五条	联合图书馆体系标准规范的制定和遵循
	第二十七条	各级图书馆馆藏和新增文献量、经费结构的要求
	第三十四条	中心馆、区总馆和分馆展开专业人才教育和培训的职责
	第三十五条	中心馆、区总馆应建立年报制度

（二）对地方立法有关总分馆制建设文本的分析

在严格意义上，早期的图书馆地方立法均未提及总分馆制建设。最早颁布的《上海市公共图书馆管理办法》仅明确了县级以上图书馆与基层图书馆之间松散的业务关系，日后出台的地方立法延续了这一规定。在《深圳经济特区公共图书馆条例》中，出现了"公共图书馆网络"的概念，成为此后地方立法的参考思路。这些条文中的"图书馆网络"，更多地指向图书馆之间通过协作采购、联机编目、联机建库、通借通还、人员培训交流等方式实现文献资源共建共享的图书馆服务网络，仅属于一种图书馆之间的合作机制，与真正意义上的"统一建设、统一管理、统一服务"的总分馆制仍然有很大的距离。地方立法中针对总分馆制建设内容的缺失，是区域内图书馆总分馆制建设并没有因良好的法律保障得到快速、完善发展的重要原因。

《四川省公共图书馆条例》首次明确提出建设覆盖城乡的公共图书馆服

务体系,① 并把总分馆制作为一种有效实现全覆盖的方式列入条款中,但对于总分馆制的责任主体、体系架构、组成部分、成员关系等均无进一步的规定。与之相比,《贵州省公共图书馆条例》的先进之处在于明确了各级图书馆在总分馆体系中的成员定位,并规定了区总馆的具体职责。而广东的3部地方立法则更为全面详细地规定了图书馆总分馆制的运行机制及管理方式,使总分馆制在建设以及管理的主体、内容、方式等方面均有法可依。②

我国首部公共图书馆专门法《中华人民共和国公共图书馆法》(本文中简称《公共图书馆法》)第三十一条明确规定了以县级为单位,建设以县级公共图书馆为总馆的总分馆制。早于《公共图书馆法》出台的地方立法可能会违背上位法的规定,③ 因此,"年久失修"的地方立法亟须顺应趋势、立足实际,完善立法中有关总分馆制建设的内容。

三、地方立法对于图书馆总分馆制建设的保障和促进

广州和佛山的图书馆总分馆制建设走在全国前列,《广州市公共图书馆条例》(本文中简称《广州条例》)是第一部把地方图书馆总分馆制建设的具体问题以法律形式确定下来的地方立法,《佛山市公共图书馆管理办法》(本文中简称《佛山办法》)则是我国最新出台的图书馆地方立法。这2部地方立法探讨了广州市和佛山市的地方立法如何与实践相结合、法规如何对当地的总分馆制建设起到保障和促进作用,对此后的图书馆总分馆制建设的制度设计具有较大的启迪意义。

(一)《广州条例》与广州"图书馆之城"

《广州条例》的立法行为是一次具有开创性意义的公共图书馆地方立法探索,④ 有关总分馆制建设的条款内容为后续在地方立法视角下总分馆制建设的制度设计提供了重要参考。自该条例颁布以来,广州市的公共图书馆服

---

① 参见陈丽纳《〈中华人民共和国公共图书馆法〉法制框架下的总分馆体系建设研究》,载《图书馆建设》2018年第2期,第29～34页。
② 参见潘燕桃、张琳《创新的法规内容先进的立法理念——〈广州市公共图书馆条例〉与我国其他地方图书馆条例的内容比较》,载《图书馆论坛》2015年第8期,第22～36页。
③ 参见姚明、赵国建《我国图书馆地方立法实证研究:反思与超越——基于14部地方性法律规范的考察》,载《图书馆建设》2020年第5期,第107～114页。
④ 参见叶颖《〈广州市公共图书馆条例〉述评》,载《图书馆研究》2015年第6期,第40～44页。

务体系建设稳中有进，接近均等全覆盖的目标。《广州条例》具体在以下四方面为广州图书馆总分馆制建设保驾护航。下文中 2019 年度的统计数据均来自《广州市"图书馆之城"建设年度报告 2019》。①

1. 明确政府主导，保障资金投入

在我国"一级政府建设并管理一级图书馆"的体制下，图书馆"各自为政"，是相对独立的"孤岛"；某些地区的县级市（区）、县级、镇（街道）两级财政的供给能力不足，无法保障基层图书馆的正常运行。这些都严重阻碍了公共图书馆服务均等全覆盖的实现。《广州条例》率先打破了这一制度"桎梏"，明确了区人民政府为图书馆总分馆体系的建设主体，负责建设区域总馆与镇（街）分馆（第十二条）。这一规定将建设主体上移至区政府，也意味着区财政将用于支持辖区内区域总馆及镇（街）分馆的建设及运营，图书馆总分馆制建设的资金来源得到了保障。

依据《广州条例》第十条"市文化行政主管部门应当根据国民经济和社会发展规划、城市总体规划以及土地利用总体规划编制公共图书馆事业建设规划"，市财政连续 3 年给予区财政建设总分馆体系的经费补助，② 各区于 2016 年、2017 年投入公共图书馆建设的经费合计分别约为 1.4 亿元和 2 亿元，同比分别增长约 68% 和 42%。同时，广州市越秀区、黄埔区、南沙区、天河区、白云区、番禺区、增城区、花都区等区域总馆均有专项经费支持区域总分馆服务体系运行。施行初期的《广州条例》，在财政上为广州市公共图书馆服务体系、总分馆体系建设提供了巨大的支持。

虽然受经济大环境影响，财政收支趋紧，在使用完市政府给各区图书馆的补助经费后，2018 年以后，各区政府投入公共图书馆的经费有所减少，但《广州条例》仍为各区政府投入充足的经费以保障总分馆体系发展提供了法律依据。

2. 搭建体系框架，明确顶层设计

顶层设计是公共图书馆总分馆制建设的重中之重。构建合理、完善的层级框架，既要避免体系容量过于庞大而使成员间的协作关系、归属关系难以协调，又要避免体系容量过小而使图书馆服务的辐射范围不足；还要明确体系内不同层级成员的职责，以保证各级图书馆"各司其职"，达到"1 + 1 > 2"

---

① 参见《广州市"图书馆之城"建设年度报告 2019》，见广州市图书馆网站：http://www.gzlib.org.cn/ndbg/181156.jhtml，最后访问时间：2021 年 5 月 25 日。
② 参见张诗阳、周远、陈丽纳等《进展、经验与反思：广州"图书馆之城"建设（2014—2017）》，载《图书馆论坛》2018 年第 10 期，第 17～24 页。

的效果。《广州条例》第十二条和第十三条明确了广州"图书馆之城"以"中心馆—总分馆"体系为基础,构建"市级中心馆—区域总馆—镇(街)分馆—图书室/服务网点"四级架构,在广州市辖区内作为一个整体为读者提供便捷、优质的图书馆服务。

《广州条例》的又一创新点在于明确了中心馆与总分馆的职责。2019年,广州市图书馆依条例第二十五条积极履行法定责任,如负责编制"图书馆之城"季度、年度报告,参与编制《公共图书馆服务质量规范》等地方标准,组织召开广州市公共图书馆馆长联席会,协助举办公共图书馆人才研修班等。依据第二十六条,各区馆均安排或设置了专门的职能部门负责区域总分馆制建设,其中南沙区、增城区、越秀区、白云区、从化区区馆实现了直接派任馆员至镇(街)分馆,距离紧密型总分馆体系更近了一步。数据显示,全市分馆读者到馆人次、外借文献量、举办读者活动场次等指标在全市总量中的占比稳步提升,可见区馆服务效能有所提高。

广州市"中心馆—总分馆"体系的顶层设计,明确了市馆和区馆的职责界限,使两者权限分明。这一设计符合广州市公共图书馆事业的发展实际,并通过地方性法规的形式确定下来,为广州市"图书馆之城"建设提供了长效、高效的保障。

3. 规定硬性指标,保障要素投入

为保证公共图书馆的服务质量,大多数地区的图书馆地方性法规对馆舍建设面积、工作人员数量及资质、文献馆藏量、文献年新增量、开放时间等都做出了最低要求。《广州条例》首次将配置标准置于总分馆制的体系下,更直接有效地保障了总分馆体系的要素投入。

《广州条例》第十六条规定,"市级公共图书馆达到十平方米以上……区域总馆和镇、街道分馆合计达到37.5平方米以上"。为达到这一目标,广州市市级及各区图书馆加快扩建馆舍建筑面积,截至2019年,市级图书馆及其分馆面积合计为46.44万平方米,每千人建筑面积为8.68平方米,与《广州条例》规定的标准仅相差1.32平方米。广州市各区公共图书馆建筑面积合计为33.15万平方米,其中黄埔区、从化区和增城区公共图书馆每千人建筑面积已达到《广州条例》规定的"37.5平方米以上"的标准。

《广州条例》的第十七条、第十八条分别明确了市级公共图书馆与区域公共图书馆在藏书总量及年人均入藏量方面的要求。2019年,广州市市级图书馆和从化区、增城区、黄埔区、番禺区公共图书馆的年度人均入藏量达到了《广州条例》规定的标准。

《广州条例》第二十三条、第二十四条明确了市、区、镇(街)图书馆

的工作人员及馆长的数量、资质要求。针对镇（街）分馆人手不足、专业程度不高的情况，2018年，区总馆派驻专职人员至分馆开展服务，各区分馆的专职人员数量增加至340人，进一步完善了总分馆体系的人员配置。但2019年广州市市级图书馆、各区级图书馆的每万人配备工作人员的数量仍未达到《广州条例》的标准。

从2019年的数据来看，广州市公共图书馆体系部分硬性指标仍未达标，但有目共睹的是，市、区政府正按照《广州条例》，持续地投入生产要素建设公共图书馆服务体系，推动广州市公共图书馆总分馆制建设逐步迈向高质量发展阶段。

4. 动用社会力量，鼓励社会参与

规范引导社会力量参与公共图书馆事业建设，能有效调动读者走进图书馆的积极性，同时降低公共图书馆建设和管理的成本。《广州条例》创新激励机制，鼓励社会力量参与广州"图书馆之城"建设，[①] 第六条提出通过税收优惠、以捐赠人名字命名公共图书馆等方式给予参与公共图书馆建设的社会力量鼓励，第七条鼓励社会力量设立、捐赠公共图书馆发展社会基金，第五十条鼓励公共图书馆组织志愿者参与日常运行和服务工作。这些利好制度大大促进了社会参与公共图书馆总分馆制建设，截至2019年年底，广州市各区社会力量合建且实现通借通还的分馆共有97个，其中面向所有公众开放的有75个，一年内社会力量合建分馆全年接待读者将近300万人次，纸质文献外借超过78万册次。可见，在《广州条例》的法律保障下，社会力量参与建设广州公共图书馆总分馆制的效果显著。

（二）《佛山办法》与佛山市联合图书馆体系

《佛山办法》的出台弥补了地方立法在佛山市公共图书馆事业上的缺失，成为自《公共图书馆法》颁布以来第一部出台的公共图书馆地方立法。鉴于佛山市公共图书馆总分馆制建设的成熟与超前性，《佛山办法》如何适应、保障及促进联合图书馆体系的发展，值得深入探究。

1. 确定政府责任，进一步明确政府保障机制

《佛山办法》依据《公共图书馆法》的规定，落实了县级及以上政府建设公共图书馆服务体系的职责。《佛山办法》第十条"市人民政府负责在全市行政区域内统筹建立覆盖城乡、便捷实用的公共图书馆服务网络……区人

[①] 参见方家忠《保障　促进　规范　提升——论地方立法对广州市公共图书馆事业的作用》，载《图书馆论坛》2015年第8期，第14～21页。

民政府负责本行政区域内公共图书馆服务网络建设，接受市人民政府的监督与工作指导"即明确了佛山市公共图书馆服务网络体系的建设主体为市、区两级政府。

《佛山办法》为佛山市公共图书馆服务网络建设和运行明确了资金保障。第四条声明了在资金上"重点加大对基础条件相对薄弱和发展不平衡的政府设立的公共图书馆在馆舍改造、文献信息购置、用户活动开展等方面的支持"，还应当"在社区公共文化设施建设经费中保留一定比例用于社区的公共图书馆建设"。该条款要求各级政府利用公共财政加大对水平较低、发展较落后的公共图书馆的支持，这为公共图书馆服务体系中分布最广泛、数量最多的基层公共图书馆提供了资金保障，有助于均衡地区公共图书馆事业发展，落实真正无差别的公共图书馆服务。

《佛山办法》第二十五条规定了市文化主管部门具有制定佛山市联合图书馆相关标准与规范的责任，以此保障联合图书馆体系高质量服务的提供，有助于进一步完善佛山市联合图书馆建设的制度体系。

2. 巩固现有成果，追求更高发展

截至2021年3月底，佛山市联合图书馆的成员馆已发展至370家，覆盖市内5个区，实现了统一服务形象、统一书目检索平台、一证通借通还、资源共建共享的一体化建设。① 在制度层面，佛山市政府陆续出台的相关政策文件也比较完备，包括原佛山市文化广电新闻出版局于2008年颁布的《佛山市联合图书馆建设方案》，市政府与各区政府分别制定的公共图书馆总分馆制建设实施方案，取得国家公共文化服务体系示范区及广东省公共文化服务体系示范项目的创建资格后出台的配套文件，以及于2018年发布的《佛山市联合图书馆标准体系》，等等。

《佛山办法》在第一条开宗明义地提出，立法的目的是"为了全面推进佛山市公共图书馆事业高质量发展，加强和规范佛山市公共图书馆管理，完善公共图书馆服务网络……"，旨在通过立法巩固已有的公共图书馆服务网络建设实践和理论基础，同时解决目前体系建设中存在的问题，以进一步完善联合图书馆体系，引领佛山市公共图书馆事业向更高水平发展。

《佛山办法》第十二条说明，"市人民政府应当建立完善以市图书馆为中心馆，区图书馆为区总馆，镇（街道）图书馆为分馆，村图书馆、社区图书馆以及其他类型的基层图书馆或者图书室为基层服务点的联合图书馆体

---

① 参见《佛山市联合图书馆服务概况》，见佛山市图书馆网站：http://www.fslib.com.cn/site-fsunionlib/node/2175，最后访问时间：2021年5月28日。

系"，其内涵有二：一是明确了佛山市公共图书馆总分馆制是佛山市联合图书馆体系，二是明确了佛山市联合图书馆体系的四级架构、各级成员及联合服务的义务。在佛山市公共图书馆体系建设过程中，出现了联合图书馆和公共图书馆总分馆服务体系两套话语，这不利于佛山市公共图书馆服务体系一体化的建设和发展，而《佛山办法》的该条款明确了佛山市公共图书馆总分馆服务体系、公共图书馆服务网络即联合图书馆体系，从而统一了话语，明确了体系成员及具体概念。

《佛山办法》第十条"公共图书馆服务网络建设遵循政府主导、社会参与、各方联动的原则，统一规划、统一标准、统筹管理、分级保障、分类建设、分众服务"更新了《佛山市文化广电新闻出版局关于全面推进全市公共图书馆服务体系一体化建设的通知》中提出的"三统三分"（统一标识、统一平台、统一资源、分级建设、分级管理、分散服务）。该条还明确了佛山市联合图书馆体系的建设原则，旨在保障联合图书馆服务网络建设由政府主导，大力引导社会参与，鼓励各方联动建设。

基于当前中心馆的工作成果，《佛山办法》对中心馆提出了更高的要求，如佛山市联合图书馆体系年报制度有所缺失，目前仅有月更的联合图书馆简报及2018、2019年度的佛山市联合图书馆业务报告，为此，《佛山办法》加入了"中心馆、区总馆应当建立年报制度，对上一年度公共文化服务开展情况进行总结"这一强制性要求。

3. 保障服务指标深入到基层级别

基层服务点作为佛山市公共图书馆服务体系的最后一环，是真正实现公共图书馆服务全面覆盖的最后一步，在打通"最后一公里"的工作中发挥了至关重要的作用。《佛山办法》的一大创新点在于，为四级图书馆制定了详细具体的定量指标，将服务保障目标深化到了基层级别，如第十五条规定了"基层综合性文化服务中心的图书室建筑面积不得低于30平方米"，第二十七条规定了"基层服务点藏书量不得少于1000种、1500册，年新增藏书不得少于50种、100册"，第二十三条还规定了分馆与基层服务点的职责。

《佛山办法》将服务保障目标细化至基层级别，主要有三方面考虑：一是目前佛山市联合图书馆已建立健全市—区—镇（街）三级公共图书馆网络，实现了公共图书馆全覆盖，中心馆与区总馆也具备了支持全市和区域内联合图书馆体系的水平和能力；二是佛山市从2011年年初开始建设智能图书馆，并将智能图书馆以基层服务点的形式并入联合图书馆体系，截至2019年年底，佛山市已建成256家智能图书馆，遍布5个区，形成了规模效应，提供了延伸服务，可见基层图书馆建设已有一定的实践基础；① 三是有较多现行的基层服务点建设和管理规范可供参考，如在《关于佛山市南海区文化体育局开展南海区智慧图书馆（24 小时读书驿站）建设工作的通知》《佛山市村（社区）基层综合性文化服务中心检查表》中有对智能图书馆、基层服务点建筑面积的要求，《佛山市基层综合性文化服务中心建设标准（2016—2020 年）》对基层服务点提出了对员工数量的要求，《佛山市联合图书馆标准体系》也包含了智能图书馆的系列标准。《佛山办法》有条件在已有标准体系上做统一的规范。

4. 提升联合图书馆体系建设队伍的专业水平

人力资源是公共图书馆事业的核心要素，建设公共图书馆服务体系同样需要专业的人才。《佛山办法》在第十七条、第十八条明确了中心馆和区总馆的工作人员及馆长的资质。第九条还指出了市文化主管部门组织成立公共图书馆专家委员会，市文化主管部门还需要对公共图书馆服务网络建设方案等内容进行征询。第三十四条则规定各层级图书馆应通过继续教育、业务培训及人才交流等机制，提升人才队伍的能力素质。在《佛山办法》相关条款的规定下，专家委员会为统筹领导联合图书馆体系建设提供了专业保障，同时通过任职要求、继续教育、培训、双向交流等形式为公共图书馆任职人员提供了专业化发展途径。

四、结语

当前，我国公共图书馆地方立法普遍无法适应图书馆总分馆制建设的制度要求，同时，现行地方立法中总分馆制建设相关条款的缺失，也导致法规对图书馆总分馆制建设实践的保障效力大打折扣。我们借鉴《广州条例》和《佛山办法》中的总分馆制制度设计，可见明确建设图书馆总分馆制的政府责任及总分馆制体系中成员馆的具体职责，细化体系中各层级图书馆的要素指标，将资金投入、社会力量、专业人员等方面对总分馆制体系的支持保障上升到立法层面，是经过实践检验证明能够有效适应、保障和促进图书馆总分馆制建设的先进经验。各地在制定、修改公共图书馆地方立法时对以上内容要素予以充分考虑，方能较好地实现地方立法对总分馆制建设的正向作用。

---

① 参见《佛山市联合图书馆 2019 年业务报告》，见佛山市图书馆网站：https://www.fslib.com.cn/site-fsunionlib/info/10976，最后访问时间：2021 年 5 月 25 日。

从联合图书馆体系发展视角论地方立法保障的意义[①]

黄百川　李　欢

2021年2月18日,《佛山市公共图书馆管理办法》(本文中简称《办法》)由佛山市人民政府颁布,并于2021年5月1日起正式施行。[②]《办法》是佛山市文化领域第一部行政规章,是《中华人民共和国公共文化服务保障法》(本文中简称《公共文化服务保障法》)与《中华人民共和国公共图书馆法》(本文中简称《公共图书馆法》)颁布实施后出台的我国第一部市级层面的公共图书馆地方立法,也是"十四五"开局之年我国第一部市级层面的公共图书馆地方立法。《办法》所具备的三个"第一"既是对佛山市先试先行构建公共图书馆服务体系的精神延续,也是擘画"十四五"时期蓝图、积极推动佛山市公共图书馆事业高质量发展的行动引领,对于佛山市公共图书馆事业的发展具有承上启下、开拓创新的重要意义。虽然上位法《公共图书馆法》已于2018年颁布实施,但《办法》对于佛山市公共图书馆事业的发展仍然具有不可替代的作用。作为我国最早探索构建公共图书馆服务体系的地区之一,佛山市形成了以"联合图书馆体系"为代表的体系建设成果,形成了"中心馆—总分馆"制的"佛山模式"。《办法》以佛山市联合图书馆体系发展为基础,以解决佛山市实际问题为导向,通过固化经验、强化优势,为佛山市公共图书馆事业的可持续、高质量发展提供法律保障。

[①] 本文刊于《图书馆建设》2021年第6期,经作者和刊物授权收录。
[②] 参见《佛山市公共图书馆管理办法》,见佛山市人民政府网站: http://www.foshan.gov.cn/zwgk/zfgb/srmzfwj/content/post_4756230.html,最后访问时间:2021年8月8日。

一、联合图书馆体系发展历程

佛山市公共图书馆服务体系建设萌芽于2002年，从禅城区的"总分馆"制发展为佛山的"联合图书馆体系"，全市公共图书馆服务一体化进程不断向前推进。佛山市联合图书馆的发展历程大致可以分为自下而上、自上而下、全面推进三个重要阶段，每一个发展阶段的变更都有一个标志性事件：第一个和第二个阶段的分界点是2008年，标志性事件是佛山市政府发布《佛山市联合图书馆建设方案》；第二个与第三个阶段的分界点是2015年，标志性事件是佛山市获得第三批国家公共文化服务体系示范区创建资格。回顾佛山市联合图书馆的发展历程，归纳和分析联合图书馆的建设模式、运行方式、主要问题与创新做法，能够帮助我们认识《办法》的立法思路及其对佛山市联合图书馆体系发展的重要意义。

（一）自下而上：区级总分馆制探索开启的全市"联合"工程（2002—2007年）

1. 禅城区联合图书馆总分馆制的诞生

2002年是佛山市公共图书馆服务体系建设元年，全国第一个纯粹意义上的公共图书馆"总分馆制"在佛山市禅城区萌芽，这是历史机遇与现代公共图书馆服务理念"碰撞"形成的必然结果。所谓机遇，缘于当时的佛山市刚完成行政区域调整，禅城区图书馆的馆舍规模与服务资源无法满足服务人口与服务面积成倍增长所带来的需求激增，新馆建设的契机应运而生。在新馆建设的机遇面前是选择"一地一大馆"，还是"化整为零"地建设一批贴近群众的中小型图书馆？禅城区图书馆选择了后者，提出了建设"禅城区联合图书馆"的构想，设定"建设一个主馆，6~8个布局合理的小型图书馆群，达到每10万常住人口拥有一座公共图书馆"[①] 的总体目标。禅城区联合图书馆采用总分馆运营模式，政府作为总分馆建设主体负责财政投入，区图书馆作为管理主体负责体系的运营管理，镇（街）负责提供分馆场地和物业管理。于是，禅城区图书馆作为总馆对各分馆实行人、财、物高度统一的垂直管理。禅城区联合图书馆的建设思路是突破行政体制、构建"普遍均等"服务体系的创新探索。2002年9月，禅城区政府发布《关于佛

[①] 屈义华：《公共图书馆服务创新——佛山市禅城区"联合图书馆"的实践与思考》，载《图书馆论坛》2005年第6期，第305~307页。

山市禅城区"联合图书馆"建设方案》,解决了实施总分馆制最关键的"政府主导"问题。2003年,禅城区联合图书馆首家分馆——禅城区少年儿童图书馆正式对外开放,标志着禅城区总分馆制的正式启动。2003年年底,在佛山市文化名城研讨会上,禅城区联合图书馆建设提案得到市领导的高度关注,市政府随即做出了由佛山市图书馆牵头在全市构建"佛山市联合图书馆"的指示。从一区"联合"到全市"联合",禅城区图书馆自下而上的创新探索开启了佛山市公共图书馆服务一体化建设之路。

2. 联合图书馆体系建设起步

禅城区联合图书馆体系构建的落脚点在于"建",即通过在镇(街)新建分馆或与社会力量合作建馆,搭建总分馆服务体系;而佛山市联合图书馆的重点在于"联",将分布于一市五区、不同层级,甚至不同系统的单个图书馆"结点成网",使得任意两"点"之间的文献资源可以自由流动,从而搭建覆盖城乡的图书馆服务体系,实现全市图书馆文献资源共建共享。2004年,佛山市图书馆在对五区公共图书馆和部分学校图书馆调研的基础上提出了《佛山市联合图书馆实施方案》(本文中简称《实施方案》),明确了以"政府指导,属地实施;政策扶持,各方联动;稳步推进,市民受益"为建设思路,打造"统一标识、统一平台、统一资源、分级建设、分级管理、分散服务"的联合图书馆体系。同年,佛山市图书馆主导研发"佛山市联合图书馆自动化管理系统",搭建联合图书馆的"统一平台"。2005年,佛山市图书馆、禅城区图书馆、南海区图书馆等6家图书馆作为首批成员馆加入联合图书馆体系。随着联合图书馆业务管理系统功能的完善,首批成员馆先后完成数据迁移,实现了文献资源的通借通还。

从2002年禅城区联合图书馆总分馆建设起步到2007年佛山市联合图书馆体系框架初步搭建完成,佛山市自下而上、自行探索构建公共图书馆服务体系。回顾这一阶段的历程可以发现,要实现公共图书馆服务一体化建设,通借通还是基本目标,技术平台是基础支撑,统一服务规则是重要手段,而政府主导则为关键条件。在获得"政府主导"之后,禅城区联合图书馆迅速发展,结合镇(街)产业经济特点,先后建成了环市童装图书馆、澜石金属图书馆两个特色分馆,实现了公共图书馆与产业图书馆功能的融合。2007年建成的张槎图书馆以外来务工人员为主要服务对象,在当时国内普遍关注农民工生存状态的时候,禅城区已经通过公共图书馆服务率先关注和满足农民工的精神文化需求。经过5年的发展,"禅城模式"已经成为全国公共图书馆总分馆制建设的示范案例。佛山市联合图书馆建设是由当时的市委书记提议的,而其前期的发展更多的是一种行业探索。因此,联合图书馆建设采取了"试点先行、稳步推进"的工作方式,先积极争取各区馆加入,然后发挥区馆的带头示范作用,再吸引镇(街)图书馆和其他类型图书馆的加入。由此也可以看出,在缺乏公共图书馆"国法"和地方立法保障的情况下,"政府主导"往往取决于一定的机遇,存在着不确定性。

(二)自上而下:市级政府主导下的公共图书馆服务一体化建设(2008—2014年)

2008年,佛山市人民政府发布《佛山市联合图书馆建设方案》(本文中简称《建设方案》),使得佛山市联合图书馆建设由职业行为上升为政府行为,开启了自上而下、政府主导下的佛山市公共图书馆服务一体化建设。《建设方案》是对《实施方案》的延续和完善,并赋予其行政效力,明晰了联合图书馆体系建设的目标、思路、内容、运行机制、实施步骤与保障措施。《建设方案》明确了市、区两级政府作为联合图书馆建设主体,佛山市原文化广电新闻出版局承担了联合图书馆统筹管理职责,市、区两级图书馆在各区域内承担联合图书馆体系发展职责。在市政府的主导推动下,联合图书馆迎来了快速发展时期:佛山市五区图书馆除顺德区以外全部入"联",截至2014年年底,成员馆已发展至60家,类型涵盖公共图书馆、学校图书馆、企事业单位图书馆、部队图书馆,佛山市联合图书馆体系初具规模。

这个阶段联合图书馆的发展有四大亮点:一是智能图书馆作为传统公共图书馆的补充力量,成为联合图书馆体系的重要组成部分。佛山市于2011年启动了智能图书馆试点建设,到2014年,全市已建成智能图书馆20多家。佛山市智能图书馆建设是我国较早探索"图书馆+"模式,引入社会力量共建城市新型阅读空间的创新实践。二是推出读者自主采购借阅服务、二代身份证免押金借阅服务等便民惠民措施。2009年,禅城区图书馆推出读者自主采购借阅服务,也就是后来被业界所熟知的"你选书,我买单"服务,这种"图书馆+书店"的合作模式逐渐在联合图书馆中推广开来,合作的书店作为新书借阅点被纳入联合图书馆体系之中,更好地满足了市民的新书借阅需求。2011年,联合图书馆28家成员馆同步推出的身份证免押金借阅服务,是当时国内少有的以二代身份证作为借阅证并全面免除借阅押金的大胆尝试,这破除了所有借阅门槛,为外来务工人员提供了与本地市民无差别的服务。三是数字资源共建共享,联合服务从线下走到线上。2002年,佛山市开始进行数字图书馆建设。2008年,联合图书馆的读者便可使用"一卡通"借阅证访问佛山市图书馆的数字资源。2013年,由佛山市图书馆牵头,联合禅城、南海、三水、高明4个区级馆共同搭建的"佛山市联合图书馆数字资源共建共享平台"上线,为读者提供的数据库种类多达30个,自建特色数据库19个,推动了联合图书馆体系中数字资源的联合采购、共建共享模式的发展。① 四是联合图书馆建设与管理走向规范化。2013年,佛山市图书馆主导编制了《佛山市联合图书馆规则汇编》,明确了各项业务管理规则,为未来标准化发展奠定了基础。

从2008年《建设方案》发布到2014年联合图书馆发展成蓬勃之势,这一历程一方面印证了"政府主导"是公共图书馆体系建设最强的驱动力,另一方面体现了公共图书馆"敢为人先"的创新意识和与时俱进的服务理念是体系发展的生命内核。2013年,文化部印发《文化部"十二五"时期公共文化服务体系建设实施纲要》,我国公共文化建设正式进入了以构建"全覆盖""普遍均等"服务体系为目标的新时期。而此时的佛山市联合图书馆作为佛山市公共文化服务体系建设的重要成果,在政策、理念、实践方面都具有明显的引领意义,形成了我国公共图书馆服务体系的"佛山模式"。

(三)全面推进:政策保障与理念创新并驾齐驱下的跨越式发展(2015—2020年)

自2015年开始,国家、省、市各种关于推动公共图书馆事业发展的政策陆续出台,佛山市成功申报国家第三批公共文化服务体系示范区以及广东省示范区(项目)的制度设计为佛山市联合图书馆的发展注入了强劲动力。与此同时,联合图书馆继续秉承着以创新谋发展的理念,不断推陈出新。在政策保障与理念创新双引擎推动下,佛山市联合图书馆实现了跨越式发展。

1. 实现联合图书馆体系一市五区全覆盖

2015年1月,中共中央办公厅、国务院办公厅发布了《关于加快构建现代公共文化服务体系的意见》,明确提出"公共文化设施网络全面覆盖、互联互通"②,在国家政策推动下,公共图书馆体系建设是大势所趋。与此同时,经过10年的发展,佛山市联合图书馆体系已日益壮大且服务效益显著,全市公共图书馆服务一体化已形成不可阻挡之势。2015年3月,顺德图书馆单馆加入联合图书馆体系;2018年12月,顺德区图书馆集群全面加

---

① 参见《佛山市图书馆2013年度报告》,见佛山市图书馆网站:http://www.fslib.com.cn/info/7124,最后访问时间:2020年3月21日。
② 《中办、国办印发〈关于加快构建现代公共文化服务体系的意见〉》,见中华人民共和国中央人民政府网站:http://www.gov.cn/xinwen/2015-01/14/content_2804240.htm,最后访问时间:2021年8月8日。

入联合图书馆,自此,佛山市联合图书馆实现了真正意义上的一市五区大联合。

2. 实现联合图书馆与总分馆制的融合发展

2015年,佛山市获得了国家第三批公共文化服务体系示范区创建资格,依照"示范区创建"的规定,地方政府作为申报主体,必须开展总分馆制的制度研究与设计,① 这推动了佛山市、区两级政府相继出台总分馆制建设的相关文件。2016年,国家五部委联合发布《关于推进县级文化馆图书馆总分馆制建设的指导意见》,明确以区县为单位推进总分馆制建设,使得总分馆制从职业行为上升为国家政策。广东省随后开展总分馆试点建设,禅城区作为佛山市当时唯一建成图书馆总分馆制的区县入选首批建设试点。南海区紧随其后,以"区总馆、镇街分馆、读书驿站"三级总分馆服务体系建设入选广东省第二批总分馆制建设试点。在国家、省级关于示范区(项目)创建和总分馆制建设的政策推动下,佛山市联合图书馆体系建设与五区总分馆制建设互相促进、共同发展:佛山市联合图书馆体系所具备的统一技术平台、统一管理规范、文献通借通还机制为区县总分馆的建设提供了良好的基础条件;而各区在总分馆建设中促使更多作为分馆和基层服务点的图书馆被纳入联合图书馆体系,进一步促进了佛山市联合图书馆体系向基层的延伸。

3. 各类"图书馆+"新业态出现,成为体系有机补充力量

这一时期的佛山市联合图书馆在大力完善实体公共图书馆服务网络的同时,积极创新"图书馆+"融合发展模式,诞生的各类图书馆新业态成了佛山市联合图书馆体系的有机补充力量。一是大力推动社会力量参与智能图书馆建设,形成了"自助图书馆""街区图书自助借还机""读书驿站"和"移动智能图书馆"四种建设模式。截至2020年年底,全市建成智能图书馆266家,占佛山市联合图书馆成员馆的76.22%。2017年,佛山市原文化广电新闻出版局在智能图书馆的基础上主导建设集阅读沙龙、培训、展览等文化活动与服务于一体的公共文化空间——智能文化家。二是推出"千家万户·阅暖工程——邻里图书馆"项目,构建了"图书馆+家庭"的阅读服务体系。邻里图书馆项目于2018年启动,其将家庭资源与公共图书馆资源结合,以邻里关系为纽带输送阅读服务,使家庭成为深入社区的公共图书馆服务点,打通了公共文化服务的"最后一米"。作为家庭力量参与公共文化服务供给的创新模式,2020年,"邻里图书馆"项目获得国际图书馆协会

---

① 参见邱冠华《新世纪以来国内公共图书馆总分馆建设回顾与思考》,载《中国图书馆学报》2017年第7期,第18~31页。

联合会（IFLA）国际营销奖第一名。截至2020年年底，佛山市累计建成邻里图书馆1170家，服务人数近3万人。三是积极践行"文旅融合"政策理念，探索"图书馆+民宿"新模式。2020年，佛山市图书馆创新性地推出将图书馆服务嵌入民宿的文旅融合新模式——"旅图·晓读夜宿"项目，与民宿合作建设民宿图书馆，将图书馆资源和服务延伸进景区、景点，全年建成民宿图书馆共10家。四是以广佛同城为背景，推进广佛公共图书馆服务一体化建设。2020年，由广州图书馆联合佛山市图书馆、广州地铁集团、天河城集团共同打造的新型阅读空间"阅读家"正式对外开放，成功实现了广佛两地读者系统对接、双城图书自由借还，为广佛两地市民提供了均等、同步、便捷、智能的图书馆服务。五是深入推进公共文化设施功能融合，以"服务体系互搭互嵌、优质资源共建共享"为总体思路，创新性地探索佛山市联合图书馆与佛山市青少年宫双体系战略合作。合作由三部分构成：①由市图书馆提供图书资源和设备，青少年宫提供场地与管理，依托青少年宫全市服务体系建设主要面向青少年服务的青葵图书馆；②将青少年宫文化资源引入佛山市联合图书馆体系内建设"青葵营地"，为青少年读者提供优质文化服务；③依托双方讲师资源，共建面向青少年素质教育的讲座品牌——"青葵论坛"。

4. 制度建设取得新突破

佛山市联合图书馆成员馆数量已从2014年年底的60家发展至2020年年底的349家，由2015年的区级图书馆全覆盖发展到2019年实现镇（街）全覆盖，佛山市联合图书馆体量扩大了5.8倍。在"量变"的同时，佛山市联合图书馆的制度设计也取得了新突破。2017年，佛山市原文化广电新闻出版局发布《佛山市联合图书馆标准体系》；2018年，佛山市图书馆针对联合图书馆体系发展中出现的新问题、新变化，对原《佛山市联合图书馆规范汇编》进行修订；2020年，《佛山市联合图书馆体系建设与管理规范》获佛山市地方标准立项，《佛山市公共图书馆管理办法》获佛山市地方立法立项，以高质量发展为目标的《佛山市联合图书馆体系"十四五"发展规划》也在研究编制中。规范化、标准化、法治化，标志着佛山市联合图书馆从增量到提质的转变。

二、地方立法对联合图书馆体系建设的保障与引领意义

佛山市联合图书馆 10 余年的发展可以视为我国公共图书馆体系建设的缩影。从一开始自下而上的总分馆制探索到之后自上而下的全市公共图书馆一体化建设，再次印证了"总分馆制是一个制度问题而非职业问题"[①]。政府主导、制度保障是决定公共图书馆服务体系发展的关键因素。法律是最重要的制度形式，也是制度的最高形态。图书馆立法是对图书馆事业发展最权威、最有效的保障。2019 年，佛山市开展 2020 年度立法项目的民意调查，市民关注度较高的《办法》被列入《佛山市人民政府 2020 年度立法项目征集目录》。2020 年，《办法》被正式列入《佛山市人民政府 2020 年度规章制定计划》。在此背景下，佛山市文化广电旅游体育局启动了《办法》的制定，与中山大学信息管理学院合作开展起草研究。《公共图书馆法》的实施有利于解决我国公共图书馆事业发展的共性问题，而要对佛山市联合图书馆在实践中形成的特色经验予以固化，对地方性问题予以切实解决，则需要因地制宜、"因事制宜"的地方立法。《办法》是在对佛山市联合图书馆事业发展进行充分研究论证的基础上做出的科学设计，一则解决了实际问题，二则指明了发展方向，为佛山市联合图书馆体系可持续、高质量发展提供了法律保障。

（一）问题导向：解决联合图书馆体系可持续发展问题

1. 从法律层面确立联合图书馆"中心馆—总分馆"的体系

佛山市联合图书馆体系建设早于我国全面推行总分馆制，虽然在《实施方案》和《建设方案》中明确了"建立和完善以市图书馆为龙头、区图书馆为骨干、街道（镇）图书馆为节点、社区（村）图书馆为网点的公共图书馆四级网络"的整体思路，但是联合图书馆的发展采用的是平行的"成员馆"制，所有加入联合图书馆的图书馆无论何种层级、类型和规模，都被统称为"成员馆"，与当下国家要求的总分馆制体系并不相符。2019 年，随着佛山成功创建国家公共文化服务体系示范区，佛山市各区完成了总分馆体系建设，形成了以佛山市联合图书馆为框架的"中心馆—总分馆"

---

① 李国新:《"总分馆"建设的最大障碍是体制障碍——〈覆盖全社会的公共图书馆服务体系：模式、技术支撑与方案〉读后》，载《图书馆建设》2008 年第 9 期，第 1～3 页。

服务体系。《办法》从法律层面确定了以市图书馆为中心馆、区图书馆为区总馆、镇（街）图书馆为分馆、村图书馆、社区图书馆以及其他类型的基层图书馆或者图书室为基层服务点，用"中心馆—总分馆"的体系对联合图书馆的成员馆进行了梳理，符合我国总分馆制建设的方针政策。

2. 解决基层图书馆服务能力薄弱问题

由于经费常年得不到保障，一些基层图书馆存在工作人员流动性大、专业性差、服务意识淡薄、服务能力薄弱的问题，直接阻碍着联合图书馆体系未来的可持续发展。《办法》在《公共图书馆法》的基础上对镇（街）及以下基层图书馆建设主体责任及相关建设标准做出了规定。一是保障镇（街）公共图书馆的设立，要求"镇人民政府（街道办事处）应当至少设立1家公共图书馆，常住人口超过20万的镇（街道）应当根据实际情况增设公共图书馆"。二是保障基层图书馆的经费投入，明确提出了镇人民政府（街道办事处）对于公共图书馆领域的事权和支出责任，要求"加大对政府设立的公共图书馆的投入"，将设施设备、文献信息、人员等方面的费用列入本级财政预算。同时，《办法》规定"市、区、镇人民政府（街道办事处）应当在社区公共文化设施建设经费中保留一定比例用于社区的公共图书馆建设"。三是对基层服务点藏书量进行了量化，规定"基层服务点藏书量不得少于1000种、1500册，年新增藏书不得少于50种、100册"。四是在运行方面，要求"分馆应当面向基层提供与区总馆水平相当的基本服务"，从业务层面保障基层图书馆服务的专业性。

3. 解决社会力量参与联合图书馆体系建设的激励机制问题

从早期的智能图书馆、智能文化家，到近年的邻里图书馆、民宿图书馆，社会力量参与办馆已成为联合图书馆体系发展的重要方式。然而由于缺乏科学的激励机制和考核机制，许多社会力量参与举办的图书馆服务效益不高，缺乏持续发展动力。《办法》提出，"鼓励公民、法人和其他组织以捐赠资金、设施设备、文献信息以及其他形式支持公共图书馆事业的发展，并依法给予税收优惠"，并且"对在公共图书馆事业发展中作出突出贡献的组织和个人，按照国家有关规定给予奖励"，从法律层面对社会力量参与办馆予以肯定和鼓励。

（二）强化优势：引领联合图书馆体系高质量发展

1. 赋予佛山市联合图书馆明确的法律地位

在佛山市联合图书馆10多年的发展中，《建设方案》是唯一由市政府颁发的相关文件，它明确了市、区两级政府构建联合图书馆体系的主体责任,从而推动了联合图书馆的快速发展。佛山市联合图书馆是佛山在公共图书馆体系建设中探索出来的并经过实践证明有效的模式,《办法》赋予了佛山市联合图书馆相应的法律定位;明确了以联合图书馆为运营模式持续推进全市公共图书馆一体化建设;明确了市人民政府作为建设主体应承担立和完善以"中心馆—总分馆"为主体架构的联合图书馆服务体系的职责,并由市文化广电旅游体育局承担联合图书馆体系统一管理的责任;按照"中心馆—总分馆"的架构对市中心馆、区总馆、分馆及基层服务点在联合图书馆体系建设中应履行的职责予以了规定。

2. 推动创新融合发展

《办法》遵循国家"文旅融合"的发展理念,"鼓励公共图书馆与旅游景区、酒店和民宿等单位开展合作,探索科学、合理的文化旅游协同发展模式",既对当前佛山市文旅融合工作的开展予以了肯定,又为未来发展指明了方向。《办法》结合广佛同城、粤港澳大湾区建设背景,对佛山市公共图书馆实施区域融合发展提供了思路,明确了"市、区人民政府应当推动建设广佛公共图书馆通借通还机制,推动广佛文献信息共享,促进广佛公共图书馆服务标准统一",指出"应当推动中心馆与粤港澳大湾区其他城市图书馆建立文献交流与文化合作机制",这对未来推进佛山市公共图书馆服务广佛同城化以及助力人文湾区建设具有引领意义。除此之外,《办法》对联合图书馆信息化、智能化建设的相关规定是对"图书馆+技术"深度融合的科学前瞻。

3. 组建联合图书馆专家"智囊团"

根据《办法》要求,市文化主管部门成立公共图书馆专家委员会,就公共图书馆事业发展规划、服务网络建设、重要政策、业务标准规范及其他涉及公共图书馆事业发展的重大事项征询专家委员会的意见。专家委员会的成立将为佛山市公共图书馆事业管理注入专业智慧,是对行政管理的有效补充。

三、结语

从禅城区图书馆总分馆制建设到佛山市联合图书馆体系构建,佛山市是我国最早探索公共图书馆服务体系建设的地区之一,先后建设并形成了公共图书馆总分馆制的"禅城模式"——佛山市禅城区联合图书馆、公共图书馆服务体系的"佛山模式"——佛山市联合图书馆,并以联合图书馆为框架,成功搭建了具有佛山特色的"中心馆—总分馆"服务体系,实现了联合图书馆与总分馆制的融合发展。在佛山市联合图书馆体系发展的第 16 个年头，我国"十四五"开局之年，《佛山市公共图书馆管理办法》颁布施行，作为佛山市第一部公共文化服务领域的地方立法和《公共图书馆法》颁布后出台的我国第一部市级层面的公共图书馆地方立法，它将以标准化、法治化引领佛山市公共图书馆事业可持续、高质量发展，同时为我国公共图书馆事业法治化建设提供佛山的特色经验。

佛山市联合图书馆体系事业发展报告

——"十三五"总结与"十四五"展望①

张 萌 朱忠琼

佛山市是国家历史文化名城,是广府文化发源地、兴盛地、传承地,也是中国重要的制造业基地、珠三角地区西翼经贸中心和综合交通枢纽。2020年,佛山常住人口达949.89万人,连续2年实现地区生产总值破万亿元。2019年,佛山市以全国第三名、东部地级市第一名的成绩通过示范区创建终期验收,获得"国家公共文化服务体系示范区"称号。2020年年底,全市6所区级以上公共图书馆和6所区级以上文化馆100%为国家一级馆,全市32个镇(街)文化站100%为省特级站,全市建成村(社区)综合性文化服务中心775家,村(社区)覆盖率达100%,②构建起城乡"十分钟文化圈"。

佛山市联合图书馆体系(本文中简称"联合图书馆体系")是公共图书馆服务体系建设的佛山模式,"十三五"期间,搭建了市中心馆、区总馆、镇(街)分馆及以村居/社区馆等为基层服务点的四级公共图书馆服务体系架构,实现了统一服务形象、统一书目检索平台、一证通借通还、资源共建共享的一体化建设。

一、佛山市联合图书馆体系"十三五"时期发展情况

"联合图书馆"的构想始于2002年,是我国当时最早的公共图书馆服务体系构想之一。2004年,佛山市图书馆牵头提出《佛山市联合图书馆实

---

① 本文刊于《图书馆建设》2021年第6期,经作者和刊物授权收录。
② 参见郑泽聪、周文琪《佛山一村一镇获中宣部表彰》,载《佛山日报》2020年12月1日,第A01版。

施方案》；2005年，在政府主导、社会参与、各方联动的基础上，在"三统三分"的原则下，联合图书馆体系建设开始逐步推进；2008年，佛山市政府发布《佛山市联合图书馆建设方案》，联合图书馆体系建设步入快车道。

截至2020年年底，联合图书馆体系主要业务整体发展良好。（见表1）联合图书馆体系成员馆发展至349家，形成了由普通成员馆、智能图书馆、学校图书馆、企业图书馆、新书借阅点、民宿图书馆、粤书吧、汽车图书馆、数字图书馆和电视图书馆等多种形式的图书馆组成的互通互联、优势互补、资源共享、协同服务的立体、多维的公共图书馆服务体系。全市文献馆藏量达1281.42万册，持证读者达151.28万余人，近几年年均举办各类活动约6000场次、参与活动读者约150万人次。"十三五"末期，佛山市五区图书馆均已完成区域总分馆建设，全市公共图书馆服务体系全覆盖态势初步形成，公共服务普惠化、均等化迈上新台阶。

表1 佛山市联合图书馆体系主要业务数据（2020年）①

类别	指标	全国数据②	广东数据③	佛山数据④
设施网络	公共图书馆达标率（%）	—	—	100
	每万人公共图书馆建筑面积（m²）	126.49	128.27	181.2
	阅览室座席数（万个）	126.47	12.07	1.66
文献资源	人均公共图书馆藏量（册）	0.84	1	1.2
	人均公共图书馆年新增图书藏量（册）	—	0.087	0.15
	人均公共图书馆购书费（元）	1.60	2.96	3.18
	县均公共图书馆数字资源（TB）	—	—	123.34

① 该表参照《"十三五"时期全国公共图书馆事业发展规划》中"十三五"时期全国公共图书馆事业发展的主要指标设定，全国指标和广东省指标统计的是县（区）级以上公共图书馆的数据，佛山市指标统计的是联合图书馆体系的数据。
② 参见《中华人民共和国文化和旅游部2020年文化和旅游发展统计公报》，见中国文化报微信公众号：https://mp.weixin.qq.com/s/eWdU47ApsnX0LsgQQiqGSA，最后访问时间：2021年7月6日。
③ 参见陈卫东、陈杰、伍舜璎等《广东省公共图书馆事业发展报告（2020）》，载《图书馆论坛》2021年第6期，第34～42页。
④ 佛山数据以联合图书馆体系自动化管理系统数据和历年来《佛山市联合图书馆业务年报》数据为基础，结合市、区两级公共图书馆业务年报数据产生，数据共涉及联合图书馆体系内6个县级以上公共图书馆、32个镇街图书馆和300多个基层图书馆。

续表1

类别	指标		全国数据	广东数据	佛山数据
服务效能	有效读者总人数（万）		10251.31	—	151.28
	年流通人次（万）		54145.81	4972.21	455.95
	文献外借册次（万）		42087.15	6431.23	408.19
队伍建设	专业技术人员比例（%）	高级职称	12.2	7.0	8.79
		中级职称	32.5	30.8	69.39

（一）保障到位，资源充足

1. 经费保障

2020年，佛山市、区两级政府对图书馆财政拨款共计16540.24万元，约占全省的7.09%，与2020年佛山市GDP（地区生产总值）的全省占比接近。[①] 佛山市、区两级政府对图书馆的年人均财政拨款经费为17.41元。近年来，联合图书馆体系文献信息购置费年均超过3000万元，人均新增藏量购置费为3～4元；2020年，文献信息购置费为3019.77万元，人均新增藏量购置费为3.18元，远超全国1.6元的平均值。在市、区两级公共图书馆的文献信息购置费中，纸质文献购置费合计为2004.46万元，占比81.87%；数字资源购置费为443.84万元，占比18.13%。

2. 设备设施

联合图书馆体系建筑面积持续缓慢增长，截至2020年年底，体系内设施建筑面积合计为17.21万 m^2，每万人建筑面积为181.2 m^2，超过国家、省的数据。2018—2020年，联合图书馆体系拥有阅览座席分别为13477个、15664个、16680个，总体增长22.88%。其中，2020年，市、区图书馆之外成员馆拥有阅览座席9824个，占比超过70%。2020年，联合图书馆体系拥有电子终端总数为3034台，其中计算机2256台，其他电子终端778台（以自助式和交互式设备为主）。读者使用的电子终端总数为2187台，每万名读者拥有电子终端数量为2.30台。

---

① 根据广东图书馆学会、广东省立中山图书馆联合发布的《广东省公共图书馆事业发展报告（2020）》，2020年全省各级政府对县级以上公共图书馆财政拨款总额约23.32亿元。根据广东省统计局、佛山市统计局公布的数据，2020年，广东省地区生产总值为110760.94亿元，佛山市地区生产总值为10751.02亿元，约占全省的9.7%。

3. 文献资源

"十三五"期间，联合图书馆体系注重纸质文献、数字资源和地方文献的协调建设，以读者需求为导向，不断扩大馆藏数量、优化馆藏结构。联合图书馆体系纸质文献馆藏达 1281.42 万册，相比 2015 年翻了一番，增长率达 101.3%；人均拥有藏书数量从 2016 年的 1.01 册持续上升至 2019 年的 1.4 册，因人口数量增长才于 2020 年回落至 1.2 册。这 5 年间，年人均新增藏量保持在 0.15 册以上。佛山市、区两级图书馆地方文献总量 62568 册（件），馆藏古籍（含民国文献）总量为 64649 册。佛山市图书馆、顺德图书馆和三水区图书馆在"十三五"期间上传至全国古籍普查平台的馆藏古籍达 4.3 万余册。"佛山市联合图书馆数字资源共建共享平台"建设水平的提升，推动实现了协调采购、协同服务。该平台共有 71 个数据库提供服务（其中外购数据库 48 个，自建数据库 23 个），另有通过移动端提供服务的数据库 28 个。该平台数字资源总量为 868.69 TB，自建数据库总量为 27.26 TB。

4. 人力资源

人才队伍建设是公共图书馆服务的基本保障。2018—2020 年，联合图书馆体系专职工作人员从 711 人增长至 764 人，增长率为 7.45%；其中专业技术人员总数从 284 人增长至 330 人，增长率为 16.2%，专业技术人员比例逐年提升。学历方面，2020 年，工作人员本科及以上学历 401 人，占工作人员总数的 52.49%；硕士及以上学历 32 人。职称方面，2020 年，专业技术人员 330 人当中图书资料专业人员达 280 人，中级以上职称人员占 69.39%，但高级职称人员仅占 8.79%，高级职称人员数量方面仍有较大的提升空间。

（二）快速布局，网络成型

"十三五"期间，佛山市联合图书馆体系规模呈现爆发式增长态势，以智能图书馆群建设为突破点，扩大了图书馆服务网络覆盖面，提升了服务的可及性。成员馆从 78 个增长至 349 个，总增长率为 347.44%，年均增长率达 34.94%。市图书馆完成了祖庙路分馆的改造开放，新建智能图书馆 15 个、智能文化家 15 个、民宿图书馆 8 个；禅城区少年儿童分馆、石湾镇街道分馆及祖庙街道分馆先后完成了迁建改造工程，恢复对外开放；南海区新建"读书驿站"近 170 个；顺德区公共图书馆集群整体加盟联合图书馆体系；全市 32 个镇（街）实现公共图书馆全面覆盖。到 2020 年年底，在联合图书馆体系 349 个成员馆中，南海区有 208 个，约占全市成员馆数量的

6成。

佛山市五区因地制宜建立起了上下联通、服务优质、有效覆盖的区级图书馆总分馆制，禅城区的总分馆模式、南海区读书驿站模式以及顺德区集约型总分馆模式都独具特色，先后成为广东省总分馆试点建设区域，"佛山经验"在全省范围得到推广。

佛山市图书馆深化了全市公共图书馆的共建共享机制，与各区公共图书馆总分馆体系相辅相成，编织出了横向到边、纵向到底的公共图书馆服务网络。2018年，佛山市图书馆和顺德图书馆先后两次分别顺利完成系统更换，全市公共图书馆形成了"一个市级中心馆、五个区级总分馆体系、全市通借通还"的一体化发展形式。[①]

（三）服务提升，效能初显

联合图书馆体系以服务效能为导向，实行免费开放，提供基本公共文化服务，通过完善服务网络，强化自助服务、流动服务、数字化服务，建设服务品牌，开展阅读推广，等等，提高公共图书馆服务效能。

"十三五"期间，全市累计持证读者量稳步上升，年均增长率为13.44%；持证读者量占常住人口比例连续4年上升，2020年受常住人口数据上涨影响，比例略有下降。2016—2019年，各项基础业务数据整体呈上升趋势，其中跨馆流通量占比从2016年的7.9%提升至2019年的20.39%，充分体现了体系内文献通借通还的服务优势和效益。全市年文献外借册次从649.10万册次增长至2018年的1098.25万册次，之后连续2年下降，主要原因分别是联合图书馆体系自动化管理系统更换导致业务流程变化和新冠肺炎疫情的影响。

"十三五"期间，联合图书馆体系通过内容丰富、形式多样的读者活动促进全民阅读，5年间，举办活动21678场，参与活动人次达781万人次。市、区两级公共图书馆组织的读者活动场次从2016年至2019年有大幅度提升，分别增长85.53%、126.98%。2020年受新冠肺炎疫情影响，全市读者活动数据量同比下降29.34%。在疫情常态化防控新形势下，各级公共图书馆积极拓宽服务渠道，其中市、区两级公共图书馆共开展线上活动1544场，占当年市区组织读者活动数量的56.93%。佛山市图书馆牵头以"服务活动化、活动品牌化"为理念，实行分类品牌战略，重整各类服务和活动，通

---

① 参见朱忠琼《公共图书馆服务体系自动化集成系统选型及迁移策略研究——以佛山市联合图书馆为例》，载《科技视界》2020年第16期，第182～185页。

过品牌效应把优质的服务、富有吸引力的活动推送给市民。如佛山市图书馆的蜂蜂故事会、佛图公开课等八大品牌活动，禅城区图书馆的七彩读书会，南海区图书馆的"桂花树下"、有为讲坛，顺德图书馆的顺图创客坊，高明区图书馆的彩虹故事会，三水区图书馆的绘本创意思维亲子阅读活动，等等。全市每年还举办佛山市"佛山韵律，书香怡城"全民阅读系列文化活动、"筑梦佛山"文化艺术体育公益阅读夏令营、家庭阅读季、禅城少儿读书节、南海读书节、顺德创意阅读节等独具特色和品质的大型读者活动。

联合图书馆体系关注特殊群体的精神文化需求，精准服务，以保障他们的基本文化权益，持续开展"阅读·温暖"特殊群体关爱行动、"关爱陪伴，阅读成长"特殊儿童阅读活动、敬老月系列活动、"百千万"佛山产业工人发声行动等服务和活动，保障老年人、未成年人、残疾人、异地务工人员等特殊群体均等享受公共图书馆服务、共享发展成果。[1]

（四）特色鲜明，亮点突出

1. 标准、法规开始布局

2018年，《佛山市联合图书馆标准体系》发布实施，成为业内首套公共图书馆服务的标准体系；《佛山市联合图书馆规则汇编》（二版）（初版于2013年发布）发布。2020年，由佛山市图书馆主导申报的《联合图书馆体系建设管理规范》（本文中简称《规范》）被列入佛山市"2020年佛山市地方标准制修订计划项目"目录。2019年年底，《佛山市公共图书馆管理办法》（本文中简称《办法》）被纳入"佛山市人民政府2020年度规章制定计划"。《办法》经第15届佛山市人民政府第83次常务会议审议通过，于2021年5月1日起施行，是"两法"（《中华人民共和国公共文化服务保障法》和《中华人民共和国公共图书馆法》）实施后出台的我国首部地市级图书馆规章。[2]

2. 地方文化推广成果凸显

联合图书馆体系坚守"传承文明、服务社会"的初心，弘扬优秀传统文化，建立并完善地方文献征集合作网络，实行地方文献资源共建共享，做好地方文献的收集、整理、保护、研究工作，开展丰富的地方文化活动，弘扬地方文化。2017年《（民国）佛山忠义乡志（校注本）》出版。2019年，佛山市图书馆编印了《佛山市图书馆馆藏家谱目录》（2019年续编）、《佛

---

[1] 参见屈义华《服务活动化，活动品牌化》，载《新华书目报》2018年3月23日，第2版。
[2] 参见黄百川《广州、深圳、东莞和佛山阅读政策法规比较》，载《图书馆论坛》2021年第7期，第133~140页。

山市图书馆馆藏地方文献（1949 年以前）目录》和《佛山市图书馆馆藏木鱼书目录》，并搭建完成了佛山市图书馆馆藏族谱全文数据库。2020 年，佛山市图书馆完成了《佛山历史文献版本目录》和《中华古籍总目·广东卷》佛山馆藏古籍普查登记工作。2015 年以来，联合图书馆体系开展了"品读佛山"等地方特色文化活动 200 余场。2020 年，佛山市图书馆联合 9 家古籍公藏单位展出佛山市所藏和与佛山市有关的珍贵古籍文献，举办了"文脉传承　故纸流芳——佛山经典古籍联展"。

3. 新技术应用遍地开花

联合图书馆体系深入推进文化与科技融合发展，利用现代化信息技术提高图书馆管理水平、改进服务手段、提高服务效益。佛山市图书馆以新馆应用软件系统建设为契机，牵头搭建了全市共用的数据平台、应用支撑平台、综合业务管理平台、数字资源应用管理平台、读者服务平台、门户平台、信息服务与活动管理平台共 7 个平台，以互联网技术、自动化技术等推动联合图书馆体系服务全面升级，为市民读者提供了更便捷的服务。近年来，"网上刷脸办证"、"面对面手机转借"、"知书达里"预借服务、"知新阅易"新书借阅服务、"附近图书馆"等线上服务的推出，有效支撑了图书馆阵地服务向线上服务、云端服务的转型升级。

4. 服务创新业态丰富

多年来，佛山市图书馆在内部管理、服务品牌、体系建设和社会合作等方面推出了项目立馆、品牌阅读、智能图书馆群、阅读联盟、公共文化设施联盟、邻里图书馆等在业界具有引领性的创新型项目，带领五区图书馆共同推动联合图书馆体系迅猛发展。

秉承"诗意优雅、科技时尚、动静相宜、文化浓郁"的理念，按照"政府主导、社会力量参与共建，市民馆长协助运营"的建设和管理方式，联合图书馆体系建设了 15 个"智能文化家"，成为功能更全面、层次更高端、体验更美好的新型综合文化服务空间。①

联合图书馆体系拓宽思路，创新社会力量参与模式。邻里图书馆项目实现了"图书馆＋家庭"的阅读体系，佛山阅读联盟搭建平台激励民间读书会参与全民阅读推广，"市民馆长""学生馆长""顺图之友"文化志愿者参与智能图书馆日常管理和服务，图书馆与社会力量合作共建智能图书馆、智能文化家、读书驿站，佛山市图书馆祖庙路分馆引进社会力量运营，等

---

① 参见陈新文《佛山智能文化家项目建设扎实推进》，载《中国文化报》2018 年 7 月 5 日，第 9 版。

等,逐渐形成了社会力量共建共治共享公共文化的新格局。

佛山市、区两级公共图书馆按照"两法"及有关政策要求,建立了以理事会为主要形式的法人治理机构,佛山市图书馆在上级主管部门指导下,积极推进"局长放权、馆长让权"的法人治理结构改革,各区图书馆也先后完成了法人治理结构改革,进一步激发了图书馆的生机与活力,提高了服务质量和效益。

联合图书馆体系把握粤港澳大湾区和广佛极点带动战略机遇,创新服务机制、加强区域合作,推出了《港澳读者服务指南》,推动港澳读者能平等、免费利用图书馆资源;佛山市图书馆加入粤港澳大湾区公共图书馆联盟;佛山市图书馆与广州图书馆合作,推出"公共图书馆广佛通"项目;佛山市、区图书馆积极参与粤港澳"共读半小时"活动、世界阅读日粤港澳创作比赛等活动,加强与粤港澳地区其他公共图书馆的交流与合作。

2019年2月,佛山市文化广电旅游体育局正式挂牌成立,开始深入推进文化、旅游、体育融合发展。在此背景下,佛山市的公共图书馆也应势而谋、因势而动,通过空间改造、完善配套、专题资源建设、文旅主题活动、把图书搬进景区等举措,推动公共图书馆与旅游服务的融合发展。截至2020年年底,全市共建设了6个"粤书吧"和8个"民宿图书馆"。

二、佛山市联合图书馆体系存在的问题

(一)部分事业发展指标还有增长空间

联合图书馆体系内每万人建筑面积为181.2平方米,高于全国、全省的平均指标,但市、区级以上公共图书馆每万人建筑面积为109.5平方米,与珠三角的平均水平160.7平方米差距较大。[①] 联合图书馆体系人均购书费超过全国、省平均指标,但是,2020年市、区级以上公共图书馆人均购书费为2.58元,与2020年珠三角人均购书费4.8元[②]相比也有较大差距。

另外,第七次全国人口普查后,佛山市2020年常住人口数量与2019年相比净增长134.03万,与第六次全国人口普查数据相比增加了230万人,

---

① 参见陈卫东、陈杰、伍舜瓔等《广东省公共图书馆事业发展报告(2020)》,载《图书馆论坛》2021年第6期,第34~42页。
② 参见陈卫东、陈杰、伍舜瓔等《广东省公共图书馆事业发展报告(2020)》,载《图书馆论坛》2021年第6期,第34~42页。

增长率为32.03%。人口数量的突增，致使公共图书馆人均业务指标增长率受到影响，如全市公共图书馆服务网络设施人均建筑面积增长速度远落后于人口增长速度，呈现普遍下降的趋势。预计"十四五"期间佛山市常住人口仍将继续保持较高的增长速度，全市公共图书馆事业发展指标如何与人口增长速度相匹配是个现实存在的问题。

（二）区域之间发展不均衡

各区总分馆体系发展不均衡。① 联合图书馆体系349个成员馆中，南海区有208个，约占全市成员馆数量的6成，每1.76万人拥有一间图书馆；而有的区成员馆较少，每5万~6万人才拥有一间图书馆，差距较大。"十三五"期间，南海区新建读书驿站近170个，成为佛山地区公共图书馆网络布局最快的区。

（三）基层图书馆服务能力不足

全市人才和资源向市、区两级公共图书馆倾斜，镇（街）图书馆的建设和发展参差不齐。2020年，在联合图书馆体系文献信息购置费中，市、区两级公共图书馆占比81.08%，镇（街）馆及其他成员馆占比18.92%。联合图书馆体系从业人员也主要集中在市、区两级公共图书馆，在全市占比达到了65.71%；镇（街）和其他成员馆人员占比34.29%。

已实现全覆盖的村（社区）综合性文化服务中心，因资源、人员、服务能力等因素，其图书馆（室）加入联合图书馆体系的比例很小。另外，基层图书馆因为专业人员短缺、设备设施落后，其服务能力有限，基层服务网络发展后劲不足。

（四）体系服务效能有待提升

"十三五"末期，在新冠肺炎疫情影响下，联合图书馆体系整体服务效能下降明显。2020年，两项核心业务数据下滑过半：年流通人次同比下降65.04%，年人均文献外借册次同比下降52.44%。截至2021年上半年，数据也未能完全恢复到2019年的同期水平，尤其是年流通人次差距还较大。在后疫情时代，图书馆作为公共密闭空间存在病毒传播风险、市民基于谨慎心理更愿意居家等原因都不利于公共图书馆的发展，降低服务效能。在做好

---

① 参见张萌《邻里图书馆在公共图书馆服务体系建设中的创新要素》，载《图书馆论坛》2021年第4期，第15~20页。

疫情防控的同时,图书馆应探索通过服务网络的密布化、服务提供的便利性、服务方式的多样化等方式吸引市民通过各种方式访问图书馆,从而提升服务效能。

(五)体系规范化管理能力需增强

随着体系服务网络越来越庞大,服务业态越来越多元,市民在享受无处不在的公共图书馆服务的同时,市中心馆、区总馆的综合管理难度日益增大,各级各类图书馆管理成本逐年上升。在鼓励个性化发展的基础上,需强化服务的标准化,通过管理人员能力的提升以及管理模式和管理手段的创新,进一步推进联合图书馆体系一体化、标准化服务。

三、佛山市联合图书馆体系"十四五"展望

联合图书馆体系在"十四五"期间应坚持以用户为中心,以问题为导向,以高质量发展为主题,以标准化建设为引领,建立健全保障机制;以普惠性发展为基础,持续完善基础设施网络建设,促进硬件设施提档升级;以均等化发展为重点,优化网络布局与资源配置,强化基层服务效能,推动城乡一体化发展;以融合发展为突破,创新"图书馆+"与"+图书馆"合作模式;以品质服务为导向,提升数字化、智能化水平,优化服务产品形式与内容,丰富用户体验;构建覆盖城乡、双线(线上与线下)并举、惠及全民、便捷高效、特色突出的图书馆服务体系,更好地满足市民精神文化需求,增强市民的文化获得感与幸福感。

(一)强化顶层设计,落实制度保障

构建"1+3+X"的制度模型,推动联合图书馆体系的法治化、标准化、规范化建设。"1"为贯彻落实《办法》;"3"为制定与实施《规范》地方标准,修订《佛山市联合图书馆标准体系》《佛山市联合图书馆规则汇编》;"X"为加强邻里图书馆、民宿图书馆等各类图书馆新业态的标准与规范和《佛山市联合图书馆体系"十四五"发展规划》(本文中简称《规划》)等规范文件的制定。

在《办法》《规范》《规划》中明确联合图书馆体系各项事业的发展指标,确保图书馆事业发展有法可依、有规可循,有具体的量化指标可参考,如要求"各区总馆及其分馆年人均新增纸质文献信息合计不少于0.1册(件)。基层服务点藏书量不得少于1200种、1800册""区总馆、分馆及基

层服务点每千人建筑面积合计不得低于 23 平方米"等。

强化专业统筹和管理,建立佛山市公共图书馆专家委员会制度;完善市、区两级公共图书馆以理事会为主要形式的法人治理结构,强化理事会对地区公共图书馆事业发展的议事职能;制定联合图书馆体系业务数据统计规范,建立数据报送制度,研发集档案上传、业务申请、数据统计、知识管理等功能于一体的信息管理系统。

(二)完善设施网络,促进城乡一体化发展

进一步扩大联合图书馆体系覆盖面,加强人口密集地区公共图书馆设施建设;推动智能图书馆等新型阅读空间进街区、社区、景区、园区,南海区智慧图书馆实现村居全覆盖;启动"喜阅"乡村——基层图书室提升计划,分阶段将具备较强服务能力的基层综合性文化服务中心、农家书屋纳入联合图书馆体系,促进公共图书馆服务城乡一体化建设;研究学校图书馆与公共图书馆合作模式,推进禅城馆校联盟和顺德公共图书馆进校园项目创优增效。

开展陶瓷、粤菜、佛山功夫等主题图书馆建设,彰显佛山文化特色;推进各区根据各自特有的地方传统文化、产业经济特征、独特地理环境,打造新型阅读空间,如开展南海区智慧图书馆、顺德区"顺图书房"、高明区"夜·读"特色书吧、三水区古书舍特色阅读空间等的建设。

(三)以用户为中心,打造高质量文化产品

体系联动,打造 8 月"佛山全民阅读月"特色文化品牌;持续推进"佛山韵律,书香怡城"、"筑梦佛山"、产业工人发声行动、家庭阅读季等大型读者活动;强化禅城区少儿读书节、南海区读书节、顺德区创意阅读节等阅读品牌活动;推动优质文化资源向镇(街)分馆、基层服务点延伸。

探索基于联合图书馆体系建设的"全人生"阅读服务,基于不同年龄阶段读者的全面发展需求提供定制服务。聚合体系资源,创新实施面向儿童、老人、残疾人、产业工人等群体的重点服务项目,面向老年人提供数字技能培训,缩小数字鸿沟;研发青少年信息素养课程;推动特殊群体活动品牌"阅读·温暖"由市中心馆向全体系辐射。

依托新媒体服务,强化数字阅读推广,打造提供渗透式、交互式阅读体验的特色自媒体平台,形成多平台一体的数字阅读推广格局;构建支持市民终身学习的知识信息服务共建共享平台;加强中心馆信息服务引导职能,联合总馆、街(镇)分馆共同研发面向佛山特色产业经济发展、政府决策的

信息服务项目;构建联合图书馆体系统一咨询平台,开通统一咨询热线。

市中心馆联合各区总馆、镇(街)分馆挖掘整理佛山特色地方文献,开展全市古籍文献资源普查工作,形成"佛山市古籍公藏目录";加强一市五区地方文化资源的整合互通,共同开发基于地方文化特色的宣传品与文创产品;加强对面向中小学生的文化教育支持、佛山市文化产业发展、非遗项目申报、特色文化街区打造等地方文化与文献信息服务的研究。

(四)推进社会化发展,探索多元融合新途径

推进粤书吧建设;深入推进"旅图"系列项目,加强民宿图书馆管理运营和可持续发展,探索公共图书馆与旅游景区、酒店、旅行社等的合作。

推进佛山市公共文化设施联盟在服务空间、信息资源、文献研究、文化活动等领域的交流合作;着力打造联合图书馆与青少年文化宫双体系合作共建项目;推动公共图书馆服务资源融入党群教育中心、新时代文明实践中心(所)等空间,探寻多文化空间融合共享;积极引导学校图书馆、企事业单位图书馆以分馆或基层服务点的形式纳入佛山市联合图书馆体系,深入推动馆校联盟规范化建设;启动"佛山智造·企业文化家"项目,推动图书馆联合文化馆等公共文化机构打造面向企业职工的新型文化空间。

推进广佛公共图书馆服务同城化,着力实现广佛两地通借通还;积极融入广东省公共图书馆联盟,协同推进"粤读通"项目;推动中心馆与粤港澳大湾区其他公共图书馆建立文献交流与文化合作机制,加强人文湾区建设。

促进以邻里图书馆为代表的私人文献资源、空间资源与公共图书馆文化资源的融合共享,加强邻里图书馆的运营管理,研究制定邻里图书馆自治管理与可持续发展规划,完善邻里图书馆管理平台,深入打造邻里图书馆示范点,构建特色阅读品牌。

(五)科技驱动发展,以智能化服务丰富用户体验

优化文献借阅平台,推动"知书达里""知新阅易"等O2O(线上到线下)网络借阅模式全体系覆盖;完善联合图书馆体系电子地图标注与推广;促进将读者办证、线上借阅等服务嵌入佛山城市信息系统与热点媒体平台。市、区两级图书馆合作共建智能立体书库,搭建全市文献网络借阅统一服务平台;推出"易本书"家藏图书共享平台,促进私人藏书资源纳入公共文献资源供给。

全面提升智能化、数字化服务水平,加强移动图书馆、电视图书馆等网

络信息服务平台资源的优化和功能的升级；基于"佛山文化云"构建体系文化活动资源"云大脑"，实现需求配对、精准供给。

加强新技术融合应用，推进全市读者身份认证智能化；引入5G（第五代移动通信技术）、VR（虚拟现实）等技术，搭建数字资源和图书馆服务应用虚拟场景，推动线上服务与线下服务相结合；探索智能机器人在自动分拣、智能定位、智能客服等方面的应用；综合运用智慧技术，构建佛山市智慧图书馆服务体系，助力智慧城市建设。

加强智能化管理平台建设，打造大数据平台、公共数据中心、信息系统管理中心，实现全市成员馆核心资料和业务数据共建共享，加快市、区、镇三级管理的信息化进程。

四、结语

"十三五"时期，在佛山市创建国家公共文化服务体系示范区的背景下，联合图书馆体系获得了政府和社会力量的极大支持，各方面工作取得了丰硕的成果。联合图书馆体系在以需求为导向，满足人民群众普遍、均等的文化需求的同时，优化供给，提供了更加多样化、多层次、品质化的公共文化服务和产品，让市民乐享优质、实惠的公共文化服务。

"十四五"已来，联合图书馆体系顶层制度设计将逐渐成形、日趋完善；将创新发展理念，密织服务网络，使各种类型图书馆兼容并蓄、协调发展；将从普惠到优质，使服务效能有效提升；将从云端到手边，使线上服务创新多元；将从终点到起点，使社会化发展成效初显；将从融入到融通，使公共图书馆事业发展多元融合。希望佛山市联合图书馆体系能持续深化文化体制改革，推动地区公共图书馆事业向高质量、跨界融合的方向形成全方位、创新性发展，为佛山建设文化导向型城市续谱华章。

参 考 文 献

[1] 《佛山市联合图书馆标准体系》正式发布实施[J]. 国家图书馆学刊, 2018 (5): 43.

[2] IFLA. IFLA Strategy 2019—2024 [EB/OL]. (2019-09) [2021-04-08]. https://www.ifla.org/strategy/.

[3] 北京市图书馆条例 [EB/OL]. (2016-11-25) [2021-07-03]. http://www.beijing.gov.cn/zhengce/zhengcefagui/202012/t20201218_2168267.html.

[4] 陈福英. 中国地方性图书馆法规比较[J]. 图书馆学研究, 2006 (9): 86-90.

[5] 陈丽纳. 《中华人民共和国公共图书馆法》法制框架下的总分馆体系建设研究[J]. 图书馆建设, 2018 (2): 29-34.

[6] 陈丽纳. 我国地方性图书馆立法中的量化规定[J]. 图书馆论坛, 2016 (8): 91-97.

[7] 陈汝模. 我国地方性公共图书馆法规中有关地方文献条款内容分析与启示[J]. 图书馆理论与实践, 2019 (4): 28-33.

[8] 陈卫东, 陈杰, 伍舜璎, 等. 2020年广东省公共图书馆事业发展报告[J]. 图书馆论坛, 2021 (6): 34-42.

[9] 程焕文, 彭嗣禹, 高雅, 等. 改变21世纪中国公共图书馆进程的十大创新[J]. 图书馆杂志, 2018 (11): 26-34.

[10] 程焕文. 岭南模式: 崛起的广东图书馆事业[J]. 中国图书馆学报, 2007 (3): 15-25.

[11] 程焕文. 论《公共文化服务保障法》立法精神: 国家和政府的公共文化服务责任解析[J]. 图书馆论坛, 2017 (6): 1-9.

[12] 程焕文. 普遍均等惠及全民: 关于公共服务普遍均等原则的阐释[J]. 图书与情报, 2007 (5): 4-7.

［13］重庆市人民政府办公厅关于印发重庆市公共图书馆管理办法的通知［EB/OL］.（2017-09-09）[2021-07-03]. http://www.cq.gov.cn/zwgk/zfxxgkml/szfwj/xzgfxwj/szfbgt/201709/t20170909_8837543.html.

［14］地方标准信息服务平台.公共图书馆中心馆-总分馆建设服务规范：DB33/T 2180—2019［S/OL］.［2021-09-28］.http://dbba.sacinfo.org.cn/stdDetail/d198d459073adbfa043b01bab9e53b44a7a839712e7cc42035b61c8cf7f4ac7a.

［15］东莞市公共图书馆管理办法［EB/OL］.（2016-12-30）［2021-07-03］. http://www.dg.gov.cn/zwgk/zfxxgkml/szfbgs/zcwj/gz/content/post_591193.html.

［16］方家忠.保障 促进 规范 提升：论地方立法对广州市公共图书馆事业的作用［J］.图书馆论坛,2015（8）：14-21.

［17］方家忠.试论推进地方图书馆立法的三个"必要性"问题［J］.图书馆,2010（6）：75-78.

［18］冯玲.城市图书馆集群管理的路径选择与实现方式：以东莞图书馆总分馆为例［J］.图书馆建设,2007（3）：3-7.

［19］佛山市公共图书馆管理办法［EB/OL］.（2021-02-18）［2021-07-03］. http://www.foshan.gov.cn/zwgk/zfgb/srmzfwj/content/post_4756230.html.

［20］佛山市联合图书馆.佛山市联合图书馆2019年业务报告［EB/OL］.（2021-05-19）［2021-05-25］. https://www.fslib.com.cn/site-fsunionlib/info/10976.

［21］佛山市联合图书馆.佛山市联合图书馆服务概况［EB/OL］.（2021-05-28）［2021-06-03］. http://www.fslib.com.cn/site-fsunionlib/node/2175.

［22］佛山市联合图书馆.佛山市联合图书馆政策文件汇编［G］.佛山：佛山市联合图书馆,2019.

［23］佛山市人民政府办公室关于加快推进基层综合性文化服务中心建设的实施意见［EB/OL］.（2016-06-22）［2021-09-27］. http://www.foshan.gov.cn/gkmlpt/content/2/2003/post_2003939.html#38.

［24］佛山市图书馆.佛山市图书馆2013年度报告［EB/OL］.（2018-11-26）［2020-03-21］. http://www.fslib.com.cn/info/7124.

［25］佛山市文化广电旅游体育局关于印发《佛山市公共文化服务体系高质量发展行动计划（2019—2022年)》的通知［EB/OL］.（2021-02-

01）［2021-09-27］. http://www.foshan.gov.cn/fswgdlt/gkmlpt/content/4/4695/post_4695089.html#3640.

[26] 佛山智能文化家项目建设扎实推进［EB/OL］.（2018-07-05）［2020-04-21］. http://nepaper.ccdy.cn/html/2018-07/05/content_236235.htm.

[27] 傅才武, 陈庚. 我国文化体制改革的过程、路径与理论模型［J］. 江汉论坛, 2009（6）: 112-118.

[28] 公共文化体育设施条例［EB/OL］.（2020-12-26）［2021-09-27］. http://www.gov.cn/zhengce/2020-12/26/content_5574621.htm.

[29] 共青团中央日前颁布《中国注册志愿者管理办法》［EB/OL］.（2006-12-05）［2021-09-27］. http://www.gov.cn/jrzg/2006-12/05/content_461948.htm.

[30] 关于全面推进我市公共图书馆总分馆制建设的实施意见［EB/OL］.（2018-11-13）［2021-09-27］. http://www.gz.gov.cn/zwgk/zdly/shgysyjs/ggwhty/ggwh/content/post_3098952.html.

[31] 广东省第十三届人民代表大会常务委员会公告（第50号）［EB/OL］.（2019-11-29）［2021-09-27］. http://www.gdrd.cn/pub/gdrd2012/xwdt/201911/t20191129_170177.html.

[32] 广东省全民阅读促进条例［EB/OL］.（2019-04-03）［2021-09-27］. http://www.gdrd.cn/pub/gdrd2012/xwdt/201904/t20190403_168969.html.

[33] 广州市公共图书馆第三方评估管理办法［EB/OL］.（2017-09-22）［2021-09-27］. http://www.gzlib.gov.cn/policiesRegulations/154047.jhtml.

[34] 广州市公共图书馆条例［EB/OL］.（2019-07-06）［2021-07-03］. http://www.gd.gov.cn/zwgk/wjk/zcfgk/content/post_2531782.html.

[35] 广州市人民代表大会常务委员会关于修改《广州经济技术开发区条例》等三十二件地方性法规的决定［EB/OL］.（2020-08-21）［2021-07-03］. https://www.rd.gz.cn/rdhy/cwhhy/cwhgg/content/post_201470.html.

[36] 广州市图书馆. 广州市"图书馆之城"建设年度报告2019［EB/OL］.（2020-08-18）［2021-05-25］. http://www.gzlib.org.cn/ndbg/181156.jhtml.

[37] 贵州省公共图书馆条例［EB/OL］.（2020-10-10）［2021-07-03］.

http://www.anshun.gov.cn/zwgk/zdlyxx/whly/wh/202010/t20201010_63975112.html.

[38] 国家"十一五"时期文化发展规划纲要（全文）[EB/OL]. (2006-09-13) [2021-06-30]. http://www.gov.cn/jrzg/2006-09/13/content_388046_3.htm.

[39] 国家图书馆研究院. 我国图书馆事业发展政策文件选编：1949—2012 [M]. 北京：国家图书馆出版社, 2014.

[40] 国务院办公厅转发文化部等部门关于做好政府向社会力量购买公共文化服务工作意见的通知 [EB/OL]. (2015-05-11) [2021-08-27]. http://www.gov.cn/zhengce/content/2015-05/11/content_9723.htm.

[41] 国务院关于修改部分行政法规的决定 [EB/OL]. (2019-04-29) [2021-09-27]. http://www.gov.cn/zhengce/content/2019-04/29/content_5387404.htm.

[42] 何韵.《深圳经济特区公共图书馆条例》实施效果评价及启示 [J]. 图书馆论坛, 2008 (4)：137-140.

[43] 何韵秋.《上海市公共图书馆管理办法》实施成效研究 [J]. 图书情报导刊, 2018 (2)：1-7.

[44] 湖南省乡镇图书馆（室）管理暂行办法（征求意见稿）[J]. 图书馆, 1990 (5)：43-44.

[45] 黄百川. 广州、深圳、东莞和佛山阅读政策法规比较 [J]. 图书馆论坛, 2021 (7)：133-140.

[46] 基金会管理条例 [EB/OL]. (2004-06-01) [2021-09-27]. http://www.gov.cn/zhengce/2020-12/27/content_5574632.htm.

[47] 基金会名称管理规定 [EB/OL]. (2004-06-21) [2021-09-27]. http://www.gov.cn/gongbao/content/2005/content_63234.htm.

[48] 吉林省文化局制定的《县（市）图书馆条例》[J]. 图书馆学研究, 1982 (5)：9-12.

[49] 贾磊. 公共图书馆与社会阅读力量联动发展实践探索：以"佛山阅读联盟"为例 [J]. 河南图书馆学刊, 2018 (6)：36-38.

[50] 金武刚, 李国新. 中国公共图书馆总分馆制建设：起源、现状与未来趋势 [J]. 图书馆杂志, 2014 (5)：4-15.

[51] 金则恭. 湖南省公共图书馆事业五十年 [M]. 长沙：湖南人民出版社, 2000.

[52] 居晓轩, 高波. 我国14部地方公共图书馆法规及规章比较研究 [J].

图书情报工作，2016（8）：29-37.

[53] 柯静. 公共文化设施联盟：党建引领文群共建［J］. 图书馆论坛，2018（6）：5-6.

[54] 柯平. 地方公共图书馆事业高质量发展的引擎：《佛山市公共图书馆管理办法》的作用［J］. 图书馆论坛，2021（7）：29-30.

[55] 李超平. 嘉兴模式的延伸与深化：从总分馆体系到图书馆服务体系［J］. 中国图书馆学报，2012（3）：12-19.

[56] 李超平. 中国公共图书馆服务体系"嘉兴模式"研究［J］. 中国图书馆学报，2009（6）：10-16.

[57] 李国新. "总分馆"建设的最大障碍是体制障碍：《覆盖全社会的公共图书馆服务体系：模式、技术支撑与方案》读后［J］. 图书馆建设，2008（9）：1-3.

[58] 李国新.《中华人民共和国公共图书馆法》的历史贡献［J］. 中国图书馆学报，2017（6）：4-15.

[59] 李国新. 公共文化服务保障法的制度构建与实现路径［J］. 图书情报工作，2017（16）：8-14.

[60] 李国新. 公共文化服务保障法律制度的完善与细化［J］. 中国图书馆学报，2021（2）：29-39.

[61] 李艳丽. 我国图书馆地方性法规之读者权利保护研究［J］. 图书馆建设，2016（9）：10-13.

[62] 李艳丽. 我国图书馆地方性法规之读者权利保护研究［J］. 图书馆建设，2016（9）：10-13.

[63] 辽宁省乡、镇图书馆工作管理办法［J］. 图书馆学刊，1992（5）：1-3.

[64] 刘德有. 适应市场经济的新形势深化图书馆事业的改革：在全国"市场经济与图书馆建设"馆长研讨班开幕式上的讲话［J］. 中国图书馆学报，1994（2）：23-29.

[65] 刘丽东.《浙江省公共图书馆管理办法》实施效果调查［J］. 图书与情报，2010（4）：75-78.

[66] 刘倩美，刘国平，王明. 我国公共图书馆少儿服务立法研究［J］. 图书馆建设，2020（1）：75-84.

[67] 潘燕桃，方家忠. 专题按语［J］. 图书馆论坛，2015（8）：1.

[68] 潘燕桃，张琳. 创新的法规内容先进的立法理念：《广州市公共图书馆条例》与我国其他地方图书馆条例的内容比较［J］. 图书馆论坛，2015（8）：22-36.

[69] 潘燕桃. 公共图书馆理念的成功实践之二：佛山市联合图书馆研究[J]. 图书馆论坛, 2009（6）：125-130+254.

[70] 平玉娜. 佛山市联合图书馆建设构想[J]. 图书馆论坛, 2005（3）：132-134.

[71] 邱冠华. 示范区创建中深化"苏州模式"的制度设计研究[J]. 中国图书馆学报, 2012（3）：20-25.

[72] 邱冠华. 新世纪以来国内公共图书馆总分馆建设回顾与思考[J]. 中国图书馆学报, 2017（7）：18-31.

[73] 屈义华, 黄佩芳. 佛山市邻里图书馆项目：缘起、路径与成效[J]. 图书馆论坛, 2021（4）：5-9.

[74] 屈义华. 服务活动化, 活动品牌化[N]. 新华书目报, 2018-03-23（2）.

[75] 屈义华. 公共图书馆服务创新：佛山市禅城区"联合图书馆"的实践与思考[J]. 图书馆论坛, 2005（6）：305-307.

[76] 全国标准公开全文系统. 公共图书馆少年儿童服务规范：GB/T 36720—2018 [S/OL]. [2021-09-28]. http://c.gb688.cn/bzgk/gb/showGb?type=online&hcno=745658E2CF579538DE274FE931E5DC93.

[77] 全国标准公开全文系统. 图书馆视障人士服务规范：GB/T 36719—2018 [S/OL]. [2021-09-28]. http://c.gb688.cn/bzgk/gb/showGb?type=online&hcno=CF340B9ACE6E77B01A6A99FF9E9DAD49.

[78] 全国标准全文公开系统. 公共图书馆服务规范：GB/T 28220—2011 [S/OL]. [2021-09-27]. http://c.gb688.cn/bzgk/gb/showGb?type=online&hcno=6ECDC3A0A8D2237C20565737620DFE86.

[79] 全国图书馆标准化技术委员会. 公共图书馆服务规范（征求意见稿）：GB/T 28220—202× [S/OL]. [2021-09-27]. http://www.nlc.cn/tbw/gonggao/200702_1.pdf.

[80] 上海市公共图书馆管理办法[EB/OL].（2016-09-23）[2021-07-03]. http://www.spcsc.sh.cn/n1939/n1948/n1949/n2329/u1ai134081.html.

[81] 上海图书馆. 覆盖城乡的公共图书馆服务体系：上海市中心图书馆建设十周年[M]. 上海：上海社会科学院出版社, 2010.

[82] 申晓娟. 新中国图书馆法治建设70年[J]. 图书馆杂志, 2020（1）：4-25.

[83] 深圳经济特区公共图书馆条例[EB/OL].（2020-04-23）[2021-

07-03］．http：//www.sz.gov.cn/zfgb/2020/gb1148/content/post_7256112.html.

［84］深圳市福田区公共图书馆管理办法［EB/OL］．（2018-11-29）［2021-07-03］．http：//www.szft.gov.cn/ftqwtzx/gkmlpt/content/6/6319/post_6319534.html#10582.

［85］四川省公共图书馆条例［EB/OL］．（2013-12-19）［2021-07-03］．http：//www.scspc.gov.cn/html/cwhgb_44/201304/2013/1219/73391.html.

［86］田梦妮．我国图书馆地方法规调查比较研究［D］．福建：福建师范大学，2017.

［87］汪超敏，杨乃一，陆思晓，等．国际专业报告视域下的公共图书馆发展态势［J］．图书馆论坛，2021（11）：1-9.

［88］王景．对图书馆地方法规和规章有关共建共享条款的研究［J］．四川图书馆学报，2016（1）：7-10.

［89］王少薇，高波．我国地方性图书馆法规有关信息伦理的考察与分析［J］．图书情报工作，2013（11）：19-25.

［90］王世伟．上海市中心图书馆的十年发展与未来愿景［J］．图书馆杂志，2011（1）：47-52.

［91］王晓刚．文化体制改革研究［D］．北京：中共中央党校，2007.

［92］王艳敏．我国地方图书馆立法研究［D］．郑州：郑州大学，2009.

［93］文化部　新闻出版广电总局　体育总局　发展改革委　财政部关于印发《关于推进县级文化馆图书馆总分馆制建设的指导意见》的通知［EB/OL］．（2016-12-19）［2021-09-27］．http：//zwgk.mct.gov.cn/zfxxgkml/zcfg/gfxwj/202012/t20201204_906310.html.

［94］文化部发布"十二五"时期文化改革发展规划纲要［EB/OL］．（2012-02-16）［2021-06-30］．http：//www.gov.cn/gzdt/2012-02/16/content_2068848.htm.

［95］文化部关于印发《"十三五"时期全国公共图书馆事业发展规划》的通知［EB/OL］．（2017-12-04）［2021-06-28］．https：//www.mct.gov.cn/whzx/bnsj/ggwhs/201712/t20171204_829824.htm.

［96］文化部关于印发《文化志愿服务管理办法》的通知［EB/OL］．（2016-07-14）［2021-09-27］．http：//www.gov.cn/gongbao/content/2017/content_5189209.htm.

［97］吴洪珺，倪晓建．面向普遍均等服务的公共图书馆管理体制探析：以

北京市公共图书馆为例［J］．图书情报工作．2011（1）：47-50.

［98］ 五部门出台《关于推进县级文化馆图书馆总分馆制建设的指导意见》［EB/OL］．（2017-02-21）［2021-09-27］．http://www.gov.cn/xinwen/2017-02/21/content_5169412.htm.

［99］ 伍丹．我国地方图书馆立法研究［D］．湘潭：湘潭大学，2017.

［100］ 肖希明，沈玲．中国特色图书馆学基础理论体系的历史发展与当代构建［J］．中国图书馆学报，2021（3）：4-22.

［101］ 徐磊，郭旭．我国公共图书馆地方立法：回顾与展望［J］．图书馆工作与研究，2021（3）：15-22+40.

［102］ 许晓霞．"苏州模式"的演进及价值再挖掘：写在苏州图书馆服务体系建设十周年之际［J］．国家图书馆学刊，2015（3）：16-23.

［103］ 姚柏年．谈《山东省公共图书馆管理办法》的出台［J］．图书馆学研究，2010（23）：18-25.

［104］ 姚明，赵建国．我国图书馆地方立法实证研究：反思与超越：基于14部地方性法律规范的考察［J］．图书馆建设，2020（5）：107-114.

［105］ 叶颖．《广州市公共图书馆条例》述评［J］．图书馆研究，2015（6）：40-44.

［106］ 袁淑琴．图书馆地方性法规之数字图书馆建设相关内容研究［J］．图书馆建设，2009（5）：9-11.

［107］ 张靖，谭丽琼，李思雨，等．现代公共图书馆服务体系人力资源保障研究（二）：路径探索［J］．图书馆论坛，2019（2）：48-57+101.

［108］ 张靖．把握新发展阶段、贯彻新发展理念、构建新发展格局，全面推进公共图书馆事业高质量发展：《佛山市公共图书馆管理办法》笔谈［J］．图书馆论坛，2021（7）：25-26.

［109］ 张靖．行业"十四五"规划视角下的图书馆学发展战略初步思考［C］．北京：2020年中国信息资源管理论坛，2020.

［110］ 张萌．邻里图书馆在公共图书馆服务体系建设中的创新要素［J］．图书馆论坛，2021（4）：15-20.

［111］ 张诗阳，周远，陈丽纳，等．进展、经验与反思：广州"图书馆之城"建设（2014—2017）［J］．图书馆论坛，2018（10）：17-24.

［112］ 张岩．王洋．从探索实践到先行示范："图书馆之城"的深圳模式［J］．图书馆论坛，2021（1）：64-70.

［113］ 郑建明．守正创新：新时代图书馆学人才培养［J］．图书馆建设，

2020（6）：6-7.

［114］郑泽聪，周文琪. 佛山一村一镇获中宣部表彰［N］. 佛山日报，2020-12-01（A01）.

［115］中共广东省委办公厅 广东省人民政府办公厅《关于加快构建现代公共文化服务体系的实施意见》［EB/OL］.（2019-06-24）［2021-09-27］. http://www.gd.gov.cn/zwgk/wjk/zcfgk/content/post_2521474.html.

［116］中共广东省委宣传部 省文化和旅游厅关于印发《广东省加快推进文化和旅游融合发展三年行动计划（2020—2022年）》与《广东省关于进一步提升革命老区和原中央苏区公共文化服务水平三年行动计划（2020—2022年）》的通知［EB/OL］.（2020-02-10）［2021-09-27］. http://whly.gd.gov.cn/open_newjcgk/content/post_2890140.html.

［117］中共中央办公厅 国务院办公厅印发《国家"十三五"时期文化发展改革规划纲要》［EB/OL］.（2017-05-07）［2021-06-27］. http://www.gov.cn/zhengce/2017-05-07/content_5191604.htm.

［118］中共中央办公厅 国务院办公厅印发《关于加快构建现代公共文化服务体系的意见》（全文）［EB/OL］.（2015-01-14）［2021-09-27］. http://www.gov.cn/xinwen/2015-01-14/content_2804250.htm.

［119］中共中央办公厅 国务院办公厅印发《关于进一步深化事业单位人事制度改革的意见》的通知［EB/OL］.（2019-12-21）［2021-07-01］. http://www.gd.gov.cn/zwgk/wjk/zcfgk/content/post_2724770.html.

［120］中共中央组织部人力资源社会保障部关于印发《事业单位工作人员培训规定》的通知［EB/OL］.（2019-11-28）［2021-09-27］. http://www.mohrss.gov.cn/xxgk2020/fdzdgknr/zcfg/gfxwj/rcrs/201912/t20191225_348558.html.

［121］中国城市规划设计研究院. 公共图书馆建设用地指标：建标〔2008〕74号［S］. 北京：中国计划出版社，2008.

［122］中国图书馆协会. 公共图书馆建设标准：建标108—2008［S］. 北京：中国计划出版社，2008.

［123］中华人民共和国城乡规划法［EB/OL］.（20150-07-03）［2021-09-27］. http://www.npc.gov.cn/wxzl/gongbao/2015-07/03/content_

1942844. htm.

[124] 中华人民共和国个人所得税法 [EB/OL]. (2018-12-18) [2021-09-27]. http://www.chinatax.gov.cn/n810341/n810755/c3960202/content.html.

[125] 中华人民共和国公共图书馆法 [EB/OL]. (2017-11-05) [2021-07-03]. http://www.gov.cn/xinwen/2017-11/05/content_5237326.htm.

[126] 中华人民共和国公共文化服务保障法 [EB/OL]. (2016-12-25) [2021-07-03]. http://www.npc.gov.cn/zgrdw/npc/xinwen/2016-12/25/content_2004880.htm.

[127] 中华人民共和国公益事业捐赠法 [EB/OL]. (2005-05-25) [2021-09-27]. http://www.gov.cn/banshi/2005-05/25/content_903.htm.

[128] 中华人民共和国国民经济和社会发展第十四个五年规划和2035年远景目标纲要 [EB/OL]. (2021-03-13) [2021-06-28]. http://www.gov.cn/xinwen/2021-03/13/content_5592681.htm.

[129] 中华人民共和国立法法 [EB/OL]. (2015-03-18) [2021-09-28]. http://www.npc.gov.cn/zgrdw/npc/dbdhhy/12_3/2015-03/18/content_1930713.htm.

[130] 中华人民共和国土地管理法实施条例 [EB/OL]. (2021-07-20) [2021-09-27]. http://www.gov.cn/zhengce/content/2021-07/30/content_5628461.htm.

[131] 中华人民共和国文化部. 中华人民共和国文化法规全书 [M]. 北京: 文化艺术出版社, 2008.

[132] 中华人民共和国文化和旅游部. 公共图书馆评估指标 第2部分: 省、市、县级公共图书馆: WH/T 70.2—2020 [S/OL]. [2021-09-27]. https://www.mct.gov.cn/whzx/zxgz/wlbzhgz/202009/W020200928518906968625.pdf.

[133] 中华人民共和国文化和旅游部. 公共图书馆业务规范 第2部分: 市级公共图书馆: WH/T 87.2—2019 [S/OL]. [2021-09-27]. https://www.mct.gov.cn/whzx/zxgz/wlbzhgz/202001/W020200108340769602307.pdf.

[134] 中华人民共和国文化和旅游部. 公共图书馆业务规范 第3部分: 县级公共图书馆: WH/T 87.3—2019 [S/OL]. [2021-09-27].

https://www.mct.gov.cn/whzx/zxgz/wlbzhgz/202001/W020200108356743948659.pdf.

[135] 中华人民共和国文化和旅游部2020年文化和旅游发展统计公报[EB/OL]. (2021-07-06) [2021-07-06]. https://mp.weixin.qq.com/s/eWdU47ApsnX0LsgQQiqGSA.

[136] 钟利红,郑伟亮. 深圳践行协调发展的路径研究[J]. 特区实践与理论,2021 (1):89-93.

[137] 周淑云,伍丹. 论我国地方性图书馆立法关于出版物呈缴制度的规定[J]. 图书馆建设,2016 (5):35-39.

[138] 朱荀,魏成刚. 我国地方性图书馆法立法内容与效果研究[J]. 图书馆建设,2008 (7):18-23.

[139] 朱忠琼. 公共图书馆服务体系自动化集成系统选型及迁移策略研究:以佛山市联合图书馆为例[J]. 科技视界,2020 (16):182-185.